Na África selvagem

Mark Seal

Na África selvagem

Uma emocionante história real

Tradução:
Roberto Franco Valente

ZAHAR

Título original:
Wildflower
(An Extraordinary Life and Untimely Death in Africa)

Tradução autorizada da primeira edição americana, publicada em 2009 por Random House, um selo de Random House Publishing Group, divisão de Random House, Inc., de Nova York, Estados Unidos

rua México 31 sobreloja | 20031-144 Rio de Janeiro, RJ
tel (21) 2108-0808 | fax (21) 2108-0800
editora@zahar.com.br | www.zahar.com.br

Grafia atualizada respeitando o novo Acordo Ortográfico da Língua Portuguesa

Preparação: Maria Helena Torres, Luiz Henriques Neto
Revisão: Taísa Fonseca, Eduardo Faria | Projeto gráfico: Carolina Falcão
Capa: Rafael Nobre | Foto da capa: Cortesia de Alan Root

CIP-Brasil. Catalogação na fonte
Sindicato Nacional dos Editores de Livros, RJ

Seal, Mark
S446n Na África selvagem: uma emocionante história real / Mark Seal; tradução Roberto Franco Valente. – Rio de Janeiro: Jorge Zahar Ed., 2010.

Tradução de: Wildflower: (an extraordinary life and untimely death in Africa)
ISBN 978-85-378-0242-7

1. Root, Joan. 2. Root, Alan. 3. Ambientalistas – Quênia – Biografia. 4. Cinegrafistas – Quênia – Biografia. I. Título.

CDD: 920.933372
10-1253 CDU: 929:502

Para Laura Blocker, minha mulher, melhor amiga e exigente editora, cujo amor, força e paciência tornaram possível este livro.

Para Wayne Watson, editor-executivo de literatura da Vanity Fair, que me orienta com simpatia, generosidade e gênio editorial desde que nos conhecemos, em 1986, em Dallas, Texas.

E, como sempre, a Jan Miller Rich, que me abriu as portas de sua agência literária em 1989, transportando-me para um novo mundo cheio de possibilidades.

Nota do autor

Li sobre o assassinato de uma mulher no Quênia, a mais de um oceano de distância. Jamais ouvira seu nome, mas, graças à tecnologia, enviei um e-mail a seu ex-marido e, uma semana depois, ele me convidou para assistir a uma cerimônia em sua memória e escrever sobre sua vida. "Estou certo de que conseguirá muito material com toda a comunidade queniana no evento", justificou. Alan Root não só me apresentou às pessoas que poderiam falar sobre sua ex-mulher – minhas entrevistas com elas estruturam grande parte deste livro – como também me deu as cartas e diários dela, que me ajudaram a recriar cenas, recompor diálogos e encontrar a verdade. Alan também abriu o coração para mim, contando-me *tudo* – o que certamente lhe foi bastante difícil, angustiante e muitas vezes doloroso. Por sua inesgotável abertura e constante franqueza, sinto profunda admiração por Alan Root e sou-lhe infinitamente grato. Sem ele, este livro não poderia ter sido escrito.

Prólogo

Ela sempre soube que ele voltaria.

Subiria em seu helicóptero, às primeiras luzes da manhã em Nairóbi, alçando-se acima da estridente confusão urbana, inclinaria-se para o oeste, sobre a maior favela da África Oriental, e voaria em direção à grande maravilha: Great Rift Valley, o berço da humanidade, uma cicatriz de 5.000km que se estende da Síria até Moçambique e cujo trecho mais espetacular encontra-se ali, no Quênia. Quando o chão do mundo se abrisse para revelar o céu infinito e uma vista de tirar o fôlego, ele seguiria por aquele corredor diretamente para ela.

Havia tanta coisa que ansiava por dizer-lhe, palavras que só ele compreenderia... Ela extravasaria tudo o que a modéstia e a timidez haviam-na impedido de falar, como nas cartas que lhe escrevera e jamais enviara:

> Uma vida inteira se passou desde que nos separamos, e mesmo assim algumas lembranças do que fizemos juntos parecem ser de algo acontecido ainda ontem. Tem tanta coisa que gostaria de dizer e compartilhar com você, agora que sei que não sou inferior.

Ela o esperava na casa azul junto ao lago que, das alturas, parecia perfeito e plácido. Era, porém, apenas mais um dos extremos de um país em que a deslumbrante beleza coexiste com inimaginável brutalidade, em que o limite entre vida e morte é a mais tênue das linhas, e em que nada é necessariamente o que aparenta.

> Agora que tenho contato com outras pessoas, me dou conta de toda a experiência que adquiri com o mundo natural. ... Hoje, todos me respeitam. O único amor da minha vida, entretanto, é uma das raras pessoas com quem não posso me comunicar, nem mesmo como amigo.

Todo esse sofrimento ficaria para trás assim que ele retornasse à sua vida. Sobrevoando as montanhas e os vulcões adormecidos que compõem um anfiteatro natural ao redor do lago, ele se deteria sobre as águas cor de esmeralda, absorvendo aquela verdejante amplitude repleta de vida selvagem.

> Sobrevoando a casa azul, provavelmente você se sentiria feliz de não estar mais aqui, mas na verdade sou tão diferente agora que mal me reconheço. Escrevi inúmeras cartas para você em minha cabeça, mas quando tentava passá-las para o papel, eu me sentia como se despedaçasse.

Ela o imaginou percorrendo a casa, brincalhão como sempre; viu-o aterrissando sobre a grama do campo de pouso, desembarcando como se retornasse de um breve safári, em vez de metade de uma vida. Depois, finalmente, ela o impressionaria com sua independência e suas realizações, mostrando a inabalável resistência de seu amor.

Ele realmente acabou voltando para ela, na madrugada de 13 de janeiro de 2006. Não foi, porém, como durante tanto tempo ela sonhara. Ele não foi se juntar novamente à mulher que fora sua esposa, parceira e melhor amiga, a mulher que ele deixara sozinha na África por 16 anos.

Ele foi recolher seus restos mortais.

Introdução

A NOTÍCIA ERA FRIA E RESUMIDA:

> *Ecologista assassinada*
>
> Joan Root, 69 anos, ambientalista e protetora dos animais que colaborou com o marido, Alan, em documentários sobre a vida selvagem nos anos 70, foi morta no dia 13 de janeiro em Naivasha, Quênia. Segundo a polícia, Joan Root foi baleada por assaltantes que invadiram sua casa. De acordo com as autoridades, dois homens foram presos. Um dos filmes do casal, *Mysterious Castles of Clay*, narrado por Orson Welles, mostra toda a atividade interna de um cupinzeiro, e foi indicado ao Oscar em 1978.

Como colaborador da revista *Vanity Fair*, estou sempre à procura de grandes histórias, e essa parecia conter todos os ingredientes necessários: uma ecologista, produtora de documentários sobre a vida selvagem, indicada ao Oscar por um filme narrado pelo lendário Orson Welles, assassinada na África por razões desconhecidas.

Assim que comecei a pesquisar a história, percebi que Joan Root não era simplesmente mais uma produtora de documentários sobre o mundo animal. Ela e o marido, Alan Root, foram os *maiores* cineastas da vida selvagem entre os anos 70 e 80, figuras míticas para amantes da natureza de todas as idades. Ninguém simplesmente sentava e assistia a Joan e Alan na televisão ou em telas improvisadas em sala de aula: o público viajava com eles, quer estivessem desbravando exóticos lagos com ferozes crocodilos e hipopótamos, voando sobre o monte Quênia num balão de ar quente ou sendo perseguidos, espancados, mordidos, feridos e picados por todo tipo de criatura, enquanto dirigiam, voavam, corriam ou nadavam pela África, decididos a captar em película o continente e suas maravilhas antes que aquele mundo selvagem se perdesse para sempre. Pioneiros, filmaram o comportamento animal sem a interferência humana décadas antes de produções como *Migração alada* e *A marcha dos pinguins*. Muitos de seus filmes são narrados por grandes astros do cinema, como David Niven, James Mason e Ian Holm, e, em 1967, um deles teve uma première real em Londres, ocasião em que o casal foi apresentado à rainha.

Eles apresentaram os gorilas à zoóloga americana Dian Fossey, que depois morreu tentando salvá-los, levaram Jacqueline Kennedy em seu balão e percorreram grande parte da África num monomotor Cessna e num carro anfíbio. Então, sem que o público soubesse por que, eles sumiram das telas, tão misteriosamente quanto as espécies ameaçadas que documentavam. Haviam se separado e depois se divorciado. Alan, mais extrovertido, seguiu em frente e tornou-se uma estrela dos documentários sobre a natureza, recebendo prêmios, homenagens e elogios. A loura, linda e bronzeada Joan, terrivelmente tímida e sempre em segundo plano, tanto como competente assistente do marido quanto como sua discreta produtora, abandonou completamente o cinema, recolhendo-se à sua propriedade de 88 acres à beira do ameaçado lago Naivasha, no Quênia, dedicada a salvá-lo. Foi ali, em seu quarto, à uma e meia da madrugada do dia 13 de janeiro de 2006, que Joan foi brutalmente assassinada por assaltantes com fuzis AK-47 gritando em suaíli que lhe fariam tantos buracos que ela ficaria "parecendo uma peneira". Eles encheram de balas os vidros e as grades das janelas do quarto, até que ela, que aos 69 anos se tornara uma das mais indomáveis ambientalistas do mundo, caísse morta numa poça de seu próprio sangue.

Uma semana depois de ler aquele parágrafo no *Times Digest*, consegui da *Vanity Fair* autorização para escrever um artigo sobre Joan Root. Enviei e-mails a quem supus ter qualquer ligação com ela, ainda que remota, tendo como prioridade encontrar Alan Root. Alguns dias depois, recebi dele um brevíssimo e-mail: "Soube que o senhor está à minha procura."

Depois de expressar meu pesar pela perda de sua ex-mulher, disse-lhe que gostaria muito de contar com sua ajuda quando fosse ao Quênia. Dois dias mais tarde, ele respondeu:

Caro Mark: Desculpe-me, mas, no início desta semana, não me sentia capaz de falar sobre esse assunto. Havia enterrado as cinzas de Joan na terça pela manhã, e plantei uma figueira no local (ela ficará para sempre cercada por "*roots*", raízes). Também passei muito tempo com a polícia, o que me deixou bastante abalado.

Bom você ter entrado em contato com Adrian [Luckhurst, o administrador comercial de Joan], que me transmitiu sua mensagem. Por favor, não interprete meu silêncio como falta de interesse. Quero que você escreva essa história e farei o que puder para ajudar. Se não atrapalhar, acharia maravilhoso que você viesse para a cerimônia em homenagem a Joan que vamos realizar em Naivasha, em 4 de março. Você será muito bem-vindo e estou certo de que conseguirá muito material com toda a comunidade queniana presente …

Atenciosamente,

Alan

Em alguns dias, eu estava num voo para Nairóbi. Nunca estivera na cidade, nem no país, e não fazia a menor ideia de que começava uma viagem que me manteria no Quênia, intermitentemente, por mais de três anos.

Depois de desembarcar, segui de automóvel por mais de 80km para oeste, até a casa de Joan Root, para assistir à celebração em sua memória. Centenas dos mais importantes naturalistas do mundo, especialistas na vida selvagem e cineastas acomodaram-se no magnífico gramado para homenagear aquela mulher extraordinária.

A cerimônia foi realizada na propriedade de Joan junto ao lago Naivasha, um verdadeiro país das maravilhas da vida selvagem que parecia saído de um filme de Walt Disney. Um dos amigos de Joan comentou que era "como *Doutor Doolittle*, só que mil vezes mais". Ali, 1.200 hipopótamos nadam durante o dia e à noite pastam na relva, em meio à melodia das 350 espécies de pássaros da região. Durante toda a celebração, extremamente emocionante, todos os seus amigos e colegas perguntavam-se em voz alta o porquê daquela morte sem sentido. Quem assassinaria aquela suave e delicada mulher, cuja voz raramente era mais alta do que um sussurro, e que passara décadas ajudando apaixonadamente os desesperados e necessitados do Quênia? Algumas pessoas, a polícia entre elas, estavam convencidas de que fora simplesmente uma tentativa de assalto. Então por que nada fora roubado da casa?, argumentavam outras. E por que a profusão de tiros, quando uma simples ameaça seria suficiente para persuadir qualquer um naquela região assolada pelo crime – a vizinha Nairóbi era conhecida como "Nairobbery", ou "Nairoubo" – a entregar dinheiro e bens?

A explicação mais provável, segundo muitos amigos, era a de que Joan fora alvo de um assassinato encomendado – o que se consegue facilmente no Quênia a 100 dólares por cabeça – devido à sua atuação preservacionista no lago. A delicada protetora de animais tornara-se um dos raros dissidentes numa situação tão peculiar que só poderia mesmo acontecer na África, e que transformara seu amado Naivasha em campo de batalha para um irônico conflito a respeito de... rosas! Nas duas décadas precedentes, o pacífico e bucólico lago fora invadido por batalhões de plantadores de flores que ali estabeleceram algumas das maiores floriculturas do mundo, cobrindo as margens com imensas estufas de plástico, inibindo a migração natural da vida selvagem e atraindo uma horda de centenas de milhares de desesperados trabalhadores indigentes, o que resultou em favelas, miséria, crime e – insistiam alguns – um apocalipse ecológico. O roubo tornou-se rotineiro na região, os assassinatos, contumazes; a pesca e a caça ilegais viraram uma verdadeira epidemia. O lago, cujas águas regavam as rosas e recebiam despejos de pesticidas, ficou tão contaminado que sua extinção foi prevista no prazo de cinco anos, caso não se tomassem imediatamente medidas de prevenção.

Enquanto muitos se limitavam a comentar a situação, Joan transformou as palavras em ação, de forma destemida e, segundo alguns, extremamente perigosa. A enérgica campanha para preservar sua propriedade e o lago acabou despertando a hostilidade das autoridades que ela confrontava e mesmo dos desesperados trabalhadores africanos, cuja subsistência tentava salvar. Tudo isso podia tê-la marcado para morrer. Embora quatro suspeitos tivessem sido presos, eles acabaram sendo libertados. Era uma história estranha e brutal, encerrada com mais perguntas do que respostas.

"Todos aqui sabem o que quero dizer quando afirmo que a morte de Joan é apenas uma parte do mar de lama que lentamente engolfa este país", declarou um amigo de Joan, Ian Parker, em seu discurso. "O fracasso na aplicação da lei é o aspecto mais tenebroso da corrupção e da falta de princípios políticos. Quando quem aplica a lei não pode proteger os cidadãos e levar os criminosos à justiça, e quando se negam aos indivíduos os meios para se defenderem – a maior parte dos quenianos não tem permissão para portar armas –, a lei acaba sendo feita com as próprias mãos. Não se trata de uma ameaça de um velho *mzungu* maluco", prosseguiu ele, empregando o termo suaíli para designar homens brancos. "É uma lição que a história vem nos ensinando, repetidamente. Quando perseguem e matam uma benfeitora indefesa, como Joan, é a história falando novamente. Prestem atenção! Esta sociedade está numa situação muito perigosa. A morte de Joan exige que seja este o momento de falar, protestar e agir." Ele observou que três amigos seus haviam sido assassinados no ano anterior, 2005 – "uma melhora de 50% em relação a 2004", quando cinco amigos foram assassinados e "dois outros gravemente feridos em atentados".

Os louvores foram apaixonados e ardentes. Observando Parker sobre a plataforma, vi aquele homem de idade tornar-se jovem de novo ao brandir os punhos em direção ao céu, agitado pela raiva diante da brutalidade que abatera sua amiga de tanto tempo. Parker, um consumado aventureiro, ambientalista, piloto e fotógrafo da natureza, era então um homem de 70 anos, estrutura frágil e cabelos brancos. Parecia-se com o ator Frank Morgan no papel do mágico calvo, tagarela e persuasivo do clássico *O mágico de Oz*.

Parker e eu nos encontramos sob a tenda armada para a cerimônia. Ele me contou, saudoso, como conhecera Joan numa festa, quando eram adolescentes. Aos 19 anos, a beleza dela era lendária em Nairóbi. Quando cinco soldados do Regimento do Quênia decidiram convidar para sair cinco das mais belas moças de Nairóbi, conhecidas suas ou não, Ian Parker escolheu Joan. Audacioso, foi sem se anunciar até a fazenda de café do pai da moça. Tocou a campainha, informou Joan por que viera e pediu-lhe que aceitasse o convite. "Ora, fico muito agradecida", ela respondeu, educada, "mas não, obrigada." E desapareceu sem mais palavra.

Ian Parker tentara, mas seria Alan Root o único a roubar o coração de Joan – embora, como admitisse, tivesse falhado com ela no final. No dia seguinte à cerimônia, Alan quis falar-me sobre a vida da ex-mulher, e combinamos uma entrevista. Ele ainda sabia como impressionar alguém. Orientara-me a esperá-lo no pátio dos fundos do escritório de seu administrador, no subúrbio de Karen, em Nairóbi. Enquanto eu esperava que ele entrasse pela porta de trás, a tranquilidade foi subitamente quebrada por um helicóptero se aproximando, vindo do Parque Nacional de Nairóbi. Quando o aparelho começou a aterrissar, agitando a vegetação e a poeira do jardim, pude vê-lo através da cabine de vidro, no comando, exatamente como o arrojado aventureiro de seus filmes, a não ser por seus 68 anos. De óculos grossos e barba grisalha, ainda era uma figura imponente. Vestia jeans e camisa esporte.

"Já tive dois acidentes com estes", comentou, depois que me acomodei a seu lado. Decolamos e ele inclinou o helicóptero em direção às azuladas montanhas Ngong, ao longe, voando em alta velocidade sobre as planícies apinhadas de animais selvagens. Eu observava as zebras, búfalos africanos e gazelas no Parque Nacional, abaixo, enquanto Alan acelerava e disparávamos como uma bala pelos céus claros da África. Pude perceber nitidamente a extraordinária força vital que o movia e o tornava tão carismático, tanto na vida quanto em seus filmes.

Alan Root vivera perigosa, temerária e intensamente: tinha sido mordido por feras, sofrera acidentes de avião e batidas de carro, mergulhara em rios caudalosos, embriagara-se em grandes farras, enredara-se em casos amorosos... Entretanto, de todas as mulheres que conheceu, foi Joan, a tranquila e linda Joan, quem teve sobre ele o maior impacto, principalmente na juventude, e ele queria me ajudar a contar sua vida. Naquele dia, o helicóptero me levou para outro mundo, onde se revelaria a melhor história que já encontrei como jornalista. Até ali, eu havia sido acima de tudo um coletor de fatos frios e impiedosos. Então Alan Root levantou voo comigo pela África e teve início a viagem de minha vida.

O artigo que escrevi, publicado na *Vanity Fair* em agosto de 2006, foi apenas mais um relato sobre o mistério cada vez mais insondável de uma mulher fascinante. Entretanto, assim como o frio parágrafo que me instigara a princípio, ele pareceu estabelecer com os leitores um vínculo visceral. As pessoas me paravam na rua para discutir sobre a indomável Joan. Cineastas queriam os direitos para filmar a história. Vários editores insistiram para que eu a transformasse em livro.

A tendência de quase todas as matérias de revistas é o desaparecimento; essa, entretanto, não morreu nem depois que o número seguinte chegou às bancas. Parecia ter vida própria. A Working Title Films adquiriu os direitos de filmagem para uma produção com a companhia Red Om, de Julia Roberts, que faria o papel de Joan Root – o que foi anunciado no Festival de Cannes de 2007, rendendo manchetes internacionais. Mesmo assim, eu achava que aquela reportagem havia terminado, pelo menos para mim. Joan Root estava morta e, já que raramente expressava – e menos ainda verbalizava – seus sentimentos, mesmo para os amigos mais próximos, a maior parte de sua história pessoal fora presumivelmente enterrada com ela.

Foi então que algo incrível aconteceu. Joan Root começou a falar.

"Você deve estar pensando que ela não falava muito." O inesperado e-mail de Alan Root prosseguia, explicando: "E está certo quanto a falar, mas tenho milhões de palavras que ela escreveu para a mãe, diários etc." Fiquei imediatamente empolgado com a possibilidade de saber mais sobre aquela mulher extraordinária.

Outro golpe de sorte aconteceu quando consegui localizar Anthony Smith, o autor de best-sellers londrino, explorador, apresentador da BBC, aventureiro e melhor amigo de Alan e Joan Root. Por duas vezes ele atravessara a África de motocicleta e foi o primeiro britânico a obter licença para viajar de balão depois da Segunda Guerra Mundial, quando atravessou os Alpes. Já com 80 anos, Anthony morava num pequeno e entulhado apartamento em Londres, e convidou-me para um de seus "famosos espaguetes". Levei uma garrafa de chardonnay californiano. "Brilhante ideia trazer vinho", ele exclamou ao receber-me. Era altíssimo, engraçado, irrequieto, com um incisivo sotaque britânico, repleto de interjeições pontuando intermináveis histórias de seu convívio com Alan e Joan, tanto antes quanto depois do divórcio.

Gostei dele imediatamente. Anthony não tinha papas na língua. Contou-me tudo sobre os Root, honesta e completamente, e ainda deu-me uma pasta grossa com toda a correspondência trocada com Alan e Joan. "Você tem sorte", disse. Acabara de encontrar aquelas cartas, exatamente na véspera de minha visita, enquanto se mudava de casa, em meio a um divórcio. "Se você tivesse chegado uma semana mais tarde, eu já as teria jogado fora."

O que outras pessoas falavam sobre Joan era instigante, porém mais impressionantes foram suas próprias revelações, nos milhares de páginas de cartas para a mãe, o marido, os amigos, como também nas décadas do meticuloso diário, cuja última página escrevera pouco antes de morrer. Lendo esse precioso material, percebi que a história daquela encantadora mulher precisava ser contada integralmente e que ela mesma proporcionaria às futuras gerações boa parte do relato.

Em cada linha escrita por Joan, desde sua juventude aventureira até os perigosos dias que antecederam sua morte, era visível a paixão pela África e por sua natureza, bem como pelo único homem que amou na vida, Alan – tão selvagem e livre quanto todas as suas outras paixões.

Capítulo 1

É DIFÍCIL IMAGINAR como se sentiram os colonizadores britânicos ao viajarem pela primeira vez da fria e comportada Inglaterra para o quente e exótico Quênia. Pioneiros improvisados, seu objetivo era domar aquele vasto e misterioso país tomado pela Coroa em 1895. Foram para lá em nome da civilização, construíram estradas de ferro, fundaram Nairóbi, erigiram outras cidades e expulsaram os massais de suas ancestrais pastagens. Mas o que acabou tornando-os famosos, em livros e filmes, foi seu hedonismo: um punhado de ricos e aristocráticos ingleses, refestelando-se num estilo de vida que ficou conhecido como Happy Valley – versão queniana dos loucos anos 20 –, com aqueles extravagantes imigrantes de roupas cáqui trocando tiros e esposas e escandalizando o mundo com suas excentricidades.

O Happy Valley pode não ter passado de um punhado de hedonistas, mas eles fizeram um tremendo estardalhaço. Na verdade, a maior parte dos colonos era de cidadãos trabalhadores e diligentes, como registrado por Karen Blixen, a autora dinamarquesa que, sob o pseudônimo de Isak Dinesen, escreveu *A fazenda africana* e outros livros em que descreve seu cotidiano como administradora de uma plantação de café perto de Nairóbi, junto com o primo – o barão Bror von Blixen-Finecke –, com quem se casou em 1914. "Os britânicos trouxeram para o Quênia um pedaço da Grã-Bretanha", recordou um dos amigos de Joan Root. "Hasteavam a bandeira inglesa, baixavam-na ao pôr do sol, trajavam-se formalmente para o jantar e bebiam gim na varanda até o mordomo aparecer, rigorosamente uniformizado, com um gongo nas mãos, anunciando: 'O jantar está servido.' Todos então erguiam suas taças e exclamavam: 'À rainha!'"

Esse período teve um final violento nos anos 50, quando a era colonial terminou com um banho de sangue. Em 1952, a mais importante tribo queniana, a dos quicuios (1,5 milhão dos 5 milhões de habitantes do país), aliada a várias outras, sublevou-se violentamente contra a presença britânica, num episódio que ficou conhecido como a Rebelião Mau Mau. "Um quicuio se tornava mau mau ao prestar um juramento sacrílego, que o afastava da vida normal e o transformava em verdadeiro míssil kamikaze, apontado para seu patrão – o fazendeiro europeu imigrante", conta Patrick Hemingway na introdução a *True at First Light*, as memórias que seu pai, Ernest Hemingway, escreveu sobre suas temporadas no Quênia. "O instrumento agrícola mais comum do país chamava-se *panga*, em suaíli: pesada e afiadíssima lâmina de fio simples, prensada a partir de folhas de aço inglês, capaz de, em mãos hábeis, cortar arbustos, cavar buracos e matar pessoas. Quase todo trabalhador agrícola possuía uma." Os quicuios mataram 2 mil dissidentes africanos e atacaram a polícia e o Exército britânicos.

"Reagindo como se aquilo fosse outra Batalha da Inglaterra, a comunidade europeia despachou vários destacamentos de infantaria da Grã-Bretanha, e toda a população civil branca se armou", escreve John Heminway no livro *No Man's Land*. "Durante quatro anos, ninguém no Quênia se sentava para jantar sem ter um revólver ao lado do prato."

Declarando estado de emergência, o governo britânico prendeu o líder quicuio Jomo Kenyatta, homem culto e viajado, que retornara ao Quênia para desencadear a insurreição mau mau em sua tribo. Em sua correta opinião, os latifundiários europeus haviam roubado seu mais precioso recurso: a terra. A perseguição a Kenyatta, entretanto, exigia conhecimento do terreno. Joan Root contaria mais tarde a um amigo que um dos chefes daquela caçada humana foi Edmund Thorpe, que vinha a ser seu aventureiro – ainda que tranquilo e excepcionalmente bem-educado – pai. Depois de capturarem Kenyatta, os batalhões ingleses mataram mais de 11 mil rebeldes, enforcaram mil e mandaram outros 150 mil para os campos de prisioneiros, em contraste com os 30 europeus mortos durante o "estado de emergência", antes que a revolta fosse sufocada em 1960.

Embora tivessem empregado a força bruta para reprimir o levante, os britânicos perceberam que não poderiam sustentar um governo branco no Quênia, e em 1960 permitiram a realização de eleições livres. Kenyatta foi libertado em 1961 e um ano depois negociou os termos que levaram à independência do país em 1963, tornando-se o chefe da nova nação.

Mais tarde, o pai de Joan Root, Edmund Thorpe, escreveria uma carta referindo-se à inutilidade daquele banho de sangue:

> Quando os britânicos chegaram, os quicuios eram uma pequena tribo escondida nas florestas de Aberdare e do monte Quênia, sendo dizimada pelos massais, que vinham do sul, e pelos somalis, do norte. Para conter os ataques, a Grã-Bretanha interpôs uma fileira de fazendas nas fronteiras. Os quicuios não eram absolutamente grandes guerreiros e teriam sido aniquilados se as incursões tivessem continuado. Eles eram desprezados por todos os demais nativos quando cheguei ao Quênia em 1928. Naturalmente isso não é mais verdade, pois eles se reproduziram até se transformar na maior etnia e, além disso, são muito inteligentes.

Kenyatta revelou-se um líder pragmático: incluiu em sua administração membros de outras tribos e até brancos, transformando o Quênia num oásis de estabilidade política e poder econômico. Permanecia, entretanto, fiel a suas raízes mau mau. "Quando os missionários chegaram, os africanos tinham a terra, e os missionários, a Bíblia", declarou certa vez. "Eles nos ensinaram a rezar de olhos fechados e, quando os abrimos, eles tinham a terra, e nós, a Bíblia."

Muitos quenianos negros acreditam que seu país jamais retornou de fato às mãos africanas, e se sentem escravizados ao sistema colonial e ao governo britânico, que deixou uma chaga infeccionada ainda não curada. Assim era o sentimento do país na época da morte de Joan. Na verdade, muitos pensavam que isso teria contribuído para seu assassinato. O mundo em que ela nasceu, em 1936, quase 20 anos antes da rebelião, era, porém, muito diferente.

* * *

JOAN WELLS-THORPE NASCEU EM NAIRÓBI no dia 18 de janeiro, no casebre de pau a pique em que seus pais viviam enquanto construíam uma casa em sua fazenda de café. O pai, Edmund, de uma família britânica de iatistas, abandonara em 1928 a cinzenta e fria Devon, na Inglaterra, cansado do monótono trabalho no National Westminster Bank. Um gene aventureiro assolava toda a família Thorpe, e quando Edmund e seu irmão, Richard, completaram 20 anos, realizaram seu velho sonho de partir para as colônias. Richard fora para a Índia, cultivar chá; Edmund escolhera o Quênia.

Imponente, sempre usando óculos, gentileza e fala mansa, Edmund Thorpe protagonizou uma vida turbulenta, que findou em 1º de março de 1997. Como tantos outros pioneiros britânicos, enfatizava o fato de que fora para o Quênia para trabalhar, e não para brincar. "Sobrevivi à Depressão garimpando ouro", registrou num texto autobiográfico sem data. Em 1929, um ano após sua chegada, alistou-se na Força de Defesa do Quênia. Na época, gangues de caçadores ilegais costumavam atacar as florestas, matando tudo o que encontravam e espantando a caça. Com poucos guardas e alguns batedores nativos, Edmund conseguiu controlar as incursões. Devido às incontáveis vezes em que escapou da morte violenta, costumava comentar que um anjo da guarda o protegia.

No texto autobiográfico, Edmund relata algumas de suas aventuras – percorrer os oceanos procurando minas, trabalhar em meio expediente como policial num país selvagem em que bandidos matavam crianças; passar como playboy num iate, quando na verdade servia como espião da Marinha – e, finalmente, como se estabeleceu para começar uma família. Em 1933, casou-se com Lillian Walker, jovem branca da África do Sul, o perfeito complemento para Edmund, mantendo-o organizado, administrando seus projetos, proporcionando-lhe um lar ao qual ele poderia sempre retornar após suas intermináveis aventuras.

Por fim, Edmund resolveu entrar no negócio do café. Ele e um sócio compraram uma propriedade abandonada de 240 acres, nos férteis campos de café perto de Nairóbi. A terra foi subdividida em lotes de cerca de 20 acres. Edmund ficou com três para si, no total de 65 acres, e com um moinho junto a um rio. Na fazenda a que deu o nome de Lyntano, plantou 39 mil pés de café, declarando mais tarde que a cada safra havia mais de um quilômetro de grãos a secar nos tabuleiros e uma centena de trabalhadores colhendo-os sob o sol.

Para Edmund, o Quênia era o paraíso. "Eu nadava no oceano Índico, pescava num riacho de tempos imemoriais ou acampava imediatamente abaixo das neves eternas", revelou certa vez a um entrevistador. Hipopótamos e crocodilos frequentavam seu jardim, como também papa-açúcares, grous e todos os tipos de macacos. A paisagem era tão emblemática que os filmes de Tarzan foram gravados perto do rio que cruzava a propriedade. Num deles, aliás, Tarzan precisou de galochas e de ajuda para conseguir pendurar-se num cabo coberto de samambaias para parecer um cipó. Edmund Thorpe, pelo contrário, era de fato aventureiro.

Em certa tarde idílica, quando faziam um piquenique na ilha de Crescent, uma verdejante península no lago Naivasha, a uma hora e meia de Nairóbi, Edmund e Lillian conceberam sua única filha. Assim teve início, naquele lago, a história de Joan Root. Desde que nasceu, sua vida em nada se pareceu com a das outras meninas. Mais tarde Edmund contaria a um repórter:

> Um amigo deixou comigo Mabel, uma grande macaca-vermelha, de longos braços, que costumava roubar gatinhos, cachorrinhos, tudo que fosse filhote. Uma vez, alguém, passando pelo quarto de Joan, deu uma espiada e lá estava Mabel empoleirada na janela, com Joan nos braços. Tivemos de trocar nosso bebê por uma banana.

Eles, na verdade, jamais a tiveram de volta; daquele dia em diante, Joan Thorpe permaneceria para sempre nos braços da natureza selvagem.

Numa terra em que praticamente inexistia orientação sobre criação de filhos, Edmund e Lillian seguiram os conselhos de um bem-conceituado livro que enfatizava a autoconfiança e pregava que não se devia acalentar um bebê chorando, qualquer que fosse a intensidade do choro. A pequena Joan passava horas intermináveis acordada, chorando em seu berço, mas ninguém tinha permissão para interceder. Ela cresceu reclamando uma atenção que jamais obteve, até que, por fim, parou de chorar para sempre.

Na adolescência e depois na juventude, Joan se mostraria cada vez mais avessa a demonstrar fraqueza ou pedir ajuda.

Joan cresceu na selva, desde muito cedo acompanhando o pai nos safáris – nessa época, Edmund se tornara caçador profissional, guiando turistas pela floresta. Suas expedições estendiam-se do Quênia até Uganda e Tanganica (agora dividida em Tanzânia, Ruanda e Burundi). Certo dia, com o barulho dos rifles ressoando nos ouvidos, ele teve uma grande ideia: por que não trocar as armas por câmeras? E foi assim que surgiram os primeiros safáris fotográficos da África. A propaganda criada por Edmund anunciava: "Quênia Através das Lentes".

Os safáris fotográficos eram audaciosos, no porte e na abrangência: 20 dias de duração, 21 clientes por excursão, 2 mil dólares por pessoa, incluindo a passagem de avião desde Nova York. Tiveram tal sucesso que Edmund foi incapaz de administrar o negócio sozinho, precisando contratar sua mulher, que passou a organizar as excursões e a supervisionar os detalhes. Em pouco tempo, o tamanho e a abrangência das expedições cresceram ainda mais, até que afinal os clientes se mostravam tão exauridos diante das maravilhas – todos os dias vendo de perto elefantes, hipopótamos, leões, crocodilos, girafas e rinocerontes, nos ásperos picos vulcânicos da África e nos vales das imensas e estéreis planícies –, que praticamente tinham de ser carregados até o avião e mandados de volta para casa.

À medida que o safári fotográfico se desenvolvia, Edmund e Lillian se aproximavam do ponto de exaustão. E na desesperada busca por mais ajuda, finalmente eles se voltaram para a pessoa mais confiável, detalhista e estoica que conheciam: sua filha. Joan, então com 19 anos, era alta, bonita, inteligente, fluente em francês, devido aos anos que passara num internato na Suíça, e, apesar disso, totalmente íntima da floresta africana. Por outro lado, a infância severa e nada mimada a tornara dolorosamente tímida, e ela não se sentia à vontade perto das pessoas, preferindo a companhia dos animais.

Depois de completar sua educação na Suíça, ela retornou ao Quênia e começou a trabalhar. Naquela época, poucas pessoas da comunidade branca davam prosseguimento à educação formal, pois eram muitos os empregos disponíveis. Durante quatro anos ela trabalhou como secretária na companhia petrolífera Shell, em Nairóbi, até seu pai lhe fazer uma proposta: ajudar com os safáris fotográficos, para aprender o negócio e um dia ficar com a empresa. Joan foi então trabalhar com os pais, na função que viria a defini-la: a de chefe executiva. Ela fazia tudo sem esforço: elaborava os itinerários, coordenava as chegadas e partidas dos turistas, administrava a equipe, comprava comida e suprimentos, supervisionava a organização e a preparação das expedições, comandava a caravana de Land Rovers (o jipe que ela dirigia tinha o teto coberto de palha, cheio de gaiolas com galinhas cacarejando: carne fresca e ovos para os clientes), ajudava a montar as tendas, atiçava o fogo, cozinhava, carregava as câmeras e até localizava os animais. Resumindo, fazia de tudo, exceto bater as fotos para os clientes.

> Dirigindo para o leste, atravessando o Serengeti, com frequentes paradas para fotografar os animais, subiremos até as acomodações de um bem-equipado abrigo para safáris, na crista elevada da imensa cratera de Ngorongoro, outra das principais fortalezas da vida selvagem africana. Um dia inteiro será passado no solo dessa cratera, alcançado depois de uma espetacular descida em ziguezague por suas paredes. Além das esperadas fotos de animais nos aguardando em Ngorongoro, poderemos também encontrar as primeiras *manyattas* [moradias coletivas] dos nômades da tribo dos massais.
>
> folheto "Quênia Através das Lentes"

O texto do folheto era um verdadeiro eufemismo. A cratera de Ngorongoro, localizada nas terras altas do norte da Tanzânia, é conhecida como o Éden africano. Acredita-se que ali se encontre a mais espetacular concentração de vida selvagem de todo o continente: leopardos, leões, guepardos, antílopes, rinocerontes-negros, chacais dourados, gazelas de Thomson, abutres-reais – tudo dentro dos limites de um imenso vulcão extinto, um enclave murado com tamanho quase igual ao de Paris. No limite norte está a garganta de Olduvai, com 80m de profundidade e quase

50km de comprimento, que segue até o Serengeti, a região de infindáveis planícies amareladas, famosa pelas tempestuosas migrações de animais – incluindo a de quase 1 milhão de gnus anualmente.

"Esses americanos são bastante agradáveis e estão adorando a viagem", escreveu Joan em 1960, quando guiava um safári fotográfico por Uganda. "A armação sobre o teto do Land Rover é um sucesso. Que alívio trocar aquele trailer! Não fico cansada de dirigir. Na verdade, estou gostando mais do que quando ia sentada, sem fazer nada."

Ela sempre estava ao volante, guiando a caravana, chefiando tudo, até que, num dia chuvoso daquele Éden africano, conheceu Alan Root. Mais tarde, Alan diria que já notara Joan diversas vezes circulando em Nairóbi, mas não sabia como atrair sua atenção. Finalmente, teve sua chance.

ALAN ROOT NASCERA DE NOVO AOS DEZ ANOS DE IDADE, ao pôr os pés no Quênia. Daquele momento em diante, nem ele nem a selva africana seriam os mesmos. Alan era uma rara combinação de inteligência e ironia, um comediante nato, sempre dominando a plateia. Aventureiro completo, sem temer homens ou feras, gostava de provocar e testar ambos. No livro *No Man's Land*, John Heminway registrou a seu respeito:

> Ele é a grande história de sucesso da floresta. Para o prazer e a angústia de seus amigos, continua sendo o excêntrico radical, o palhaço, o aventureiro temerário, o mímico, o misantropo, a alegria da festa, o irreprimível idealista da natureza ... Dá a vida por uma tomada para um filme, uma brincadeira, uma partida de tênis. Em resumo, Alan é tão apaixonado pela vida que precisa provar diariamente que conseguiu driblar a morte.

Ao contrário de Joan, que ainda não estava certa do rumo que pretendia seguir, Alan decidira o próprio destino não muito depois de desembarcar no Quênia. Filho de um empacotador de carne londrino que emigrara para Nairóbi a fim de dirigir uma empresa de abate e empacotamento, desde muito cedo determinara que sua existência seria dedicada a animais *vivos*. Seu longo relacionamento com os animais selvagens começou então com criaturas pequenas: insetos, répteis, pássaros.

Os Root viviam na planície de Athi, à beira do Parque Nacional de Nairóbi, de onde, como escreveu o pai de Alan, num dia claro era possível ver neve pelas janelas – de um lado, no monte Quênia; do outro, no Kilimanjaro. Alan passava todo o tempo livre dos fins de semana na floresta, com os caçadores da tribo camba, homens e mulheres que trabalhavam como jardineiros e cozinheiras na casa de seus pais. Em pouco tempo o garoto inglês se sentia tão à vontade na selva quanto eles. O inteligente Alan tornou-se forte e belo, com o cabelo louro clareado pelo sol e o futuro moldado pela experiência com a natureza; experiência, diga-se, não só de observar os animais, como também de colecioná-los. "Os Répteis de Root" foi o título de uma de suas exposições na Escola Príncipe de Gales, em Nairóbi, onde costumava assistir às aulas com alguma cobra no bolso e uma peça em mente para pregar em alguém. Doidivanas, engraçado, selvagem, provocador, assim era Alan Root.

O hábito de colecionar animais evoluiu para o de filmá-los com uma Bolex de 8mm, com a qual focalizava especialmente cobras e rinocerontes. Chamava suas fitas de produções caseiras. Certa noite, exibiu-as para um pequeno público, no Museu de Nairóbi. Depois disso, foi apresentado a um piloto da East African Airways, também fotógrafo amador da vida selvagem, que lhe perguntou se não gostaria de participar de um filme que desejava fazer, mas para o qual não tinha tempo. *Claro que sim!*

Com uma câmera emprestada, Alan fez seu primeiro filme de verdade, sobre um pássaro chamado jaçanã, que passa a vida em cima de enormes ninfeias púrpuras no lago Naivasha. De viva plumagem marrom, branca e amarela, essas aves têm pés e dedos extremamente longos, que distribuem seu peso por uma ampla superfície e lhes permitem caminhar sobre as folhas. Alan ficou semanas acampado numa barraca junto do Naivasha, gravando dia a dia as atividades dos jaçanãs. Ao captá-los de modo não invasivo, em seu habitat natural e sem interferência humana, Alan criou o que viria a se tornar sua marca registrada.

Logo a movimentação dos jaçanãs atraiu a atenção de outro casal de patronos em potencial: Armand Denis e sua mulher, a linda e loura Michaela. Eram o rei e a rainha da filmagem do mundo animal nos anos 50 e início dos 60. Entretanto, seus programas de meia hora para a BBC, *On Safari*, eram mais sobre eles próprios do que sobre os animais. Michaela chegou a declarar que nunca entrava num rio infestado de crocodilos sem antes passar o lápis de olho. Para a produção de filmes sobre os animais, portanto, eles precisavam de um cameraman.

Eles contrataram Alan, mas não para filmar e sim para cuidar dos animais domesticados que transportavam nas viagens. Logo depois, porém, Armand Denis comentou que desejava filmar uma cobra dasipéltis. Ora, não só Alan possuía efetivamente um espécime em sua coleção de répteis como já a filmara devorando um ovo. Ao assistir à produção caseira do rapaz, Armand Denis exclamou: "Por que diabos você está cuidando dos animais? Por que não está filmando?"

Assim, Alan foi promovido a assistente de Des Bartlett, o cinegrafista dos Denis no Serengeti. Ali ele logo entrou em contato com um protetor ainda mais poderoso: o dr. Bernhard Grzimek, cuja produção *No Place for Wildlife*, de 1956, era um manifesto contra as caçadas no então Congo Belga, considerado possivelmente o primeiro filme conservacionista. Grzimek estava visitando o Serengeti com o filho Michael, e procuravam um operador de câmera com conhecimento do assunto, para um longa-metragem. Depois que Alan foi recomendado pelo guarda florestal da região, os Grzimek pediram àquele jovem que filmasse as trilhas de migrações no interior do Serengeti. O resultado foi *Serengeti darf nicht sterben* (O Serengeti não pode morrer), que recebeu o Oscar de melhor documentário em 1959. Aos 22 anos, Alan Root aparecia nos créditos como cinegrafista.

Foi então que Joan Thorpe entrou em sua vida.

Naquele dia específico, Alan estava filmando enfiado até os joelhos na lama de Ngorongoro. Subitamente, o comboio do Quênia Através das Lentes passou por ali em direção ao topo da cratera de Ngorongoro, onde dormiria aquela noite. Quando ele ergueu os olhos, algo inacreditável relampejou pelo visor da câmera: uma loura alta, de 21 anos, que dirigia o Land Rover. Alan viu Joan saltar do veículo usando short cáqui e camisa de manga curta, mais linda do que tudo o que já vira. Quando ela assinou o livro de visitas pelo grupo, Alan tomou a iniciativa: "Olá, sou Alan Root." Nesse instante, os pais dela surgiram ruidosamente e convidaram o jovem a juntar-se a eles.

Joan devia saber quem Alan era, mas jamais falara com ele. Observou-o apresentar-se às demais pessoas, explicando-lhes quem era e onde já tinha estado. Inevitavelmente, sendo ele Alan, contou uma ou duas piadas. Todos riram; Joan, porém, permaneceu impassível. Ela era tímida demais para conversas fúteis, sobretudo com estranhos. Durante os aperitivos e o jantar, Alan mostrou-se absolutamente encantador. Parecia conhecer tudo sobre a cratera e cada animal que a habitava. Ao redor da fogueira do acampamento, todos o escutavam, fascinados, enquanto narrava suas aventuras na selva – que sequer um mísero sorriso conseguiam de Joan. Um "oh" de vez em quando, se tanto, foi sua única reação. Felizmente, quando por fim se sentaram para jantar, Alan conseguiu uma cadeira ao lado dela.

A certa altura da noite, Edmund liberou Joan de suas tarefas como motorista na manhã seguinte, já que a maioria das pessoas permaneceria no acampamento. Sugeriu que ela tirasse uma folga. Alan entrou imediatamente em ação: por que não tira uma folga *comigo*, propôs. E acrescentou que a apanharia cedo para irem de carro até a cratera.

Alan estava tão nervoso que se esqueceu de tirar do porta-luvas o pacote de manteiga que lá guardara. Na manhã seguinte, enquanto desciam pelas curvas sinuosas em direção à cratera de Ngorongoro, a temperatura subiu, a manteiga derreteu e começou a pingar nas longas e belas pernas de Joan. Acostumada ao inesperado dos safáris, ela calmamente fez o que pôde para limpar a sujeira. Alan não conseguia evitar olhar para aquelas pernas brilhantes, enquanto se desculpava pelo esquecimento e tentava concentrar a atenção nos leões, búfalos e manadas de gnus pastando. Simultaneamente, ia fazendo aquilo que melhor sabia: falar.

Contou a Joan como viera para o Quênia com a família, mudando-se depois para a Rodésia, atual Zimbábue, onde o pai dirigira outro abatedouro. Seus pais, porém, já não se entendiam bem, então ele, a irmã e a mãe voltaram para Nairóbi em 1951. De vez em quando, Joan fazia um sinal de assentimento e sorria, mas nada dizia.

Alan também contou sobre o serviço no Regimento do Quênia, quando aconteceu a Rebelião Mau Mau e ele fora enviado para caçar fugitivos na floresta montanhosa de Aberdare. Não capturou nenhum mau mau, mas sim um bongo, que viria a ser o único espécime criado em cativeiro até então.

Joan aquiescia com o olhar perdido. Como todo mundo em Nairóbi, ela sabia que Alan havia criado um bongo, o animal mais arisco da floresta oriental africana. O grande antílope do Quênia – de cor castanha, com faixas brancas brilhantes e chifres em forma de lira – raramente era visto, e muito poucos tinham sido capturados vivos, até que um amigo de Alan encontrou um filhote órfão numa armadilha e o levou para ele. Foi uma descoberta tão preciosa que Alan manteve o bongo em seu quarto até levá-lo para o zoológico de Cleveland, que por ele pagou a generosa quantia de 1.100 libras, transformando-o em celebridade local.

Alan ainda morava com a mãe e a irmã, numa casa bem rústica. As paredes de seu quarto eram de pau a pique, o teto, de palha, e o chão, de terra batida – por isso a mãe nem se incomodou que ele levasse o bongo para dentro; já se habituara a animais em seu lar. Alan também tivera um babuíno, até que o macaco se tornou agressivo demais e começou a cortejar sua mãe.

(Ele deu outra espiadela em Joan, que ainda não pronunciara nenhuma palavra.)

Agora ele pegava todo tipo de animal, para vender aos zoológicos e filmá-los, e isso se tornara sua profissão. Contou a Joan sobre sua amizade com Michael Grzimek, que morrera havia pouco num acidente de avião. A partir daquele momento, ele revelou, sua missão seria capturar em película toda a essência da África. Nada daquelas típicas versões adocicadas. Ele queria captar os esplêndidos animais do continente em sua plena expressão, sem nenhuma falsificação técnica. Se Joan se impressionou com tudo aquilo, nada demonstrou; apenas manteve o olhar perdido adiante.

Logo depois ela revelou a Alan que estava noiva de um jovem de Nairóbi, Ted Goss.

Eles permaneceram em silêncio pelo restante do percurso. Alan conhecia bem "Ganso-Goss", o apelido de Ted na escola, segundo Ian Parker. Como, diabos, ele tinha conseguido Joan Thorpe? Anos depois Ted Goss seria um conceituado guarda florestal, fundamental na salvação do Parque Nacional Tsavo (o maior da África oriental), invadido por caçadores clandestinos, bem como no combate a gangues que dizimavam bandos de elefantes com todo tipo de arma, desde fuzis AK-47 até lança-foguetes. Naquele início dos anos 60, porém, Goss era apenas mais um daqueles grandes e corpulentos quenianos brancos em busca de uma oportunidade. E ele conseguira Joan Thorpe! Alan se deu conta de que teria de encontrar o meio de vencer a barreira de sua timidez e conquistá-la.

* * *

Logo o safári fotográfico prosseguiu seu caminho, deixando Alan novamente preso à lama da cratera de Ngorongoro, dando continuidade às filmagens, mas agora obcecado pela mulher que acabara de partir. Os dois fariam um par perfeito, embora ele ainda não percebesse que precisava muito mais dela do que ela dele. Joan era organizada, ao passo que ele seguia seus instintos; ela dominava os detalhes e lidava bem com a logística, enquanto ele se preocupava somente com a visão geral; ela era uma empreendedora de talento, capaz de fazer tudo ao mesmo tempo; ele era uma estrela – e encontraria um jeito de chegar até ela.

Não muito tempo depois, um animal – como sempre acontecia com Alan – veio dar-lhe a oportunidade que buscava. Procurando novas atrações, Joan e seu pai foram de automóvel até Wamba, na fronteira setentrional, uma das mais remotas e inaccessíveis reservas de vida selvagem. Aquela belíssima paisagem montanhosa, cortada por rios, moradia da pacífica e hospitaleira tribo samburu, era perfeita para expedições com camelos, e Edmund e Joan sabiam que seria um incrível cenário para um safári fotográfico.

Pai e filha percorriam a região em busca de locais para possíveis acampamentos quando escutaram guinchos partindo de um poço, um dos largos e profundos poços d'água que os samburos cavavam a fim de obter água para o gado e os camelos.

Os dois se debruçaram sobre o buraco e descobriram, agarrado à lama do fundo, um elefantinho abandonado, com cerca de três semanas de idade.

Com a ajuda de um grupo de homens samburos, eles conseguiram puxar o animal para fora, porém o resgate foi apenas o primeiro passo. Naqueles tempos, nenhum bebê elefante conseguira sobreviver criado por humano. Alimentar um deles era tarefa quase impossível, pois o leite da elefanta é muito mais gorduroso do que o da vaca e não havia opções até a grande naturalista Daphne Sheldrick inventar uma fórmula que o substituía.

No entanto, Joan estava absolutamente decidida a salvar seu achado. O contato constante com a mãe era fundamental para um bebê elefante, de modo que Joan tornou-se a mãe substituta para o filhote que chamou de Bundu, palavra banto para "selva". Ela passou a morar com Bundu sobre uma pilha de feno, num galpão perto da casa do pai. Todas as noites Joan dormia com o animal, alimentando-o com uma enorme mamadeira, sem jamais se afastar.

Na comunidade de brancos de Nairóbi, todos sabiam da vida de todos. Por isso, era inevitável que Alan ouvisse a respeito da tentativa de Joan de criar o elefantinho e corresse para oferecer-lhe ajuda. Se alguém poderia salvar Bundu, esse alguém era ele. Alan ajudou-a a alimentar e a cuidar do filhote e, mais importante, ajudou-a também a amar o pequeno órfão. Durante quatro semanas, Joan não se afastou do elefantinho; então, em determinado momento, precisou sair.

Alan estava fora, e ela tinha uma tarefa urgente. Disse ao guardador dos estábulos que voltaria logo, e que ele não deveria interromper o contato humano por um instante sequer. A maior parte dos africanos, contudo, não era dada a afagar elefantes, e assim que Joan saiu o rapaz esqueceu a recomendação. Quando ela voltou, Bundu agonizava.

"Oh", ela deve ter exclamado incontáveis vezes, exprimindo com tais interjeições todo o seu pesar. No dia em que o elefantinho morreu, ela deve tê-las murmurado sem parar, naquela voz suave e quase inaudível. Então, depois de muito, muito tempo, ela chorou. Alan não se afastou dela. A natureza tirara Bundu de Joan e, em troca, dera-lhe Alan Root.

Quanto a Ted Goss, já fazia parte do passado, se é que jamais houvera algum compromisso entre eles. Segundo um amigo, não passara de uma brincadeira, depois que uma das amigas de Joan aceitara um pedido de casamento durante as férias, quando elas haviam viajado em grupo para o litoral queniano. Joan pensou que deveria arrumar um noivo também, e Ted Goss apenas se aproveitou da ocasião. O amor que ela encontrou em Alan, entretanto, era real, desencadeado pela súbita perda que acabava de sofrer e pela profunda afinidade entre os dois amantes da natureza, nenhum dos quais conhecera ainda uma verdadeira paixão.

Foi uma atração entre opostos que, juntos, compunham um todo. Alan era sociável, extrovertido, brincalhão e extremamente imprudente – tudo o que ela não era. Mais tarde ela declararia ter-se apaixonado por ele no instante em que o vira, e que o amara cada vez mais quando passou a conhecê-lo, não o demonstrando apenas por timidez. Ela amava as extravagâncias de Alan, a forma como ele ocupava a cena, como era sempre o centro das atenções: assim, ela não precisava ser nada disso. Ela adorava estimulá-lo, protegê-lo, empurrá-lo para locais aonde ele jamais iria sozinho. Ninguém a compreendia melhor do que Alan, ela diria mais tarde. Eles não precisavam conversar sobre seu amor; como a comunicação não verbal entre os animais, era algo que simplesmente estava ali: profundo, imemorial.

Um artigo de revista sobre Joan, publicado posteriormente, fala desse momento decisivo de sua juventude:

> Como é que se chega à TV? Uma forma (*que não recomendamos*) foi a seguida pela belíssima loura Joan Root, que poderia ser dublê de Ingrid Bergman ...

> Joan conseguiu a façanha primeiro desenterrando da lama um elefantinho e levando-o para a casa dos pais, numa plantação de café na África oriental, e depois se casando com o vizinho que lhe ensinou a amamentar o filhote ... O vizinho era Alan Root, um imigrante inglês e fotógrafo da natureza, que inventou a fórmula capaz de conseguir o coração dela (e o do frágil paquiderme). Foi amor ao primeiro suspiro. "Zás!", diz ela.

Zás! Isso foi tudo que a lacônica Joan pôde pensar para descrever ao entrevistador o momento em que se apaixonou por Alan Root.

Capítulo 2

Quem era afinal esse Alan Root, e o que pretendia da vida? Por semanas Edmund Thorpe matutara com seus botões, até que surgiu a oportunidade de perguntar ao próprio Alan, que, aos 22 anos, tinha um só objetivo: tornar-se o maior cineasta da vida selvagem do mundo. Caminho, aliás, que já vinha trilhando, desde que fora o principal cinegrafista de um documentário premiado com o Oscar. Agora, entretanto, ele conseguira capturar algo tão arisco quanto seu famoso bongo, mas muito mais precioso: a linda filha de Edmund, a quem, abrupta e diretamente, fizera a proposta num safári: "Quer casar comigo?"

O casamento aconteceu em fevereiro de 1961, na catedral anglicana de Todos os Santos, em Nairóbi. O vestido de Joan era da cor da *leleshwa*, ou sálvia selvagem, e um requintado véu caía em folhos em volta de seu rosto, tão alvo quanto porcelana. O normalmente inabalável Alan, num terno com colete e gravata, com uma flor na lapela, estava tão nervoso que seus joelhos tremeram durante toda a cerimônia. "Eles pareciam irmãos gêmeos: altos, louros, de olhos azuis e óculos", recorda a única irmã de Alan, Jacky, que foi a dama de honra.

Os pais de Joan ofereceram uma recepção no salão da fazenda Lyntano, onde cerca de 40 convidados celebraram a união diante de uma crepitante fogueira. Des Bartlett, padrinho e colega de profissão do noivo, ergueu um brinde ao feliz casal.

No final da noite, os recém-casados partiriam para o meio da selva, a fim de dar início ao que Alan chamou de lua de mel a trabalho ("Será assim ou nunca teremos lua de mel") e que Joan descreveria como "um safári que duraria 20 anos".

O Land Rover e o trailer, estacionados no local da recepção, já estavam abastecidos com todos os pertences dos noivos: câmeras, barraca, roupas, suprimentos, comida, o suficiente para sustentá-los por vários meses.

Chuva de arroz não era para aquele casal: vários colegas de Alan, tendo bebido um pouco demais, tiveram a ideia de colocar excrementos frescos de elefante em torno das rodas do Land Rover, encharcando-os em seguida com água fervendo. Quando os recém-casados saíram, sob aplausos dos amigos e parentes, voou bosta de elefante para todo o lado: um legítimo casamento queniano, foi a opinião unânime.

E então eles deixaram a cidade para trás, afastando-se de tudo que fosse seguro e tranquilo, responsáveis por si mesmos e dispostos a captar em película uma África que temiam estar agonizando diante de seus olhos. Os animais selvagens formaram o verdadeiro cortejo para aqueles noivos – cortejo que em breve, aliás, se transformaria em impressionante procissão, levando o sr. e sra. Alan Root a um futuro que, naquele dia de fevereiro, eles não poderiam sequer imaginar.

Seu primeiro destino foi o Parque Nacional de Tsavo, berço de um terço dos elefantes do Quênia, onde fariam tomadas para a série de televisão de Armand e Michaela Denis. Embora Alan tivesse telegrafado ao Abrigo dos Caçadores, em Kibwezi, 160km ao sul de Nairóbi, quando lá chegaram, o alojamento estava lotado: nenhum quarto para os Root. Tiveram de dirigir mais duas horas até uma hospedaria de beira de estrada, em algum ponto entre Nairóbi e Mombaça, sem qualquer resquício de luxo. Joan, entretanto, se sentia em casa dormindo tanto numa barraca quanto sob as estrelas e não poderia estar mais despreocupada, já que tinha Alan a seu lado. Naquela cidade banal, num quarto pequeno e simples, o bem-aventurado casal passou a noite de núpcias.

A partir do momento em que deixaram as improvisadas acomodações da lua de mel, Alan passou a ter uma companheira em tempo integral, parceira e produtora extraoficial. E desde aquele primeiro dia de sua vida em comum, Joan faria por Alan o que com tanta competência fizera pelo pai: ajudá-lo a administrar os detalhes.

Foi, de fato, uma lua de mel a trabalho, centrada nas filmagens de Alan para *On Safari*. Os recém-casados pretendiam acampar no rio Athi, o segundo maior do Quênia, que cruza o Parque Nacional do Tsavo Oriental e que, durante as estações chuvosas, atinge a profundidade de nove metros e se enche de hipopótamos e crocodilos. Eles chegaram na estiagem, planejando dormir junto ao leito seco do rio, para registrar os elefantes cavando bebedouros na areia. Com a bagagem ainda intocada, escondidos atrás de um amontoado de rochas, eles filmaram os elefantes ao luar e documentaram hipopótamos, zebras e búfalos.

Alan e Joan complementavam-se de forma perfeita, Alan filmando, Joan carregando os equipamentos, Alan bem à frente, Joan sempre vigiando a retaguarda. Depois de uma longa noite, eles retornaram ao acampamento, e Alan descobriu um grave erro de planejamento.

Ele levara uma barraca do Exército, grande demais, e teria de lidar com estacas enormes e uma lona muito pesada, própria para ser manuseada por vários soldados. Como de hábito, porém, Joan não se perturbou: ajudou-o a martelar no chão os espeques, depois amarrou um cabo ao pino principal, prendendo a corda na traseira do Land Rover, que fez, afinal, todo o trabalho pesado.

Eles não tinham camas; usavam apenas um colchão fino, diretamente sobre o chão. Tal jeito de dormir, à beira de um rio africano, é um verdadeiro convite a todos os insetos e demais criaturas que rastejem, deslizem ou cavem tocas. Certa noite, um escorpião cor de areia, com a cauda negra – uma das espécies mais nocivas e venenosas –, saiu de dentro do colchão e picou Joan. A dor dessa picada é lancinante, mas ela deixou escapar apenas um "Oh" abafado, tomou duas aspirinas e voltou a dormir... até as quatro e meia da madrugada, quando uma nova distração despertou os recém-casados.

A pouco mais de 100m da barraca, oito leões tentavam abater um impala. Mais uma vez Alan murmurou as duas palavras que se tornariam seu mantra: "Vamos filmar!" Correram até o Land Rover e registraram a morte da presa, depois acompanharam os predadores até a margem do rio, onde foram beber após tão suculenta refeição. Perto do acampamento dos Root, como ambos sabiam, ficava a ponte ferroviária sobre o rio Tsavo – fora ali, durante sua construção, que dois enormes leões mataram e comeram quase 140 trabalhadores, no mais famoso caso de feras devoradoras de homens da história da África, base do filme *A sombra e a escuridão*. Joan dormiu apenas uma hora naquela noite, e a dor da picada do escorpião se manteve durante quatro dias. Mesmo assim, em momento algum se queixou. Estava, como escreveu aos pais, "terrivelmente feliz".

Os dois estavam felizes, como mais tarde Alan relembraria:

> Nem Joan nem eu queríamos aqueles pequenos interlúdios românticos rotineiros: nada de jantares elegantes, nem aniversários especiais ou essas besteiras natalinas (sem crianças, não tem a menor graça), nada de fins de semana fora, em lugares sofisticados e caros. Tínhamos jantares à luz de velas sob as estrelas quase todas as noites e víamos o sol e a lua nascendo e se pondo nos mais belos lugares do planeta. Estávamos juntos, sozinhos, entre os animais e num país que amávamos. *Isso não é uma boa descrição de uma lua de mel maravilhosa?* Compartilhávamos fortes emoções: o prazer de estar na selva, a excitação ao descobrir ou filmar algo jamais visto, a exaustão após um longo dia de árduo trabalho, a satisfação de estar entre os melhores no que faz.
>
> Quando nos casamos, fomos imediatamente trabalhar na inóspita região ao longo dos rios Tsavo e Tiva, durante uma seca terrível, quente como o inferno, e não tínhamos ajuda para armar o acampamento, cozinhar, lavar nem carregar água, lenha ou equipamentos. Mas foi uma época fantástica. Concordamos que foi a melhor lua de mel que poderíamos imaginar, e continuou ininterruptamente, sempre do mesmo jeito. Começamos a desenvolver a maneira mais simples e eficiente de viver em acampamentos, a ponto de transformar aquilo numa espécie de arte, e em pouco tempo podíamos acampar e viver em qualquer lugar.
>
> Se por acaso encontrássemos algum amigo – normalmente guardas florestais ou caçadores – na floresta, fazíamos uma grande festa, bebíamos e dançávamos, mas sempre muito contentes em partir novamente. Não tínhamos feriados, como já disse, mas quando concluíamos alguma tomada mais trabalhosa ou resolvíamos deixar a região, costumávamos tirar alguns dias de folga, explorando áreas ainda não visitadas, fazendo piqueniques, observando pássaros, procurando passagens através de rios, futuros locais

para acampar ou apenas passeando pela floresta e sentindo a alegria de estar juntos, cada um sabendo que o outro experimentava o mesmo prazer e a mesma emoção.

A vida deles transformou-se numa estonteante sucessão de acampamentos, em locais fantásticos, por toda a África oriental e além. Como privada serviam-se de uma tábua com um orifício no meio, sustentada por latas de café, tijolos ou madeira sobre um buraco no chão, e o chuveiro era um balde cheio de furos içado a um galho de árvore, com água aquecida numa fogueira. Enquanto Alan se concentrava nas ideias, nas câmeras, no equipamento e nos aspectos técnicos da filmagem dos safáris, Joan providenciava para que o fogo estivesse sempre aceso, o café coado, o pão assado, a comida cozida, os coquetéis prontos, os catres armados, os itinerários meticulosamente planejados – enfim, todos os detalhes devidamente checados.

Breve os dois caíram numa espécie de rotina, onde Alan dizia: "Vamos partir para Karamoja" ou outro lugar qualquer. Joan embalava tudo e eles seguiam para o próximo destino, onde ela desfazia a bagagem e montava o acampamento. Joan não só ajudava Alan, como também cuidava de seus amigos, pois em muito pouco tempo a interminável turma de Alan, aventureiros doidos iguais a ele, também começou a levantar suas barracas perto deles.

NAQUELES ANOS E NOS SEGUINTES, Joan enviou regularmente cartas para a mãe. Escrevia com caligrafia firme no papel de carta azul de Alan, que tinha impresso em negrito no alto ALAN ROOT e, no canto superior direito, a silhueta de algum dos animais do Quênia: macaco, girafa, gazela, elefante ou o gambá listrado africano. Joan sempre iniciava as cartas com "Querida mãezinha" ou "Minha querida mamãe". As narrativas de suas aventuras são longas e detalhadas, estendendo-se às vezes por dez páginas ou mais. Alguns fragmentos dessa correspondência revelam o cotidiano do casal nos primeiros anos de vida conjugal:

Alan saiu com Ian [Parker] para filmar um elefante [para um documentário sobre as primeiras tentativas sérias de exterminar cientificamente parte da vida selvagem], e assim, estou com tempo para escrever.

Passamos cerca de seis dias no Tiva e surpreendemos muitas espécies de animais bebendo de dia, mas, graças às chuvas inesperadas da semana passada, há água na superfície, os elefantes cavaram poços em tudo que é lugar e não estão se concentrando junto à fonte. Na noite que passamos na fonte só vimos uns 30 elefantes e dez rinocerontes, que estavam sendo ameaçados por um leão.

Amanhã iremos para o Tsavo oeste ... onde vamos filmar caçadores ilegais em seus esconderijos secretos fabricando veneno. Fomos ao rio procurar crocodilos com uma lanterna. Alan e Ian queriam pegar um pequeno, mas desistiram da ideia depois que contamos 25 pares de olhos brilhando.

Ontem à noite, Alan e [um amigo] saíram com uma lanterna atrás de crocodilos e pegaram um de 60cm de comprimento. Trouxeram-no para casa, e conseguimos gravar seus lastimosos gritinhos. Hoje pela manhã eles o devolveram ao rio, que está cheio deles por causa dos waliangulus [tribo de caçadores de elefantes], que esquartejam elefantes e penduram a carne para secar, jogando depois os restos no rio, quando ninguém está vendo, pois assim têm menos trabalho. São uns indolentes.

Ian abateu um elefante hoje de manhã, por isso Alan está filmando o corte do animal e seu carregamento no caminhão ... Estamos ambos muito bem e bastante bronzeados.

Na selva, em companhia de Alan e muito longe dos turistas de safáris, Joan foi sofrendo uma espantosa transformação. Sua timidez diluiu-se, deixando emergir a aventureira, embora não da mesma espécie de Alan. Jamais ela se aproximaria sorrateiramente de uma cobra para assustá-la, arrancaria fios da cauda de um elefante ou atiçaria uma leoa, o que seu marido volta e meia costumava fazer, sobretudo se houvesse plateia. Pelo contrário, era profunda sua empatia com os animais que eles seguiam e filmavam.

Acima de tudo, porém, ela era a mulher e parceira de Alan Root, alvo e centro de tudo o que fazia. Seu amor sempre presente se mostrava ao retornarem todas as noites ao acampamento, quando ela cozinhava a comida ou fazia sua cama. E aquele amor era recíproco. "Romance?", refletiu Alan anos depois.

> Muitas vezes eu punha um ramo de flores sobre o travesseiro dela. E Joan me fazia pequenas surpresas, como um sorvete caseiro depois de um dia de muito calor ou um uísque quente com mel depois de horas seguindo gorilas sob uma chuva gélida. Nadávamos nus em lagos cristalinos ou em rios de águas marrons e espessas como chocolate, que se danassem os crocodilos. Em vez de ficar entretendo convidados à mesa com conversa furada, íamos plantar brotos de baobás numa jarra, para observá-los se abrindo ou, durante o jantar, ver ninfas de louva-a-deus deixando os ovos. Tínhamos o melhor trabalho do mundo e amávamos todos os seus aspectos, os locais a que ele nos levava e tudo o que experimentávamos juntos. Realmente, nossa vida era tão cheia de aventura e descobertas que compunha por si só um grande romance.

O CASAL, NO ENTANTO, não podia viver apenas do amor, e o dinheiro que recebiam dos Denis era mais uma colaboração do que propriamente salário. Foi então que Alan lembrou-se do bongo que havia criado e vendido para o zoológico de Milwaukee; o animal precisava de uma parceira para iniciar uma linhagem. O zoológico pagaria pela companheira. Alan e Joan dirigiram-se então à terra dos bongos, no alto das irregulares montanhas Aberdare. Alan havia projetado uma armadilha inofensiva, uma espécie de túnel, para ser instalada numa trilha. Um bongo que passasse por ela ativaria um mecanismo que fechava as portas de entrada e saída. Noite após noite, durante um mês, Alan dormiu perto da arapuca, que se confundia com a paisagem, enquanto Joan acampava nas proximidades, procurando e colhendo todas as plantas adequadas à alimentação de um bongo.

Certa manhã, ao checar a armadilha, encontraram um belo espécime preso. No início, alimentaram-no através de uma pequena abertura no cercado, até o animal se habituar a seus sons e cheiros. E então Joan, tão tranquila quanto o antílope, entrou na armadilha e o deixou comer de suas mãos.

Os Root rodaram um primeiro filme sobre as tentativas de capturar o bongo e o intitularam *Box Me a Bongo.* Nele, Joan está na plenitude de sua beleza e juventude, exibindo uma presença delicada, apesar de indomável, alta como uma modelo das passarelas, porém discreta como uma corça. Em plena selva das montanhas Aberdare, não havia um fio de cabelo seu despenteado nem o menor amassado em seu traje de safári.

Esse primeiro documentário também assinalou a estreia daqueles que se tornariam os maiores fãs de Alan e Joan, além de constituir sua equipe extraoficial: os quenianos negros, os massais, os quicuios, os luos e outros nativos, que sempre se faziam presentes. Naquela ocasião, eles ajudaram a transportar o engradado com o bongo pelas encostas da montanha para depois acorrer às centenas durante a aterrissagem do balão de ar quente, com crianças rindo, cantando e pulando sobre o tecido do balão, por fim seguindo o Land Rover pelo que pareceu uma eternidade.

Joan e Alan encontraram lar e família nas selvas da "boa e velha África", como Joan mencionou numa carta para sua mãe. Para Joan, lar significava Alan, onde quer que ele estivesse, o que, aliás, se evidenciou durante um retorno a Lyntano, a fazenda de café do pai de Joan. Embora fosse sua velha casa, já não era seu lar. Depois de anos de amarga convivência – Edmund mais tarde iria escrever que "jamais estivera apaixonado, jamais" – os pais de Joan decidiram divorciar-se e a mãe voltou para sua casa em Durban, na África do Sul. O pai estava tirando seus pertences da fazenda para que Joan a vendesse.

Antes do divórcio, Edmund se apaixonara por outra mulher, uma beldade chamada Jean Bowie Nathan Shor, repórter de aventuras, que havia servido como capitã da Cruz Vermelha na Itália durante a Segunda Guerra

Mundial, trabalhado para a ONU na China, escalado o Kilimanjaro e escrito vários artigos para a *National Geographic.* Foi a primeira mulher a seguir a rota de Marco Polo pelo Afeganistão e pela China, expedição que descreveu no livro *After You, Marco Polo.* Duas vezes divorciada, ela vinha trabalhando como chefe de excursão para a divisão americana da Através das Lentes, em São Francisco, quando a enviaram à África para conduzir um safári fotográfico. Edmund forneceu os suprimentos e o pessoal, e ficou tão fascinado por Jean que se inscreveu em sua próxima viagem – um cruzeiro pelo Mediterrâneo. Numa carta para a irmã de Jean, ele escreveu: "Posso afiançar-lhe que normalmente não sou uma pessoa emocional; no que se refere a Jean, porém, pelo menos para mim, ela representa o mundo inteiro, todo ele."

Edmund cuidava dos preparativos para o cruzeiro pelo Mediterrâneo – durante o qual pretendia pedir Jean em casamento – quando Joan e Alan chegaram à fazenda. Ela viera pegar seu carro e achou o pai um tanto constrangido e evasivo sobre seus planos de viagem, provavelmente para não ter de se referir à sua paixão. Quando ela descobriu suas verdadeiras intenções, ficou escandalizada. Extravasou seus sentimentos em cartas para a mãe, que aguardava a finalização do divórcio. Lillian Thorpe, por tanto tempo uma grande dama colonial, que tudo levava aos extremos – trabalhar, beber, fumar, rir – foi ficando cada vez mais ensimesmada, à medida que sua alegria se transformava em depressão e desânimo. O Quênia que ela tanto amara se transformava em sua mente no símbolo de tudo de errado no mundo.

"Ninguém pensa [mal] de você, mamãe – você, com seu passado absolutamente impecável", escreveu Joan. "Não deixe aquele velho mau-caráter deprimi-la." Contou como todos os amigos estavam revoltados com o tratamento que Edmund lhe dispensara, depois de tudo o que Lillian fizera para apoiá-lo e ajudá-lo a construir seus negócios. Descarregou toda a sua raiva pela viagem do pai com a nova namorada "apenas algumas semanas antes do divórcio". Mais tarde, concluído o processo judicial, quando Edmund e Jean já viviam juntos, Joan tentou consolar a mãe. Assegurou-lhe que "o bom nome dele (se é que ainda existe) logo desaparecerá ... De qualquer modo, mãe, não se atormente com o assunto e esqueça aquele homem (pelo menos, esqueça-o depois que tiver tirado até seu último centavo)". Naquele momento, em sua opinião, Edmund encarnava todos os piores atributos do macho da espécie. Alan, pelo contrário, dois anos depois do casamento, continuava encarnando todos os melhores. "Tenho um marido maravilhoso, que está trabalhando incrivelmente para construir alguma coisa", escreveu à mãe.

Quando ela e Alan deixaram Nairóbi de carro, seguindo para outra barraca, à beira de outro rio, Alan também tinha novidades: aceitara a proposta de filmar uma expedição por toda a África oriental em um balão de hidrogênio.

Ficou acertado que Joan acompanharia o balão no Land Rover, contrataria uma equipe onde ele aterrissasse e prepararia o acampamento. Havia, porém, mais um detalhe, acrescentou Alan: quando pedira aos patrões, Armand e Michaela Denis, uma licença temporária para o projeto, eles o haviam despedido na hora.

* * *

UM DOS HOMENS QUE CONTRATOU ALAN para a viagem de balão era o popular escritor Anthony Smith, do *Daily Telegraph* de Londres, havia muito fascinado pela África. Conhecera o casal numa conferência sobre vida selvagem em Arusha, na atual Tanzânia, depois que alguém lhe sugerira: "Você precisa de Alan e Joan Root." Smith revelou a Alan seu plano de fazer um balão de ar quente voar sobre as selvas da África, como no romance de Júlio Verne, *Cinco semanas em um balão*, de 1862, que descreve um voo partindo de Zanzibar em direção ao oeste, atravessando a África. *Estariam eles interessados em filmar a viagem?*, quis saber Smith.

Claro que sim, concordou Alan imediatamente, acrescentando que sua mulher seria assistente em qualquer projeto que topasse. Foram necessários dois caminhões de 6t para transportar o combustível para o voo e três horas para 24 pessoas inflarem o balão. Logo, porém, Alan e seus novos amigos estavam no ar, e a África estendia-se abaixo deles como um magnífico tapete. Segundo um jornal local:

> O presidente [Idi] Amin avistou um misterioso objeto voador descendo sobre o lago Vitória e, em seguida, subindo de novo, informou ontem a Rádio de Uganda. Segundo a reportagem, ele declarou que o objeto deveria ser interpretado como um "sinal de boa sorte para Uganda", acrescentando: "Aconselha-se a todos que tenham visto o objeto que façam orações em seus respectivos locais de culto."

Como sempre, Joan tratou dos detalhes e supervisionou minuciosamente o projeto da viagem. Anthony Smith lembra-se de um dia especialmente problemático: "Estávamos com um *terrível* problema com o balão: começara uma tempestade, e ele estava sendo arrastado pelo chão em direção a árvores bem espinhosas. Nós o amarramos ao Land Rover, mas pouco adiantou. Joan foi até a barraca pegar alguma coisa e se deparou com dez ou 12 massais lá dentro; a intenção deles, com certeza, não era ajudar, mas sim se abrigar da tempestade. Joan ficou *tão* zangada... Os massais tinham empilhado suas lanças na entrada da barraca. Ela pegou todas e as atirou para fora, em plena chuva. *Lanças* de guerreiros... Joan mantinha tudo sob controle."

"Ela era a carregadora de piano", acrescenta o amigo Dee Raymer, outro especialista da vida selvagem sediado em Nairóbi. "Não só de piano, aliás, mas da orquestra inteira. Alan era o rosto do projeto, quem passava a conversa e tinha o carisma, além do incrível talento com a câmera. Mas isso não faz um filme, é preciso a pré e a pós-produção, a revelação, os registros do que acontece nas sequências, a compra de toda a parafernália que os safáris exigem, a organização dos veículos, a arte de ter tudo à mão no momento necessário... Quando digo tudo é tudo mesmo. Mais tarde Alan descobriria que Joan sozinha fazia o que normalmente exigiria uma equipe inteira."

No entanto, ela minimizava seu papel, qualificando-se como mera "assistente" de Alan, que comentaria posteriormente em entrevista à revista *People*: "Se ela tivesse uma profissão importante, talvez não se interessasse em ajudar-me na minha. Eu sou o sujeito com as ideias, mas ela é a grande administradora." A isso o repórter acrescentou: "Os Root são uma equipe, e é isso que faz tudo funcionar tão bem."

> A mulher de um cineasta da vida selvagem tem que se dispor a partilhar muitos riscos com o marido, e Joan Root teve sua cota. Foi mordida por um escorpião na noite de núpcias, que aconteceu numa barraca de lona, na selva. Um espinho de acácia de cinco centímetros cravou-se em seu pé. Alan teve de retirá-lo com alicate. E, claro, um hipopótamo abocanhou sua máscara de mergulho no manancial Mzima. Ela suporta com tranquilidade essas peripécias. Menos fácil de aceitar, decerto, é a tensão em seu sistema nervoso devido a certas aventuras de Alan ... Recentemente ela estava aprendendo a pilotar um avião, talvez como autodefesa. É muita sorte de Alan tê-la como companheira, o que, provavelmente, ele sabe.
>
> Colin Willock, *The World of Survival* (1978)

Depois da primeira viagem de balão, Alan se deu conta de que aquele era o veículo ideal para suas futuras filmagens. A experiência que Joan teve dessa aventura, contudo, foi radicalmente diferente, já que era responsável por seguir o aeróstato em pousos de emergência em montanhas escarpadas, em meio ao furioso trovejar de nuvens sinistras ou em acidentadas descidas em vilarejos apinhados de nativos curiosos. Aterrissagens inesperadas e forçadas tornaram-se quase rotina.

Ao final da viagem de três meses, Anthony Smith supunha saber *tudo* sobre a personalidade totalmente extrovertida de Alan, e eles ficaram tão bons amigos que mais tarde Alan o declararia um dos beneficiários de seu testamento. Quando Smith, triunfante, retornou a Londres, após a aventura, regalou sua mãe com histórias de suas conquistas e sobre Alan, o rapaz mateiro que guiara e fotografara toda a aventura. Também falou da mulher dele, Joan, contando como ela os acompanhara por toda a parte.

"Parece-me que a tarefa mais perigosa era a de Joan, tendo de resgatar vocês onde quer que aterrissassem", comentou a mãe de Smith. "Conte-me mais sobre ela."

Smith pensou um pouco, recordando o que Joan fazia quando eles aterrissavam e como os recebia no acampamento. Fora isso, era incapaz de lembrar algo específico sobre a loura. Não lhe vinha à memória nenhum comentário que Alan pudesse ter feito sobre a mulher ou qualquer observação de Joan sobre si mesma. Ela era tão essencial ao projeto, e tão feliz por estar nos bastidores e não na frente do palco, que nele se integrava a ponto de se diluir, ao invés de se destacar. Depois de três meses em íntimo convívio com os Root, Smith subitamente se deu conta de que não sabia absolutamente nada sobre Joan. "Jamais pensamos naquela moça alegre, que por acaso dirigia o carro por qualquer tipo de região para nos resgatar onde quer que descêssemos", ele escreveria mais tarde no *Guardian* – ela era tímida e modesta demais para se revelar.

Não importando onde estivesse, Joan se dedicava ao que se tornaria sua missão de vida: cuidar de criaturas feridas. Em uma carta, relatou à mãe a noite em que quatro nativos chegaram ao acampamento "segurando um calau-de-bico-vermelho todo enlameado. Estava apavorado e tão sujo … as penas das asas tão desalinhadas, que não conseguia voar." O pássaro, um tipo de calau sul-africano, não era maior do que a mão de um homem. As penas eram pretas e brancas, e o bico, vermelho-sangue, quase tão grande quanto o corpo.

Os nativos não revelaram como o haviam capturado, porém o mais provável é que ele fosse o caçula de uma ninhada, tendo ficado para trás, fraco demais para voar, enquanto seus irmãos fugiam. Os homens queriam um xelim por ele, que Joan imediatamente pagou. Durante um dia inteiro o calau permaneceu em pânico, sem aceitar alimento, mas afinal Joan e Alan conseguiram fazê-lo comer. Joan lhe deu o nome de Scruffy. Logo ele ficou tão domesticado que, pousado numa árvore, esperava pacientemente o casal sair da barraca para então descer ao chão e irromper em "demonstrações entusiasmadas de canto e dança". Ao longo dos meses seguintes, nas cartas de Joan para a mãe, Scruffy seria uma personagem frequente. Uma delas registra:

> Realmente ele deve ter alguma proteção mágica, pois em nosso último acampamento, em Vipingo, estava tranquilamente na árvore frondosa sobre a barraca e eu tentava atraí-lo mostrando-lhe um *dudu* (inseto, em suaíli), quando,

para meu horror, vi uma mamba verde a meio metro dele. Ele também a viu e animou-se todo, indo bicar-lhe o meio do corpo. As mambas comem pássaros, por isso fiquei petrificada. Alan pegou um bastão comprido e a espantou para mais longe, e conseguimos pegar Scruffy. Ela era verde-brilhante, com quase dois metros e, se tivesse picado Scruffy, ele teria morrido na hora; ainda não entendemos como ela não o fez.

Para Joan, Scruffy foi mais uma evidência de que os animais respondem bem à reabilitação e os humanos podem fazer a diferença na selva. Tal crença era ardorosamente compartilhada por um extraordinário indivíduo que pretendia levar os filmes sobre a natureza a outro nível de qualidade e de audácia, e cujo patrocínio iria conceder a Alan e Joan a possibilidade de filmar em cenários ainda mais espetaculares. Seu nome era Aubrey Leland Oakes Buxton.

Buxton foi o símbolo do britânico dos anos 60 entusiasmado pela natureza. Sempre trajando roupas cáqui de safári, era louco por animais desde que servira na Artilharia Real, durante a Segunda Guerra Mundial, quando passara temporadas na África e em Burma. De volta a Londres, enriquecido pelo trabalho na indústria farmacêutica, dirigia um Bentley e casou com a filha de um baronete. Depois se envolveu com a criação da World Life Fund, que o príncipe Philip dirigiu durante 20 anos. No final dos anos 50, convencido de que o interesse do público britânico por documentários sobre o mundo animal poderia tornar-se tão forte quanto o seu, Buxton e diversos colegas compraram a concessão da Anglia Television para o leste da Inglaterra, pretendendo introduzir filmes sobre a vida selvagem na grade de programação.

Suas séries não se limitariam a mostrar os animais em seu habitat, mas lutariam para salvá-los. Na época, poucas pessoas conheciam o significado do termo "preservação", o que preocupava Buxton seriamente. Com amigos e sócios com as mesmas inquietações, fundou um clube para popularizar a proteção da natureza, mostrando espécies ameaçadas na televisão. "A intenção", declarou, "era reunir a melhor equipe do mundo – os melhores fotógrafos, os melhores naturalistas, o melhor de tudo –, e todos teriam que se tornar dedicados ambientalistas."

Depois de nomear a nova série como *Survival*, ele foi para a África a fim de contratar os principais cineastas da natureza disponíveis. Já fizera contato com vários dos melhores operadores de câmera do continente, porém Alan Root, que ele conhecia de nome, continuava inacessível. "E eu sabia que ele poderia ser o mais brilhante e inovador cinegrafista do mundo", declarou Buxton posteriormente.

Alan e Joan estavam acampados na fronteira de Uganda com a República do Congo (depois Zaire e hoje República Democrática do Congo) quando Buxton os encontrou sob chuvas torrenciais. Com a ponte para Uganda submersa, eles ficaram temporariamente retidos no lado congolês do caudaloso rio Rutshuru, em meio à paisagem terrível e emocionante que compartilhavam com águias-pescadoras e falcões.

Buxton estava confortavelmente acampado com a mulher perto dali, no lago Edward, que o rio Rutshuru alimenta, quando um guarda florestal mencionou que os Root estavam na área. "Leve-me a eles *imediatamente*!", exclamou Buxton.

Ele e o guarda foram de carro, em meio à furiosa tempestade. Chegando ao rio transbordado, Buxton ficou do lado de Uganda berrando para Alan e Joan na margem oposta. Para conseguir ouvir o que queria aquele excêntrico cavalheiro em traje de safári, Alan vadeou a ponte submersa até onde foi possível. Buxton apresentou-se e gritou algumas informações sobre as nobres intenções de sua série de TV. Pretendia fazer os mais fantásticos filmes sobre animais do mundo e queria os Root em sua equipe.

A um alerta de Joan, Alan olhou para trás, vendo o rio subir aceleradamente.

"Parece muito interessante!", ele gritou enquanto recuava para perto de Joan. "Mande-nos uma carta!"

"Vocês precisam de alguma coisa?", berrou Buxton.

Alan pensou que tinham comida suficiente, mas lembrou-se que havia terminado a ração do papagaio. "Comida de papagaio!", gritou. "Mande-nos sementes para passarinho!"

Ainda aos berros, Buxton disse-lhe que não se preocupassem e se despediu. Na manhã seguinte um avião planou acima do acampamento dos Root, deixando cair um grande pacote de amendoins.

"O primeiro pagamento que a *Survival* me fez foi com amendoins", Alan brincaria mais tarde.

Uma de suas tarefas iniciais para a série foi documentar não animais selvagens, mas um tipo de vida em vias de desaparecer, a das primitivas tribos karamojong, de Uganda. "Um réquiem para um povo espetacular", entoava a voz em off, no filme posteriormente intitulado *Uma lágrima para Karamoja*. "Meio século atrás, Karamoja era uma terra em que o homem branco só se aventurava arriscando a própria vida." Depois, aquela tribo de criadores de gado, cuja dieta consistia em leite e sangue de vacas, viria a ser dizimada pelo primeiro-ministro de Uganda, Milton Obote, e depois pelo ditador Idi Amin Dada, que assassinaram sistematicamente os karamojongs e outras tribos nativas. Os que sobreviveram foram despojados de suas armas e de seu bem mais valioso: o gado.

As crianças também eram muito valorizadas pelos karamojongs. "Um homem pode ter tantas mulheres quantas puder manter", escreveu Joan para a mãe. A cerimônia de casamento na tribo, entretanto, não passava de um prelúdio para o parto. Na verdade, havia oito ou nove etapas que uma mulher devia cumprir até ser reconhecida como esposa. "Nunca antes de ter um filho", explicou Joan. "E só depois de criar pelo menos dois até a idade em que as crianças costumam caminhar é que ela deixa a casa da mãe e vai viver com o marido."

Onde estavam os filhos de Joan e Alan era a pergunta recorrente dos karamojongs, que logo se ofereceram para iniciar o casal em suas práticas tribais. De fato, eles convenceram Alan a participar de uma cerimônia masculina que, como escreveu Joan, "consistia em espalhar o conteúdo do estômago de um boi pelo rosto e pelo peito dele, para depois os anciães baterem-lhe levemente com bastões ... Então eles cantaram intermináveis bênçãos para nós; uma delas anunciava que, da próxima vez que os visitássemos, eu teria *um filho*!"

Sua esperança e antecipação são transparentes aqui, como se estivesse dizendo *sim, algum dia teremos nossos filhos*. Alan adorava a ideia, tanto quanto Joan. Ele lidava muito bem com crianças e seu desejo de ter seus próprios filhos foi se fortalecendo cada vez mais. Naquele momento crítico de suas vidas como produtores cinematográficos, entretanto, não havia tempo nem espaço para um bebê.

CONSTANTEMENTE A ÁFRICA LHES FAZIA UM CHAMADO, não somente com sua magnificência, mas também por necessidade.

Magadi é um lago alcalino de 29km de extensão, a uma hora de Nairóbi. Situa-se num dos locais mais baixos e quentes do Great Rift Valley, uma massa infernal de águas rasas extremamente alcalinas que produzem, na superfície do lago, depósitos de vários metros de sódio, chamados de *trona*. Esses depósitos queimam a pele ao contato e suas emanações fazem arder os olhos. Dali surgiu uma indústria na cidade homônima, a Companhia de Sódio de Magadi, segunda maior produtora de carbonato de sódio – usado para fazer sabão e produtos afins – do mundo. Embora benéfico para a economia local, o sódio é terrível para os seres humanos e a vida selvagem.

Em julho de 1962, o céu sobre o lago Magadi tingiu-se de rosa. Uma enchente na terra ancestral de reprodução dos flamingos forçou-os a uma migração em massa e eles acabaram chegando ao pior local possível para a procriação, tanto de pássaros quanto de qualquer outro tipo de vida. Enquanto os flamingos se instalavam no lago Magadi, alguém da Companhia de Sódio alertou um especialista do Museu de Nairóbi, que telefonou para Joan e Alan perguntando-lhes se eles se disporiam a proteger as aves dos predadores.

Eles responderam que o fariam com prazer se também pudessem documentar tudo, e foram imediatamente para o lago, onde mais uma vez ultrapassaram os limites da filmagem convencional – não pelo que faziam, mas pelo que deixavam de fazer: especificamente, não interferiam na vida dos animais, apenas os filmavam em seu habitat natural, executando suas atividades rotineiras. Alan e Joan se instalaram num abrigo improvisado, acima do nível da água, e ali ficaram, cercados de flamingos, durante semanas antes de começar a filmar, dando às aves tempo para se acostumarem com eles.

Finalmente, os flamingos puseram seus ovos em ninhos feitos com lama de sódio, que endureceram, transformando-se em milhares de pedras amontoadas. Quando os ovos começaram a rachar e os filhotes a caminhar pelo lago de sódio, desencadeou-se um drama terrível. Devido ao intenso calor e ao mau cheiro dos depósitos de sódio, quando os pais saíam em busca de alimento para os filhotes, tinham dificuldade de retornar aos ninhos. Por longos períodos, milhares de aves ficavam gritando naquele espaço aberto sem proteção, convidando abutres e hienas a se aproximar daquelas presas tão fáceis.

Logo, vários filhotes começaram a não se mover mais. Quando Alan resolveu descobrir o que estava acontecendo, Joan o acompanhou, deixando o esconderijo. Depararam-se então com uma cena lastimável: milhares de filhotes de flamingos mortos em pequenas lagoas borbulhantes recobertas por crosta alcalina. Presos pelo sódio do lago, eles tinham morrido de fome ou afogados. O sódio lhes manchava as penas, queimava a pele e cristalizava, do calcanhar ao joelho, suas finas pernas, que se transformavam em pesados depósitos de cerca de 200g – verdadeiros grilhões de sódio imobilizando milhares daquelas pequenas aves e condenando-as a morrer de inanição ou a afundar na água venenosa.

Joan e Alan perceberam que uma leve batida com faca ou martelo quebrava a massa de sódio, liberando a perna do flamingo. Trabalhando o mais rápido que podiam, conseguiram libertar centenas de aves. Transmitiram um SOS, e a ajuda chegou aos bandos, primeiro de voluntários locais, depois do Exército e da Aeronáutica e, em seguida, de professores e alunos, todos desafiando o calor de quase 40°, o mau cheiro dos pássaros mortos e o sódio escaldante.

"Salvem os flamingos: começa operação de resgate no Magadi." Foi essa a manchete do *Daily Nation* de Nairóbi em 23 de setembro de 1962. Uma fotografia de Joan e Alan ajoelhados, curvando-se sobre duas tinas cheias de filhotes agrilhoados, acompanhava o texto. No final, eles libertaram mais de 27 mil filhotes, além de evitar que outros 200 mil se instalassem naquelas águas rasas, cujas altas concentrações de sódio os teriam aprisionado. Realizaram assim a maior operação de resgate de aves da história da África.

Uma vez salvos os bandos de flamingos, os ávidos jornalistas voltaram-se para os cineastas. Jornais da África, Inglaterra, Holanda e outros países publicaram artigos com a fotografia de Joan – pela primeira vez sozinha, e não ao lado ou por trás de Alan –, e ao mundo em geral foi exibida a primeira imagem daquela alta e bela loura, usando blusa sem mangas, chapéu vermelho e um exíguo shortinho.

Vindos de revistas do mundo inteiro, choveram pedidos das tomadas de Alan e das fotos de Joan feitas durante a missão de resgate. A *Reader's Digest* telegrafou a Alan comunicando-lhe que pagaria 60 libras por cada imagem publicada. E mais: cobriria todas as suas despesas. A *National Geographic* encomendou um artigo que se intitularia "Flamingos libertados dos grilhões da morte". As revistas *Afrikaner* e *Das Tier* (publicação alemã, editada pelo dr. Bernhard Grzimek) também entraram em contato com o casal solicitando fotografias o mais rápido possível. Suas filmagens da vida na selva finalmente punham os Root rumo ao estrelato.

Tudo se concentrava então nos dois e em suas carreiras. Era assim que Joan demonstrava seu amor: trabalhando por seu marido, lutando por ele, sofrendo a seu lado em seus constantes ferimentos e rejubilando-se com seus muitos triunfos. Na época, o ponto máximo para qualquer cineasta da vida selvagem era, claro, a BBC, onde a programação sobre o mundo animal estava sendo produzida e patrocinada por David Attenborough, irmão do ator britânico Richard Attenborough. "De qualquer modo, ele está realmente louco para ver o filme de Alan sobre os caçadores clandestinos, a fim de colocá-lo na TV, e também para conseguir mais trabalhos de Alan, porque diz que as pessoas estão ficando cansadas de Armand e Michaela, embora haja ampla demanda por documentários sobre a natureza", Joan escreveu para a mãe. "Estamos encantados, pois ele é a pessoa mais importante a conhecer, se Alan deseja vender alguma coisa para a BBC."

Com o apoio de Attenborough, um contrato foi imediatamente assinado, e Alan e Joan seguiram seu caminho. "Sabe como é? Fica uma eternidade sem chover e, de repente, desaba uma tempestade", ela registrou em sua correspondência para a mãe no final de 1962, complementando: "Apareceram três empregos para Alan ao mesmo tempo: o contrato da BBC para 13 programas nos parques de Tanganica, pelo período de dois anos; a Anglia querendo que Alan trabalhe para eles em tempo integral, o que significa filmar em Madagascar, possivelmente na América do Sul e em outras partes do globo; e agora, além dessas duas ofertas maravilhosas, chega Grzimek com contrato de um ano com a Rádio Frankfurt para a realização de sete programas de TV de 45 minutos. E ele quer que Alan faça a fotografia, o que também significa filmar em qualquer parte do mundo."

Estavam alcançando o ápice de sua profissão. E se informar ao mundo o que percebiam ser os últimos estertores de seu continente significava adiar sua possibilidade de constituir uma família, fizeram tal escolha com alegria, pelo menos até aquele momento.

Capítulo 3

A SÉRIE *Survival* enviaria em seguida os Root ao Congo, onde até então ninguém havia filmado detalhadamente os lendários gorilas das montanhas. Pouca gente, aliás, chegara a ver esses animais e muito menos tentara captar seu mundo numa produção para o grande público. Antes que se publicasse, em 1963, *The Mountain Gorilla*, obra fundamental de George Schaller – o biólogo ambiental que afirmou ser realmente possível estudar esses perigosos animais em seu próprio habitat –, aqueles macacos gigantescos tinham a fama de assassinos perversos. O livro de Schaller cita o relato de um observador sobre a suposta sede de sangue desses símios:

> Esgueirando-se silenciosamente pela sombria floresta tropical, às vezes [as pessoas] se dão conta da proximidade de um desses macacos incrivelmente gigantescos pelo súbito desaparecimento de um de seus companheiros, que é alçado a uma árvore, deixando escapar, talvez, apenas um curto gemido asfixiado. Poucos minutos depois, ele cai ao chão, agora um cadáver estrangulado.

Schaller, no entanto, sustentava que os gorilas eram pacíficos, se não fossem provocados. Com o livro nas mãos, Alan e Joan organizaram um safári até o monte Karisimbi, o mais alto dos oito vulcões da cadeia montanhosa de Virunga. Essas montanhas fazem parte de uma vasta cordilheira que "se elevado do meio da África como as vértebras expostas de algum fóssil colossal", conforme informa o narrador no filme que Alan realizaria 20 anos depois daquela primeira ida à região: *Virunga: Rivers of Fire and Ice*, que inclui algumas tomadas feitas então. "As montanhas Rwenzori não são as mais altas da África, mas, com 20 picos ultrapassando os 400 metros, ao longo de uma crista de 112km, sua visão é sem sombra de dúvida a mais espetacular."

Joan equipou o Land Rover com suprimentos suficientes para um mês, e os dois partiram para Ruanda. Meia hora depois de deixarem Nairóbi, avistaram a extensão aparentemente infinita do Great Rift Valley. Aquele era um local de mito e magia, "uma paisagem lunar salpicada de lava e lagos alcalinos, retorcida e enrugada por rios pedregosos", escreveu Judith Thurman no livro *Isak Dinesen: the Life of Karen Blixen.*

> As terras altas alcançam altitudes entre 1.500 e 2.500m, margeadas por uma sequência de velhas montanhas e vulcões extintos, dominadas pelo pico nevado do monte Quênia. O ar era excepcionalmente límpido e puro e na época se dizia que produzia "euforia" nos brancos, que, por isso, não eram considerados estritamente responsáveis por seu comportamento. A atmosfera da África Oriental Britânica era altamente erótica. Um lugar em que, dentro dos limites impostos pela natureza, as inibições civilizadas eram deixadas de lado.

Ao longe ficava o lago Naivasha, onde Joan tinha sido concebida e onde Alan fizera seu primeiro filme de verdade, sobre as jaçanãs. "Vamos parar em Naivasha para tomar um café", ele sugeriu.

Como a maioria das regiões no Quênia, o Naivasha era um lugar de extremos, com dias de calor escaldante seguidos por noites enregelantes. Possuía um lago de fascinante beleza e um passado absolutamente sensacional. Seu nome significava "turbulência", derivado de *nai posha*, expressão massai que significa "água áspera". Era um raro e misterioso lago de água doce, aparentemente sem qualquer comunicação externa, o que tornava improvável sua limpidez e salubridade. Súbitas tempestades faziam com frequência a imensa massa de água passar de plácida a furiosa e suas inexplicáveis cheias e vazantes levavam-no a secar em alguns anos e transbordar em outros. Ao longo de toda a história moderna, aquela maravilha foi exaltada por visitantes famosos, incluindo o presidente Theodore Roosevelt, que lá participou em 1909 de uma caçada a hipopótamos, tendo assim descrito o cenário: "Um extraordinário espelho d'água, cercado por colinas e montanhas."

Mais tarde, o Naivasha ficou famoso por ser o parque de diversões do Happy Valley, o famoso grupo hedonista que ofuscou a grande maioria de compenetrados colonos britânicos que chegaram ao Quênia nos anos 20 para dar início a novos e audaciosos modos de vida na selva. Alguns dos mais famosos entusiastas do Happy Valley construíram magníficas mansões ao redor do lago. Segundo o escritor britânico James Fox, que descreveu suas excentricidades num best-seller, *Incontrolável paixão* (cuja posterior adaptação para o cinema alcançou grande sucesso popular),

> Os amigos da Inglaterra levavam para seu país relatos de gloriosos divertimentos, numa paisagem de tirar o fôlego, cercados de convidados com importantes títulos e muitos, muitos criados. Em Nova York e Londres criou-se a lenda de um grupo da alta sociedade, nas Aberdares, que levava uma existência de permanente dissipação e prazeres sensuais. Happy Valley era a senha para esse tipo de vida. Circulavam boatos sobre orgias intermináveis, trocas de cônjuges, bebedeiras, *strip-teases*, tudo sempre cultivado no calor de intrigas e boatos. Dizia-se que sobre o leito do rio Wanjohi corriam coquetéis, e uma piada foi tão repetida que logo perdeu a graça: "Você é casado ou vive no Quênia?"

Na época, Joan e Alan não ligavam muito para o que ali tinha ocorrido no passado. Dirigiram até a empoeirada cidadezinha de Naivasha, às margens do lago, e tomaram café na Bell Inn, onde, nos anos 20, os quenianos brancos ricos costumavam tomar "um gim-tônica forte, enquanto aguardavam a carruagem cuja veloz parelha de cavalos os transportaria até uma propriedade à beira do lago, para um final de semana de festas e caçadas". Em 1963, contudo, o Happy Valley já era uma recordação distante e a Revolta Mau Mau viera e se fora. Desde então, muitos brancos tinham abandonado a região e suas grandiosas mansões perto do lago estavam agora sendo vendidas por preços de ocasião.

Enquanto tomavam café, Alan pegou um jornal e seus olhos deram com o anúncio de uma propriedade: 88 acres, com uma casa bem diante do lago. Resolveram dar uma olhada. Daquela vez a vida selvagem teria de esperar.

Aos solavancos no sobrecarregado Land Rover, seguiram pela esburacada estrada South Lake até se deparar com aquele impressionante paraíso – "o lugar mais lindo que já vi para se ter um lar", segundo Ewart Grogan, o explorador britânico que percorreu toda a África e escreveu sobre a experiência no livro *From Cape to Cairo.*

A estrada abria-se para um verde sem fim. Além estava o lago, abrangendo mais de 139km². Naquele tempo suas águas eram cristalinas, ricas em peixes, e ele era considerado um dos principais pontos de observação de pássaros do mundo. A propriedade anunciada no jornal chamava-se Kilimandege: colina dos pássaros.

Kilimandege pertencera à família McRae, que outrora mantivera um guepardo engaiolado no pátio da frente. Os McRae haviam morrido, o guepardo se fora e a casa estava vazia. Mas os 88 acres de terra permaneciam lá, em todo o seu esplendor. Com sua espessa vegetação, a região se tornara algo como uma pequena reserva silvestre, caminho migratório de girafas, gazelas, antílopes e muitos outros animais. A casa era bastante simples: a varanda ampla, sombreada por eucaliptos e acácias-amarelas, formava uma espécie de camarote de onde se podia assistir ao incessante desfile de animais. As portas estavam trancadas, mas pela janela perceberam que era uma verdadeira ruína. "Poeira, excrementos de morcego, manchas de umidade pelo teto, e por aí vai", Alan se lembraria mais tarde. "Obviamente demandava muito, muito amor e dedicação."

Da varanda Joan e Alan avistavam o lago, onde os olhos negros e as orelhas agitadas dos hipopótamos subiam e desciam. Encontraram uma família de enormes águias-pescadoras de cabeça branca num ninho em cima do telhado. No jardim, ouviram uma estridente algazarra de pássaros e, quando foram verificar, deram com uma serpente devorando um sapo.

Olharam-se, sabendo que *ali era seu lar.* "O senhor irá à falência se tentar cultivar esta terra", disse o caseiro da mansão vizinha, quando foram lá telefonar para o corretor. "Deus do céu! Não vamos cultivá-la nunca!", retrucou Alan. "Só estamos querendo morar aqui."

Por uma módica quantia a casa ficou sendo deles. Logo retornariam, ambos se prometeram. Antes, porém, teriam que ir filmar os gorilas das montanhas.

Detiveram-se ao pé das montanhas Virunga, prontos para seguir a trilha que levava aos gorilas: Alan, Joan e Anthony Smith, acompanhados por 26 carregadores, entre eles Senkwekwe, o guarda florestal do parque, que guiara George Schaller (e posteriormente iria guiar Dian Fossey) até aquelas traiçoeiras altitudes. Com o livro de Schaller praticamente decorado, o grupo deu início à escalada em direção ao firmamento. A trilha não era apenas íngreme, mas escorregadia também, recoberta por úmidos bambus caídos. A temperatura oscilava vertiginosamente. Quanto mais subiam, mais inóspito e chuvoso ficava o tempo. Logo o bambu deu lugar a uma lama grossa, que escorria sob os pés, fazendo os andarilhos escorregarem e perderem terreno arduamente conquistado. Também havia urtigas de quase dois metros de altura, com desagradáveis espinhos venenosos e pelos malcheirosos exsudando um líquido que deixava as roupas molhadas e endurecidas, e qualquer parte exposta da pele coçando e queimando.

Joan usava casaco e luvas de couro, e retalhos de lona grossa aplicados por Alan na parte da frente de seu jeans, à moda cowboy, a fim de protegê-la da traiçoeira vegetação. Esse recurso, entretanto, logo se mostrou inútil, com os retalhos rapidamente reduzidos a farrapos cobertos pelos espinhos das urtigas.

A cada passo o ar se tornava mais rarefeito. Ao chegarem ao acampamento base, os carregadores deixaram o material, deram a volta e desceram correndo: não tinham a menor vontade de permanecer na terra dos gorilas além do estritamente necessário. A primeira coisa que os três remanescentes viram foi o túmulo de Carl Akeley, pai da moderna taxidermia, que chegara àquelas montanhas em 1921 e morrera de febre em Ruanda. Exausto, Smith deixou-se cair junto da lápide. Alan, pelo contrário, estava muito entusiasmado e disposto a filmar.

Precisavam encontrar depressa os gorilas, antes das chuvas mais fortes. Montaram sua base na mesma cabana entre dois vulcões que abrigara George Schaller e que mais tarde seria ocupada por Dian Fossey, cujo telhado fora parcialmente destruído por um incêndio – do chão via-se uma parte do teto e as estrelas. Assim que o sol se pôs, a temperatura despencou.

O vento e o granizo vieram logo depois. Os exploradores vestiram todas as roupas que tinham trazido e se aconchegaram para se aquecer. Por fim, o sol se elevou, e, com ele, a temperatura.

> 7/11/63
> Querida mamãe
> Tivemos que nos preparar às pressas para essa viagem dos gorilas, porque o dr. Grzimek queria que viéssemos imediatamente e tentássemos filmá-los antes que começassem as chuvas no Congo ... Temos comida bastante, que dá para um mês, e estamos preparados para passar aqui o tempo necessário. Anteontem caminhamos seis horas tentando achar os gorilas, mas só descobrimos um acampamento de caçadores ilegais, pelo menos uns 15 homens, que tinham fugido pouco antes, como comprovavam as fogueiras ainda fumegantes, provavelmente porque se espalhara o boato de que havia europeus na área. Assim, temporariamente os gorilas vão permanecer assustados (os caçadores matam búfalos, mas não atacam os gorilas, embora gritem e joguem pedras neles). Hoje é o último dia de Tony aqui, por isso ele e Alan saíram de novo para tentar encontrar gorilas, mas resolvi não os acompanhar porque vamos ficar semanas por aqui e temos certeza de que os gorilas vão retornar, uma vez que os invasores se foram.

No segundo dia, eles encontraram os gorilas. Alan, Joan e Anthony Smith subiram ainda mais alto, por cima do bambu quente e molhado e das urtigas, até chegar ao que pareciam enormes ninhos de pássaros no chão, mas que na realidade eram amontoados de vegetação heterogênea em que os gorilas defecavam. De acordo com o livro de Schaller, é possível localizar os gorilas das montanhas por suas fezes: quanto mais recentes elas forem, mais perto eles estarão.

Sentiram o cheiro dos gorilas antes de ouvi-los: o odor parecia uma combinação de suor humano azedo, esterco e madeira carbonizada, não muito diferente do cheiro de borracha queimada. Prosseguindo, eles se depararam com um monte de excrementos de gorila tão recente que ainda fumegava. Alan descreveu o que aconteceu em seguida:

> Precisávamos nos aproximar muito, a fim de capturar as imagens, por isso, lenta e cuidadosamente, fomos nos acercando da mata. Podíamos escutá-los e nos movíamos sorrateiramente em sua direção. Protegidos pela densa vegetação, avançamos tão silenciosamente que, de repente, percebemos que estávamos perto demais.
>
> Ali estávamos, bem no meio de uns 15 gorilas.
>
> Um deles nos viu e soltou um grito de alerta. Os outros se juntaram e, nos minutos seguintes, executaram uma manifestação obviamente para nos impressionar. E devo confessar que realmente impressionou!
>
> Gritando, eles batiam violentamente no chão com os punhos e as mãos e socavam o peito. Meu bom-senso me disse que estavam apenas excitados por estarmos ali e meramente curiosos.

Depois que Smith foi embora, Alan e Joan permaneceram sozinhos com os gorilas. Durante um mês conviveram pacificamente com aquelas feras com fama de perversas e conseguiram filmá-las com sucesso. "Eles parecem tão gentis e delicados... Nenhum outro animal de grande porte permite que seres humanos cheguem tão perto", escreveu Joan para a mãe.

Ao longo de várias semanas, Joan e Alan foram se acostumando a morar na cabana incendiada, suando de dia e congelando à noite. Quando viram que dispunham de tomadas suficientes, desceram o Karisimbi e foram passar algum tempo recuperando-se na casa de um amigo, perto de Nairóbi. Depois, partiram para o Congo, a fim de filmar um vulcão em erupção, o monte Nyiragongo. Contudo, tinha havido um golpe militar e a estrada estava bloqueada.

Os soldados, bêbados e ameaçadores, deleitavam-se criando um clima aterrorizante. Membros de tribos rivais eram arrancados de seus carros, torturados e baleados. A população branca não estava sendo visada, mas constantemente Alan e Joan eram detidos e revistados, e os militares faziam de tudo para humilhá-los e amedrontá-los. Numa barreira, um destacamento particularmente brutal exigiu os passaportes. Alan sabia que, se entregassem os documentos, jamais poderiam sair do país. Rebuscando nos bolsos de trás, como a procurá-los, de repente ele deu um soco na barriga de um dos soldados. O casal desabalou em meio ao apavorante ruído de rifles sendo engatilhados – felizmente, nenhum deles teve tempo para fazer mira e disparar.

Depois de terem passado pelas barreiras, Alan e Joan escalaram o pico em atividade do vulcão, que Joan descreveu em carta para a mãe:

> A cratera estava obscurecida por uma nuvem, e tivemos de correr para uma caverna a fim de nos abrigar de uma tempestade de granizo. Quando saímos, vimos cascatas de gelo derretido jorrando para dentro de um lago de lava que se abrira por baixo de nós, com aquela massa rubra e líquida brilhando e fumegando na superfície.

O chão estava tão quente que Joan logo sentiu as solas de suas botas de borracha derretendo. A situação espelhava bem em que se transformara seu papel no casamento. "No ramo, os dois eram considerados a melhor equipe de filmagem da selva, com Joan frequentemente ficando com os papéis mais arriscados", Anthony Smith escreveria mais tarde. "Quem é que subia numa árvore cheia de espinhos para vigiar e avisar quando uma manada de antílopes vinha disparada naquela direção? Quem teve os óculos quebrados quando um hipopótamo ficou agressivo? De quem eram os sapatos que derreteram quando a lava ficou quente demais?" Alan costumava brincar falando sério: "Não sei o que faria sem Joan. Provavelmente teria de me casar com três mulheres ao mesmo tempo."

Havia apenas dois anos que ela era a sra. Alan Root e já tinham acontecido muitas viagens, sem qualquer queixa de sua parte. Ela estava mais feliz do que nunca, perdidamente apaixonada pelo marido aventureiro e por suas grandes aventuras. E ainda por cima havia encontrado um lar: a casa do lago Naivasha.

LOGO QUANDO TUDO PARECIA IR TÃO BEM, tanto na carreira quanto no relacionamento, aconteceu a tragédia. A força de vontade de Joan era inabalável, além de qualquer medida, mas seu corpo foi ficando abatido – não devido às urtigas, aos soldados ou aos gorilas, mas por alguma outra razão, invisível e inexplicável. Não muito tempo após retornarem da terra dos gorilas, no Congo, ela começou a se sentir fraca e, a seguir, tão exausta que não conseguia nem erguer as pálpebras. Alan levou-a a um médico que, sem se dar conta do que estava acontecendo, lhe receitou tranquilizantes que agravaram seu estado. Um segundo médico, porém, reconheceu os sintomas de miastenia.

Como tantas coisas na África, a miastenia era um verdadeiro mistério. Ninguém sabia o que a provocava ou como tratá-la. Doença neuromuscular, ela enfraquece os sinais entre o cérebro e vários músculos. Além disso, pode alterar a produção de estrogênio e levar a uma menopausa prematura. Como ficou claro, Joan estava sofrendo de um caso sério da doença.

> 31 de dezembro de 1963
> Querida mamãe,
> Na minha última carta provavelmente mencionei que estive no hospital, sentindo-me muito fraca ... É possível que eu tenha contraído um vírus no Congo, que já começa a ser vencido. Os sintomas eram os mesmos de uma doença muito rara, chamada miastenia, que pode durar muitos meses, talvez até anos, e não se conhece muito sobre o assunto.

Alan ficou arrasado. Certa noite, pouco depois do diagnóstico, ele foi à casa da mãe, relatar o fato a ela e à irmã, Jacky.

"Vocês não têm ideia do quanto ela está doente!", ele explodiu. Se não tivesse sido logo detectada, a doença poderia ter levado à paralisia permanente.

Sem se preocupar consigo, Joan só pensava no quanto estava sendo difícil para Alan virar-se sem ela. Decidiu melhorar logo e mostrar-lhe que continuava forte como sempre. Depois de meses de seguidas e frequentes consultas médicas, ela deu um basta. Alan *precisava* dela. Ela mesma daria um jeito de ficar boa.

Apenas oito meses depois de retornarem do vulcão em atividade, já estavam excursionando pelas montanhas Aberdare. Ainda fraca e abalada, Joan parou diante de um córrego de uns 60cm de largura, incapaz de saltá-lo ou mesmo de vadeá-lo. Ela não imaginava que a estivessem observando, mas era o que Alan fazia.

> Eu estava a certa distância e chorei ao ver aquela mulher atlética, capaz de correr, escalar e nadar tão bem quanto qualquer homem, tremendo de medo por não conseguir dar um salto de meio metro.
>
> Então, soltando um grito fantasmagórico, ela se lançou para a frente. Quase não conseguiu. Tropeçou, por pouco não caiu, mas em seguida aprumou-se novamente. Depois olhou em volta devagar, com um imenso sorriso, e gritou "Este é um afluente do Tana!", referindo-se a um dos rios mais caudalosos do Quênia, com largura de até 400m. "Pode avisar para aqueles charlatães miseráveis que não preciso mais deles! Acabo de atravessar o Tana de um salto!"
>
> Sei que você vai ficar feliz ao saber que Joan se recuperou e está agora em sua boa forma habitual. Ainda precisa tomar aquelas pílulas esquisitas, mas está novamente forte e bem-disposta. Ela o demonstrou outro dia, subindo o monte Quênia comigo, numa excursão para filmar um papa-açúcar raríssimo, que vive acima da linha da neve.
>
> Alan Root para Anthony Smith, 4 de abril de 1964

Wup! Wup! São esses os sons que os chimpanzés fazem para chamar seu parceiro na floresta. Joan e Alan adotaram a expressão como uma espécie de código, que significava *Estou aqui, amor. Onde você está?* Às vezes eles tinham dificuldades para se comunicar com palavras e seus *wups* se tornaram uma linguagem particular. Exprimiam-se assim não só na mata, como também em casa.

Para se chegar à propriedade dos Root, partia-se da estrada South Lake. Um longo caminho levava através de acácias e espinheiras, passando depois pelo acampamento onde residiriam seus empregados: cozinheiro, motorista, jardineiros e vários assistentes de filmagem. Ao final do caminho situava-se a casa, cujo terreno verdejante voltava-se para o lago verde-esmeralda.

Ali, naquela construção simples, no lago cristalino embora turbulento, Joan e Alan finalmente puderam sentir-se em casa. "À exceção de uma casa construída em plena montanha, com toda a África oriental aos pés, poucos cenários poderiam suplantar este em beleza", Colin Willock escreveria em 1978 num livro sobre a série de televisão *Survival*. "O lago de água doce apresenta tapetes de purpúreas flores de lótus e franjas de papiros a menos de um metro da varanda. Pequenos antílopes, pouco maiores do que uma lebre, mordiscam as flores."

Logo aquele lago acolheria uma crescente comunidade de naturalistas. Na margem oposta à casa dos Root, o especialista em elefantes Iain Douglas-Hamilton e sua esposa, Oria, construíram um abrigo para visitantes. George e Joy Adamson, que em 1956 tinham adotado três leõezinhos órfãos, depois que George e seu sócio foram forçados a matar os pais, vieram morar mais abaixo da casa de Alan e Joan. Joy sentiu-se particularmente afeiçoada pelo filhote menorzinho, que ela chamou de Elza e que, com muito esforço, treinou para sobreviver sozinha na natureza. A experiência foi a base para o best-seller que ela escreveu, *A história de Elza*, e para o filme do mesmo nome, que recebeu o Oscar.

Não poderiam ter escolhido lugar melhor como base para suas aventuras: o local era tão selvagem e fabuloso que poderia compor o cenário de filmes de Hollywood. Se o Rift Valley foi o berço da humanidade, o lago Naivasha era seu Jardim do Éden. Via-se verde por toda a parte, desde os papiros, que margeavam o lago com suas altas hastes e flores em forma de pompom, até a própria água em si, com suas ilhas flutuantes de moitas floridas deslizando à deriva. Ao longo da margem viam-se as casas remanescentes do Happy Valley, as extensões quilométricas entre elas abrigando multidões de animais exóticos, de gazelas a grous coroados, de girafas a serpentes. À noite, um exército de hipopótamos saía do lago para alimentar-se na relva, literalmente ceifando o gramado a noite inteira e retornando para a água antes da aurora. Sua trilha noturna os levava a um campo de papiros e flores de lótus, a uma colina de eucaliptos e acácias, e depois a um bangalô simples, com telhado corrugado e ampla varanda, que servia como porta dianteira, plataforma de observação e praça de alimentação. Ali, Joan mantinha sempre uma caixa cheia de larvas e vermes, para os convidados oferecerem aos pássaros locais, que vinham alegremente comer em suas mãos.

Em meados dos anos 60, a casa do lago se tornara o quartel-general do casal, o lugar onde desenvolviam suas pesquisas, concretizavam os trabalhos de pós-produção ou descansavam entre dois safáris. Era um lar também para os animais, tanto quanto para as pessoas. Havia criaturas por toda parte, embora fossem poucos os confortos materiais. Nas paredes da sala de estar havia prateleiras com livros sobre a vida selvagem da África. Joan tinha um escritório de produção repleto de arquivos, filmes, fotografias e cadernos de anotações. Em seu estúdio, Alan guardava o equipamento e editava os filmes. Havia três pequenos quartos, para eles e seus hóspedes, e uma grande cozinha, separada do corpo da casa, onde Joan normalmente cozinhava às vezes para dois, às vezes para 20 visitantes.

A propriedade do lago Naivasha também abrigava alguns animais que haviam estrelado filmes dos Root. Joan ficava encarregada de sustentar aquela sempre crescente coleção, que incluía Chekky, um porco-espinho que sacudia os espinhos para cumprimentar; Minnie, um protelo listrado, lembrando uma hiena pequena, cuja dieta consistia exclusivamente de cupins; Sally, uma fêmea órfã de hipopótamo; e Million, um porco-da-terra brincalhão. Joan não os considerava seus bichos de estimação; eram visitantes em fase de recuperação até seguir seu rumo na mata novamente.

Para Alan, o Naivasha era o laboratório em que brotavam as ideias para suas produções. Fosse um hipopótamo no jardim ou uma família de fuinhas ao pé de uma árvore, tudo ele queria filmar. Na hora dos coquetéis, quando Alan, Joan e seus amigos se reuniam na varanda para drinques e aperitivos, pica-bois de bico vermelho davam rasantes nas pessoas, encarapitavam-se no queixo delas e bicavam-lhes os dentes atrás de comida. Obviamente Alan e Joan puseram a cena em filme também.

Por mais encantadoras que fossem essas cenas, a ferocidade da África subsistia em toda sua plenitude. Sempre rondando furtivamente sob a mesa de jantar dos Root estava o lince de Joan, um grande gato selvagem com dentes e garras afiadíssimos. Se os hóspedes se abaixassem para lhe fazer festas, nove entre dez vezes ele rolava no chão e se afastava. Na décima, porém, poderia investir aos guinchos, como um fardo vivo de arame farpado.

"Certa ocasião, o que imaginei ser um colchão de água, no outro lado da sala de estar, levantou-se, passou pela porta, atravessou o gramado e entrou no lago: era um pequeno hipopótamo de estimação chamado Sally", escreveu George Plimpton, num perfil de Alan para o *New Yorker*, em 1999. Os hipopótamos matam mais pessoas no Quênia do que qualquer outro herbívoro da África, mas Sally sempre comeu na mão de Joan.

"Estamos hospedados na casa de Alan, no Naivasha, e estamos nos divertindo muito", escreveu um dos convidados a seus amigos. "Até agora já fui mordido por mosquitos, sanguessugas, uma fuinha, um macaquinho, um lagarto, uma cobrinha verde e um filhote de biguá. Além de nadar num lago infestado de crocodilos e segurar a cauda de uma serpente, minhas aventuras incluem quase deixar o olho e a orelha direitos agarrados a uma espinheira, enquanto viajava na capota do Land Rover. Não é pouco, acho, para uma estada de um mês, e sem dúvida vou ter muitas histórias para contar quando retornar da 'Mãe Terra'."

Quanto aos empregados, eram perfeitamente capazes quando sóbrios, mas Joan e Alan tinham de esconder as bebidas do seu mais antigo e calejado colaborador, um quicuio baixo e alegre chamado Kiari. Os diários e cartas de Joan estão cheios de histórias de bebedeiras, que aconteciam "quando Kiari sai dos trilhos". (Alan, porém, não ficava muito atrás quando enchia o pote. "Alan machucou seriamente o joelho quando saiu por aí de moto, sob o efeito de um ponche!", escreveu Joan para a mãe depois de um feriado, acrescentando como ele também resolvera dar um "golpe de caratê no pudim flambado de Natal, incendiando os gorros de papel de nossos hóspedes.") Kiari trabalhara para os pais de Joan na fazenda de café e à época seus filhos também moravam no Naivasha trabalhando para Joan e Alan. O filho, Babu, tomava conta do porco-da-terra e vivia tapando os incontáveis buracos que ele cavava.

A filha, Wambui, ajudava na cozinha e na limpeza, e o genro, Ngure, cuidava dos carros.

Memsaab, como Joan era chamada pelos empregados, era sempre regalada com histórias selvagens sobre lutas ferozes, assaltos e muita confusão. Numa carta, Joan escreve sobre o guia de safári, Gichuhi, tentando estrangular Kiari por causa de dez xelins quenianos (na época, menos de dez centavos americanos), e em seguida ferindo o rosto da mulher dele com um canivete quando ela tentou acudir o marido. "As crianças então pegaram toras de lenha e bateram em Gichuhi até quebrar-lhe o braço", escreveu Joan. "Naturalmente, não tive outro jeito senão despedi-lo." Segundo ela, Gichuhi também vinha fazendo trabalhos por fora quando eles estavam ausentes, usando o Land Rover para subir até "Kinangop, de noite, transportando cabras e trazendo de lá verduras, além de mil outras pequenas tramoias". Joan desconfiava também que alguns empregados roubavam seus equipamentos de filmagem para vendê-los no mercado negro.

Esses, entretanto, eram crimes de menor importância; os de gente de fora eram muito piores. Ladrões encheram um caminhão com fios de cobre roubados dos postes da propriedade de Joan e Alan, interrompendo o serviço telefônico durante meses. Quando os telefones voltaram a funcionar, às vezes aconteciam chamadas ameaçadoras à meia-noite ou mais tarde ainda, sobretudo com Joan sozinha em casa. Um desconhecido foi preso certa vez por falsificar sua assinatura em dez ocasiões diferentes.

Ainda assim, de uma forma ou de outra, tudo ia dando certo. Algumas noites, Alan e Joan estendiam um lençol entre dois pés de acácia e exibiam seus filmes para os empregados, que ficavam de olhos arregalados diante daquelas cenas inacreditáveis, exatamente como milhões de adultos e crianças em salas de estar e de aula por toda a Inglaterra e África. Os animais na tela, entretanto, eram completamente diferentes daqueles que perambulavam ao redor da casa dos Root. Os dos filmes estavam na mata profunda e nem sempre eram amigáveis para com os cineastas. "Grande parte do tempo, Joan atuava como uma espécie de enfermeira de UTI", Alan comentou. "Ela sempre estava lá para tratar de mim, quando eu batia com os aviões e as motocicletas ou quando despencava das árvores na

Nova Guiné ou dos barcos no Amazonas. E estava lá com o uísque e as ataduras sempre que eu era atacado por algum bando inteiro de animais."

Joan cuidou também de várias outras pessoas, entre elas Dian Fossey, que voou para Nairóbi em 1963, com a intenção de estudar os gorilas que os Root já haviam começado a filmar. Não só Dian se baseou no conhecimento de Alan e Joan sobre os gorilas quando pela primeira vez foi à África, como foram eles que pessoalmente a conduziram ao local, através das trilhas do Virguna, expedição que ela descreveu em suas memórias *Gorillas in the Mist*:

> Em minha primeira visita a Kabara, em 1963, tive a felicidade de conhecer Joan e Alan Root, fotógrafos do Quênia, que estavam acampados nos prados enquanto trabalhavam num documentário sobre os gorilas das montanhas. Tanto Joan quanto Alan gentilmente toleraram a intromissão daquela turista americana desajeitada e inquisitiva no seu recluso laboratório da montanha, permitindo que eu os acompanhasse em alguns dos seus extraordinários contatos com aqueles gorilas relativamente desinibidos...
>
> Nunca esquecerei meu primeiro encontro com os gorilas... Joan e Alan Root, uns dez metros a minha frente na trilha da floresta, fizeram-me um sinal para ficar quieta. Ficamos petrificados até que os ecos dos gritos e das pancadas no peito desaparecessem.

Quatro anos mais tarde, quando Dian Fossey retornou para dar início à sua desesperada campanha pela salvação dos gorilas ameaçados de Virunga, ela se deparou por acaso com Joan no aeroporto de Heathrow, encontro descrito por Joan numa carta para sua mãe.

> Amboseli, 12/2/67
>
> Querida mamãe,
>
> Como você sabe, saí de Londres alguns dias antes de Alan. No aeroporto, enquanto esperava para embarcar, encontrei uma moça, Dian Fossey, que também ia para Nairóbi no mesmo avião. Já nos tínhamos conhecido em 1963, quando ela apareceu para ver os gorilas e nós os estávamos filmando.

> Ela é americana, e nos Estados Unidos conheceu o dr. Leakey, que conseguiu financiamento para ela retornar ao Congo e estudar os gorilas. Ela ficou felicíssima de me ver em Londres, pois somos seus únicos amigos aqui. Ficamos muito preocupados por ela estar viajando sozinha para o Congo, escalando vulcões, sem saber falar o suaíli. De qualquer forma, para encurtar o assunto, ajudei-a a comprar todos os suprimentos e equipamentos e Alan acompanhou-a na viagem para o Congo, passou pela alfândega congolesa com ela, apresentou-a aos mandachuvas do Albert Park, conseguiu carregadores, escalou os vulcões até a região dos gorilas, instalou-a na cabana, deu-lhe algumas rápidas lições sobre como evitar os elefantes e como encontrar os gorilas. Aos batedores, deu sérias instruções para cuidarem dela... É um pouco preocupante deixar uma moça inexperiente isolada lá em cima. Sem nossa ajuda, não sei se teria conseguido. Os guias da reserva congolesa são ótimas pessoas e o guia que trabalhou para nós lá está com ela. Ela tem esperanças de estudar os gorilas tão de perto quanto Jane Goodall fez com os chimpanzés em Tanganica.

Em 26 de dezembro de 1985, Dian Fossey seria assassinada em sua cabana em Virunga, com a cabeça aberta por uma *panga* que, muitos acreditam, teria sido brandida por um caçador ilegal ou por alguém de Ruanda, enfurecido por ela estar impedindo a exploração turística do parque e dos animais que ela tanto amava. Nessa época, as águas escuras que viriam engolfar o Quênia estavam subindo rapidamente. Joy Adamson, a vizinha dos Root e autora de *A história de Elza* – tão famosa por seu pacifismo – seria morta com uma lança cravada no coração, em janeiro de 1980, por um trabalhador que depois confessou o assassinato, embora insistisse em afirmar que só o fez depois que Joy atirou nele, quando ele reclamou seu pagamento por duas semanas de trabalho. Em 1989 o marido de Joy, George Adamson, o homem com juba de leão, seria emboscado, provavelmente por caçadores clandestinos, e metralhado por uma chuva de balas, diante da reserva de leões que ele mantinha cercada. Naquela época, entretanto, o maior perigo que Joan e Alan tinham de enfrentar eram os animais selvagens.

"Minha *bibi*." Assim Alan chamava Joan, usando a palavra suaíli para "esposa". Joan não tinha um apelido para o marido. Era apenas "Alan", que, com frequência alarmante se transformava em "Oh, Alan!" Ela sempre esperava que ele fizesse algo inesperado – puxar o rabo de um elefante, atiçar uma cobra venenosa – e mantinha-se preparada para lidar com o resultado dessas excentricidades.

Desde que dera início à sua carreira ecológica criando cobras, a pele de Alan se transformara num verdadeiro arquipélago de cicatrizes, o que levou George Plimpton a intitular seu artigo na *New Yorker* como "O homem que foi comido vivo". Cada ferida guardava a memória de algum audacioso encontro, sobretudo a que ocupava o lugar de seu dedo indicador.

Passados cerca de sete anos de seu casamento, Alan e Joan foram de avião, com um produtor de cinema americano, visitar Joy Adamson em seu acampamento no Parque Nacional Meru. Enquanto Joy discutia com o produtor sua possível participação num filme sobre animais, Alan saiu para dar uma volta. Quando voltou, vinha carregando uma víbora venenosíssima, de um metro e meio de comprimento e muito inchada.

Essas cobras matam mais gente do que qualquer outro tipo na África, mas Alan, naturalmente, não tinha medo delas. Estava mostrando ao produtor de cinema o funcionamento das presas da cobra – "suspendendo-as de seus recessos com a ponta de uma faca", como relatou depois a George Plimpton – e Joy trouxe sua câmera. "Depois pus a cobra no chão, para que se esgueirasse até a mata", continuou Alan. "Nesse momento Joy anunciou que a câmera estava sem filme. Por isso, corri atrás da cobra e tentei pegá-la novamente, mas ela estava me esperando e deu o bote, acertando-me no dedo. Uma dor torturante e imediata."

Alan havia sido recentemente picado por uma víbora de tocaia e teve que tomar soro antiofídico. O soro, porém, pode provocar estado de choque num segundo uso, por isso, Alan preferiu evitá-lo. Joan requisitou um avião num abrigo das proximidades. Durante o voo para Nairóbi, Alan vomitou e desmaiou. "Decidi que seria melhor tomar o soro", ele lembra. Joan fez uma aplicação de $3cm^3$, mas quando o avião aterrissou, ele já não podia caminhar. No aeroporto, Joan chamou um táxi para levá-los ao hospital, onde enfermeiros do pronto-socorro puseram Alan imediatamente em uma maca. Ele estava sofrendo um severo choque anafilático, que o médico de plantão supôs dever-se ao veneno da cobra; sem saber que de fato se tratava de uma reação ao soro, o médico aplicou em Alan uma segunda dose, que quase o matou.

O veneno da víbora mata destruindo os vasos sanguíneos do corpo. Logo uma bolha de sangue do tamanho de uma bola de beisebol inchou na mão de Alan, e o braço e metade do peito começaram a ficar negros. Eram os primeiros sinais de gangrena.

O médico informou a Joan que teriam de amputar-lhe o braço, mas ela não autorizou, afirmando enfaticamente que Alan iria melhorar.

E efetivamente, passados alguns dias, ele melhorou, mas a situação permanecia crítica. O médico dessa vez falou em amputar o antebraço; Joan recusou. Então até o pulso, insistiu o médico. Não, respondeu Joan mais uma vez.

No final, Alan perdeu o dedo indicador da mão direita, que a cobra havia picado. Mais tarde ele contou a um entrevistador que pôs o dedo amputado dentro de um jarro e o mandou para o Museu Nacional de Nairóbi, "Meu primeiro pedaço arrancado por mordidas; o restante seguirá em suaves prestações", declarou. Mas o indicador em formol finalmente foi parar mesmo na casa de Joan e Alan.

Wup! Wup!

Por mais felizes que tivessem sido em Naivasha, cada vez mais apenas os animais respondiam *wup* para Joan. Alan, o ídolo do cinema sobre o mundo animal, começou a passar cada vez mais tempo longe, editando seus documentários ou reunindo-se com os produtores em Londres. Seu belo perfil era visto numa foto ao lado de seus colegas da série *Survival*, numa parede dos escritórios da Anglia Television em Park Lane, do outro lado do Hyde Park – régias instalações que na Segunda Guerra Mundial haviam servido como centro de comunicações de lorde Mountbatten. Para seus empregadores e admiradores, Alan era a personificação da África: ousado, perigoso, carismático. Ele estava no apogeu, no auge de sua carreira como autor de filmes e de sua força como homem. "Ele adorava quando a Anglia enviava oito secretárias para recebê-lo no aeroporto de Heathrow e levá-lo a algum evento naquela mesma noite", comentou Anthony Smith. "Ele era o astro!"

"Havia uma jovem numa festa", prosseguiu Smith. "E também um elefante, então Alan foi lá e arrancou um fio da cauda do animal, para fazer uma pulseira para a moça."

E o elefante não atacou?

Claro que sim, respondeu Anthony, mas Alan sabia em que direção fugir, ou pelo menos onde ficar, quando arrancava um fio do rabo de um mastodôntico elefante. Aquele estava atrás de um amontoado de pedras e Alan sabia muito bem que elefantes não correm sobre pedras.

Posteriormente Alan insistiria que a pulseira de rabo de elefante tinha sido para Joan, embora admitisse que "houve uns... não sei como chamar... de todo modo, não foram casos": breves flertes, nada sério, nada permanente. E o que pensava Joan sobre as inclinações de Alan para macho dominante? "Joan se mostrava muito elegante", disse Anthony referindo-se aos primeiros galanteios de Alan. "Isso *era* Alan. Joan sabia das infidelidades do marido. Seu erro, porém, foi não se aclimatar a Londres, ou Nova York, preferindo sempre retornar aos animais."

Para Joan, de quem não havia uma única foto no escritório da Anglia, e que raramente aparecia em Londres, mesmo quando Alan lá permanecia durante meses, o que mais importava era o trabalho deles. Que outra pessoa poderia domesticar um lince e curá-lo de seu medo dos seres humanos, deixando-o dormir em sua cama, de modo que, quando Alan exclamasse "Ação!", no Serengeti, o gato "pulasse para o alto, apanhasse um pássaro no ar com sua garra e se transformasse numa estrela em câmera lenta", como escreveu sua amiga Delta Willis. "Joan ficava fora do foco, porém enquadrada." Acreditava que Alan sempre retornaria para casa – e por um longo tempo, ela esteve certa – e por isso lhe concedia liberdade. Enquanto isso, confiante em seu casamento, contentava-se em ficar em Naivasha, cuidando dos animais, tomando conta da casa e do escritório, planejando o próximo filme. Eles estavam a caminho da fama e da fortuna, e cabia a Joan garantir que tudo estivesse pronto para a próxima aventura.

Muito rapidamente, *Survival* obteve enorme popularidade. Exibida em quase uma centena de países, esteve em produção de 1961 a 1971, período mais longo do que o de qualquer outra série sobre natureza na história da televisão britânica. De acordo com o livro de Colin Willock sobre a série, *The World of Survival*, ela fez "mais do que qualquer outro meio de comunicação para despertar o interesse do público pela vida selvagem e para popularizar a causa da preservação".

Era público e notório que não haveria *Survival* sem Alan Root. O que, entretanto, pouca gente sabia é que não haveria Alan Root sem Joan.

Capítulo 4

Em 1964, Aubrey Buxton, chefe dos Root na Anglia Television, fez uma viagem às ilhas Galápagos no iate real *Britannia*, em companhia do príncipe Philip. Essas ilhas, situadas ao largo da costa do Equador e que inspiraram *A origem das espécies,* a obra fundamental de Charles Darwin, abrigavam abundante e espantosa diversidade de vida selvagem: o solo repleto de iguanas marinhas, o oceano infestado de leões-marinhos e tartarugas gigantes, o céu coalhado de tentilhões, príncipes e fragatas – todos tão sem medo dos seres humanos que se precipitavam em bandos em direção ao iate, voando, nadando ou saltando. O cenário natural de toda aquela vida animal era um majestoso painel de lagos turbulentos em crateras magmáticas, extensões de florestas, clareiras de relva e piscinas de água do mar recobertas por sargaços róseos.

Aquela beleza intocada exigia um preço: as Galápagos eram totalmente desprotegidas, quase um convite à pilhagem e à pesca ilegal. O conjunto único de ilhas era povoado quase exclusivamente por pássaros, répteis e criaturas marinhas. Além dos morcegos e leões-marinhos, os únicos mamíferos que conseguiam atravessar as traiçoeiras águas até o arquipélago, a 960km da terra firme, eram ratos… e homens. Piratas e caçadores também tinham introduzido alguns animais domésticos nas ilhas: burros, cabras, porcos, cachorros, gatos – uma catástrofe em potencial para o ecossistema e sua vida selvagem nativa.

Era preciso salvar aquelas ilhas, pensou Buxton.

Regressando da viagem, ele concebeu a ideia de realizar ali um filme sobre a vida selvagem, como, aliás, costumava acontecer na volta de suas muitas aventuras. Acreditava que, "com bastante tempo disponível, depois de sumir por algumas semanas ou meses, [um bom cinegrafista] pode finalmente ressurgir trazendo centenas de rolos de negativo de altíssima qualidade". Ele precisava de um operador de câmera de ponta, e por isso, dois anos depois de sua primeira viagem às Galápagos, despachou para lá seu astro, Alan Root.

Só chegar às ilhas já era um empreendimento e tanto, refletiu Buxton, numa época em que ainda não havia rotas comerciais para lá, aéreas ou marítimas. "Filmem toda a vida selvagem que puderem!", implorou ele aos Root num telegrama. "Filmem tudo que possa confirmar as observações de Charles Darwin!" Joan e Alan haviam acabado de regressar de um exaustivo safári da Através das Lentes quando chegaram as instruções de Buxton, que também lhes pedia que o encontrassem em Londres dali a dez dias.

Joan preparou bagagens para um safári terrestre e marítimo. Tomaram o avião em Nairóbi para a reunião com Buxton e, quatro dias mais tarde, voaram para Lima, de onde navegaram os 960km até as Galápagos no *Beagle II*, uma traineira batizada com o nome do navio original de Darwin. Esse *Beagle* pertencia ao Instituto de Pesquisa Darwin e era tripulado por uma equipe de cientistas e naturalistas.

Durante dois meses, eles filmaram toda a comunidade animal – não só os famosos leões-marinhos e as iguanas marinhas, mas tudo mesmo, desde os mergulhões de pés azuis voando em formação e os albatrozes esgrimindo com os bicos nos rituais de acasalamento até a cena, já clássica, de um pica-pau retirando insetos dos troncos segurando um espinho de cacto com o bico. "Foi emocionante sermos as únicas pessoas naquela ilha", escreveu Joan. Eles capturaram em película grandes manadas de burros selvagens, descendentes dos animais de carga levados para lá, que imediatamente partiam em sua direção, provavelmente supondo que também fossem burros. "E ficavam tão confusos quando percebiam que não éramos, que apenas se detinham, olhando-nos fixamente."

Para assombro de Joan, mesmo os leões-marinhos, conhecidos por atacar intrusos com seus imensos incisivos, mostravam-se absolutamente calmos enquanto ela brincava com os filhotes bem diante deles. "É muito estranho, mas quando estamos debaixo d'água brincando com os filhotes, a apenas 3m da praia, eles nos ignoram, só eventualmente se aproximando de nós."

Quando acabaram os trabalhos, estavam com 7.000m de negativo, para um tipo de programa que requeria, no máximo, 1.800. Joan remeteu tudo para Londres, com fartas anotações da produção. Quando os chefões viram as filmagens, perceberam que ali estava algo extraordinário. A história ali contada era a razão de existir da série *Survival*: não apenas observar a vida selvagem, mas pressionar o público a protegê-la.

Era uma história de extrema importância e Alan, sendo seu realizador, supôs que também seria a pessoa mais indicada para lhe dar a forma final. Quando, entretanto, solicitou o controle criativo do projeto aos produtores, a resposta foi negativa. "Você é um excelente cinegrafista, Alan", disse-lhe um deles. "Atenha-se ao que sabe fazer melhor e deixe o resto por nossa conta." Alan aquiesceu a contragosto, mas decidiu que seria a última vez.

A estreia de *The Enchanted Isles*, como se chamou o documentário, foi triunfal. Todos o amaram – todos, exceto Alan. Angustiava-se porque os produtores "enfeitavam" suas imagens. Irritado, considerava desnecessário dourar a pílula. Por isso, assim que o filme ficou pronto e seu contrato com a *Survival* expirou, ele trouxe novidades para a produção: estava se desligando da Anglia e, recomendado por David Attenborough, mudando-se para a BBC, que lhe permitiria tocar projetos a seu modo. Os executivos da Anglia imploraram-lhe para renovar o contrato, oferecendo-lhe o dobro da proposta da BBC, de 2 mil libras por filme. Mas Alan já estava farto e decidido a mostrar a todos que, muito mais do que simples cinegrafista, ele era um *diretor*.

Enquanto esse drama se desenrolava nos bastidores, o filme tornava-se um grande sucesso. *The Enchanted Isles* foi o primeiro documentário britânico sobre a vida selvagem exibido pela TV americana, com uma mensagem especial intitulada "Salvem as Galápagos", de autoria do príncipe Philip. Programou-se uma première real, quando os autores seriam apresentados à rainha. Era, enfim, um momento pouco adequado para se desligar da Anglia.

"Não há dúvida de que é na televisão comercial [Anglia] que está o dinheiro", escreveu Joan para a mãe. "Não que Alan queira fazer um leilão;

ele só deseja realizar filmes decentes, que lhe agradem, e não acredita que a Anglia lhe proporcionará isso, embora esteja tentando de tudo para mantê-lo, e não sei o que ele fará. Realmente, vamos ter de pensar muito sobre a questão, e o tempo está nos atropelando."

No outono de 1967, chegou ao Naivasha um telegrama de Buxton sobre a première real. "Sempre fomos bastante francos um com o outro e agora estou num dilema. Antes, teríamos simplesmente pedido para vocês virem, e o problema seria apenas da Anglia. Agora, entretanto, não sei o que dizer. O programa envolveu despesas enormes, o evento real sairá caríssimo, e não sei como justificar o custo de dois bilhetes aéreos de Nairóbi para quem já não trabalha para nós. Estou certo de que você vai compreender." E prosseguia dizendo que, se os dois custeassem as passagens para Londres, ele assumiria todas as despesas durante a visita. Eles não pensaram em como arcar com o preço, mas sabiam que precisavam estar lá.

"Meus joelhos tremem só de pensar", disse Joan, referindo-se à première com a presença da rainha. "Isso ajudará a divulgar nossos nomes na Inglaterra, quando os filmes começarem a aparecer pela BBC", foi o comentário de Alan, que Joan deve ter gostado de ouvir.

O preço era 194 libras, ida e volta – cerca de 2.500 dólares, corrigido pela inflação – e isso para um pacote que requeria estada de 19 dias. "Precisamos realmente estar lá, pois se trata do *nosso* filme", Alan concluiu.

Embarcaram no voo noturno de Nairóbi, que atrasou, só decolando às quatro da madrugada. Já decorrera metade da tarde quando chegaram a Londres. Desembarcaram e foram imediatamente para o setor de bagagens, preocupados nem tanto com as malas, mas sim com os peixes de coral que tinham despachado de Mombaça, para presentear David Attenborough. Alguns ainda nadavam dentro da sacola de polietileno, cheia de água do mar e alimentada por uma bomba de oxigênio. Outros, porém, boiavam de barriga para cima.

Uma vez que o costumeiro uniforme cáqui dos Root não ficaria bem numa première real, eles decidiram alugar roupas. Foram diretamente para a Moss Brothers, onde Alan escolheu um smoking, e Joan decidiu-se por um elegante vestido azul, cintilante, de gola alta, e ficou tentada por uma pequena estola de pelo de marta, para não sentir frio (o movimento contra o uso de peles ainda não começara, nem mesmo entre os ecologistas). Ela então telefonou para a esposa de Buxton, Maria, perguntando: "Você acha que uma estola de pele seria muito pretensioso?"

"Todas as mulheres estarão usando peles, querida", respondeu Maria. "Não pense mais, simplesmente alugue."

Na manhã da première, houve uma exibição de *The Enchanted Isles* para a imprensa, depois da qual Alan e Joan responderam perguntas dos repórteres. Uma delas, feita naquela noite e depois com bastante frequência nas exibições de seus documentários, foi: "Vocês estão tentando salvar a vida selvagem ou apenas filmá-la?"

Alan sempre declarou que sua proposta era mostrar a natureza em sua beleza não adulterada, sem fazer pregações a seu respeito ou brincar com ela, nem tampouco usar os filmes como forma de preservá-la. Se pudesse editá-los a seu modo, declarou, nem mencionaria que aqueles animais estavam ameaçados. "Meu trabalho era mostrar o que estava ali, e não estragá-lo com um narrador nos últimos cinco minutos", acrescentou. "Se fizéssemos um documentário sobre a América do Norte antes da chegada do homem branco ... o que iriam vocês preferir: ouvir um chefe indígena ou um homem branco falando, ou ver durante uma hora como tudo funcionava então naquela área?" E concluiu: "Não acho que nosso meio ambiente tenha qualquer esperança. A humanidade não me parece inteligente bastante para tomar alguma atitude. E a África está indo embora mais depressa do que qualquer outro lugar."

Depois do jantar no Festival Hall com a equipe da Anglia, os Root foram levados de Rolls-Royce até o National Film Theatre. Enquanto as celebridades desfilavam ao longo do tapete vermelho, em meio ao clique das câmeras, os Root apenas olhavam tudo em suas roupas alugadas, sem conhecer ninguém. Joan sentia-se totalmente deslocada.

Enquanto todos se acomodavam no cinema, Joan e Alan, ao lado de Aubrey Buxton, mantinham-se na fila de recepção. Finalmente, o saguão ofuscou-se com os *flashes* de mais de 100 fotógrafos, além dos quais eles puderam divisar a tiara de diamantes da rainha.

"Ela veio apertando a mão das primeiras pessoas da fila", escreveu Joan à mãe. "E continuou, muito depressa e sem falar com ninguém. Aparentemente, as pessoas com quem ela deveria falar tinham sido colocadas no final da fila, bem onde *nós* estávamos."

A multidão de fotógrafos ao redor da rainha era tão densa que a custo Joan conseguia vê-la. Mas de repente, Elizabeth II estava bem diante deles. Joan fez uma reverência, enquanto Buxton dizia: "Majestade, gostaria de apresentar-lhe Joan e Alan Root."

A rainha estendeu a mão enluvada, cumprimentando primeiro Joan, depois Alan.

Em seguida vieram os cumprimentos oficiais com os príncipes Philip e o então adolescente Charles. A família real permaneceu alguns instantes no saguão, examinando as fotos de Joan, Alan e da vida selvagem das Galápagos, enquanto os autores do filme se encaminhavam para o auditório. A realeza seguiu logo depois, as luzes se apagaram, e a exibição começou.

A plateia ficou fascinada com as cenas submarinas, em que Joan nadava ao lado de leões-marinhos; com a cerimônia de acasalamento das tartarugas de 180kg; com as iguanas marinhas alimentando-se no fundo do oceano, além de outros detalhes da vida selvagem que jamais alguém presenciara.

Quando apareceram os créditos, os aplausos e a aclamação foram ardorosos e demorados. Em seguida, Alan e Joan foram conduzidos até o Savoy Hotel, onde Buxton e a esposa haviam preparado uma "seleta festa". Os únicos convidados da Anglia eram Alan e Joan. Os demais eram VIPs ou membros da realeza. "Só havia champanhe para beber", contou Joan à mãe, numa carta:

> Não sei o nome de nenhum daqueles figurões da nobreza, nunca consigo guardar nomes quando sou apresentada. O príncipe Charles foi monopolizado pelas jovens filhas de Buxton. (Aubrey tem oito ou nove filhas, com idades entre três e 22 anos. A mulher dele é muito bonita, não parece mais velha do que as filhas, e todas são muito boas na equitação, já tendo ganhado

muitos prêmios). Alan não ficou nada impressionado com Charles, sem dúvida entediante, mas ele só tem 19 anos e provavelmente vai melhorar. O príncipe Philip mostrou-se bastante convencido, contando-nos histórias heroicas do que havia feito nas Galápagos, como avançou corajosamente por 200m caminhando sobre a lava, só para ver alguns gaviões. Passou lá apenas cinco dias e todas as noites ia dormir no *Britannia*. Era ridículo tentar nos impressionar com suas aventuras, depois de tudo que fizemos lá. Claro que fingimos estar fortemente impressionados. De repente ele desapareceu da conversa e minutos depois o vimos dançando com uma loura esguia e fantástica, o que nos divertiu muito. Já bebera champanhe o suficiente para ficar falando sobre as Galápagos quando havia coisas mais interessantes para fazer.

Na manhã seguinte, eles tomaram o trem para Bristol, onde estão sediados os Estúdios de História Natural da BBC, a fim de discutir os projetos de longa-metragens de Alan sobre a vida selvagem, que Joan produziria extraoficialmente. Em seu último dia em Londres, eles se despediram de Aubrey Buxton, da *Survival* e também da pompa e da civilização, preparando-se, segundo a expressão de Alan, para "começar com um estrondo" para a BBC.

ALAN E JOAN ESPERAVAM CAPTAR o mundo da vida selvagem de maneira inédita: com os animais agindo naturalmente, uma história sem qualquer interferência dos produtores e de maneira a agradar o público.

O único problema era o dinheiro. As 2 mil libras por programa não davam nem sequer para o sustento em um filme de Alan Root, cuja produção demandava um ano ou dois. Assim, mais uma vez tiveram de recorrer ao bongo, o animal que dera notoriedade a Alan. Conseguiram financiar grande parte do trabalho para a BBC graças aos bongos – desde que Alan vendera seu primeiro, o pagamento subira consideravelmente. A maioria dos zoológicos mostrava-se disposta a pagar por um desses animais. E, afinal, não se tratava apenas de dinheiro: enviando bongos para zoológicos do mundo inteiro – explicou Alan mais tarde – eles iriam estabelecer "uma rede de reprodução de bongos em cativeiro, assim nunca mais a população selvagem desses animais estaria novamente ameaçada". Dessa forma, a espécie tanto ficaria bem conhecida quanto seria preservada. Breve eles já contavam com muitos bongos aguardando embarque, em grandes currais dentro da sua propriedade no Naivasha. Uma carta de Joan para a mãe, em 1969, evidencia a dimensão do crescimento daquele negócio:

> Alan saiu na terça pela manhã ... e o bebê [bongo] nasceu durante a noite, sem qualquer problema. O menino que cuidava dele veio correndo de madrugada avisar que o filhote havia nascido, e que ainda estava muito molhado e trêmulo, mamando pela primeira vez. Esta manhã ele ainda estava ótimo e cheio de energia. Fui a Nairóbi arranjar um avião para pegar Alan no meio de um safári, pois ele quer filmá-lo nesta fase...
>
> A mãe desse filhote é o quarto bongo que capturamos no início de maio. Por causa de sua silhueta, Alan desconfiou e teve esperanças de que ela já estivesse prenhe. Ficamos preocupados, nos perguntando se iria cuidar bem do filhote, considerando que só estava em cativeiro havia quatro meses e também que seria sua primeira cria ... Temos dado a ela uma verdadeira superalimentação nestes últimos meses, acrescentando três grandes tigelas de leite por dia. Por isso ela está muito saudável e extraordinariamente tranquila; aliás, ela é muito mais tranquila do que aquele grande e aquele pequeno que você conheceu. Falando nisso, recebemos um telegrama semana passada informando que aqueles dois chegaram a Nova York e estão passando muito bem. Estão agora em quarentena de um mês, antes de serem levados para o zoológico de Milwaukee ...
>
> Refizemos todos os currais para os bongos [e] também pusemos uma cerca de arame grosso para afastar dali as hienas ...

Além de comercializar bongos, os Root também trabalhavam como freelancers, fosse ampliando o safári fotográfico que Joan herdara do pai, fosse filmando para o dr. Grzimek e seus diversos programas de televisão ou para George Schaller, da *National Geographic*. Num projeto para Grzimek, Alan documentou a reação dos rinocerontes e hipopótamos a balões parecidos com eles. Num trabalho para Schaller, filmou leões caçados com zarabatanas. A estreia na BBC, entretanto, continuava sendo sua principal preocupação, além do audacioso plano de Alan de ser a primeira pessoa a sobrevoar o Kilimanjaro de balão.

* * *

Selecionaram como tema inaugural para a BBC o manancial Mzima, um oásis no Parque Nacional de Tsavo que despeja 50 milhões de galões de água por dia, filtrados pelas montanhas próximas, enquanto se precipitam por uma fenda magmática até uma série de lagos límpidos. Mzima é um santuário da vida animal, intocado pelo homem moderno. Sua água é tão clara quanto o céu brilhante acima e cheia de crocodilos e gigantescas pítons, tão grossas quanto a coxa de um homem adulto. Ali, porém, o habitante mais perigoso – e o mais fotogênico – era o hipopótamo.

Os hipopótamos matam mais gente na África do que qualquer outro herbívoro. A lista dos carnívoros é encabeçada pelos crocodilos. No ano em que Joan e Alan foram filmar em Mzima, um crocodilo matara um menino e outro arrancara a perna de um homem. Nenhuma das vítimas sequer mergulhara no manancial, que era o que Alan pretendia fazer, com máscara e snorkel, para registrar tudo.

Inacreditavelmente, tão logo ele entrou na água, os hipopótamos mostraram-se brincalhões, esbarrando nele sem qualquer incidente. A filmagem prosseguiu de forma tranquila: os peixes comiam as fezes de hipopótamo, os pássaros pescavam os peixes e os crocodilos atacavam tudo que encontravam.

O produto final, o documentário *Mzima, Portrait of a Spring*, cumpriu seu propósito: além de amplamente assistido por plateias internacionais, foi exibido várias vezes numa exposição sobre hipopótamos no Museu de História Natural de Londres. Alan Root começara de fato em grande estilo – produtores e público estavam embasbacados.

Aquele primeiro trabalho para a BBC exauriu Alan e Joan; mas não havia tempo para descansar – não com um continente agonizante à volta deles. O projeto seguinte – *Baobab: Portrait of a Tree*– iria abordar a natureza em escala muito menor, exigindo, contudo, trabalho muito mais intenso. Mais uma vez, seria tratado um tema que nem o mais experiente naturalista jamais imaginaria ver em filme: um calau-grande alimentando os filhotes no interior de um baobá de 2 mil anos. A abordagem tradicional seria filmar o pássaro do lado de fora da árvore: a fêmea pronta para pôr seus ovos voando através de um buraco no tronco, o macho vedando com lama e excrementos a abertura e a mãe ressurgindo, semanas depois, já com a ninhada.

Alan e Joan decidiram filmar a vida do calau-grande do ponto de vista do pássaro. Para tanto, fizeram um buraco na árvore, vedaram-no com vidro, montaram uma barraca em torno do tronco e aguardaram. Finalmente, um calau veio fazer o ninho no interior, e durante nove semanas Alan permaneceu na barraca, filmando através do buraco todos os movimentos do pássaro. A intervalos regulares, Joan deslizava alimentos e suprimentos para ele, por uma abertura na barraca.

Baobab: Portrait of a Tree foi outro trabalho inovador, mostrando aos profissionais e leigos cenas que jamais poderiam imaginar e fazendo os executivos da Anglia darem-se conta do erro que haviam cometido ao abrir mão de Alan. "Foi com tristeza que lhe dissemos *au revoir*, mas sabíamos com certeza que não se deve impedir um talento verdadeiro de buscar seus próprios caminhos", declarou depois Colin Willock, redator-chefe da Anglia, nas memórias que escreveu sobre a série *Survival*. "E mais: estávamos absolutamente certos de que, mais cedo ou mais tarde, ele haveria de voltar."

Assim, quando chegou um telegrama da *Survival* para Alan, com apenas três palavras – "*Lassie come home*"* –, ele voltou com um contrato muito melhor e garantias de total controle criativo. "Vou aparecer nos créditos como cinegrafista/diretor/produtor", escreveu em carta para Anthony

* Referência ao filme de 1943 cuja trama gira em torno da cadela Lassie e suas aventuras ao tentar voltar para casa. (N.T.)

Smith. "Quero documentar as migrações no Serengeti, realizar um filme sobre as estações, filmar um cupinzeiro e alguma coisa sobre nós..."

Um de seus primeiros projetos ao retornar para a *Survival* foi sobre migrações no Serengeti, em que ele capturaria de sua maneira peculiar o fenômeno mais dramático da África: a migração anual de mais de um milhão de gnus através da savana. O casal já havia presenciado o evento muitas vezes e Joan assim o descrevera numa de suas cartas para a mãe:

> 24/8/71
> Estávamos do lado errado do rio e havia muito para filmar. Milhares de gnus ansiavam por atravessar a correnteza para se dirigirem a outras pastagens ao norte. De repente uma coluna inteira lançou-se nas águas. Logo em seguida, as margens escarpadas do outro lado ficaram tão esburacadas por seus cascos, que eles não podiam nem subir, nem voltar para onde estavam antes. Felizmente, nossa presença ali fez com que a coluna recuasse, caso contrário muitas centenas mais teriam entrado na água. Foi trágico vê-los serem arrastados para longe. Calculamos que em dois dias cerca de 500 se afogaram. Hoje existem 600 mil gnus no Serengeti e todo ano acontecem episódios dramáticos como esse.

Joan e Alan também haviam sobrevoado aquela maciça migração a bordo do *Oscar Charlie*, seu monomotor Cessna, com uma câmera fixada numa das asas gravando as planícies abaixo, negras com as trovejantes manadas. Mais tarde iriam sobrevoar a migração em seu balão de ar quente. O voo, como Joan descreveu depois, foi "provavelmente o melhor que já realizamos. Os animais lutavam e acuavam as fêmeas, e o balão fazia-os fugir por baixo de nós e invadir outros territórios, causando muitas marradas e choques de chifres. Aterrissamos a uns 50m de uma leoa que observava por sobre as extensões de relva. Nunca me canso de ver a migração: milhares de gnus, indo de um horizonte a outro." Para qualquer cineasta, a perspectiva aérea teria sido a melhor, provavelmente a única forma de filmar a migração. Não bastava, porém, para Alan Root, que perseguia mais do que uma simples panorâmica.

"OK, Alan. Prepare-se. Eles estão chegando!", gritou Joan por um walkie-talkie, meses depois, enquanto aguardava sob a copa de uma acácia e observava a nuvem negra de gnus em sua direção. Criativo como sempre, Alan saiu correndo da mata com uma câmera instalada sob um gigantesco casco de tartaruga, que colocou no caminho da manada, afastando-se às pressas. Ao assistir ao documentário, o espectador quase sente a força dos milhares de cascos passando acima e em torno da câmera – um incrível acontecimento cinematográfico, e um dos melhores filmes que o casal realizou.

* * *

Depois do sucesso desse documentário, os Root tiveram finalmente tempo e dinheiro para dedicar ao antigo sonho de Alan de sobrevoar o Kilimanjaro. Entusiasmado por se sentir tão próximo da meta, ele começou imediatamente a exercitar-se no balão. Nem tudo, entretanto, estava bem.

Na época, Joan se encontrava em Durban, África do Sul, numa das visitas que fazia regularmente à mãe. Aproveitara para consultar alguns especialistas sul-africanos sobre os efeitos prolongados da miastenia. A maioria dos sintomas – leve paralisia, pálpebras caídas, visão dupla – desaparecera. Um deles, porém, permanecia: sua menstruação não retornara. Tendo adiado a maternidade em função da carreira, Joan estava ansiosa por engravidar. Os prognósticos, contudo, não eram nada bons.

Ela queria ter filhos e sabia que Alan também. Acima de todas as suas preocupações, a que menos suportava era a ideia de desapontá-lo. Consultou diversos médicos e leu uma enorme quantidade de livros de medicina. Amigos conversaram em seu nome com especialistas em fertilidade do mundo inteiro. "Ela é uma mulher saudável, agora com 36 anos e sem filhos", escreveu um deles a um expert de Londres. "Em 1964 ela foi acometida de miastenia e mais ou menos um ano depois parou de menstruar. Pensou que poderia ser temporário, mas nunca mais menstruou ... Levando em conta sua idade e essa desvantagem, o senhor diria que as chances que ela tem de engravidar e ter um filho são superiores a, digamos, 10%? Conheço bem o casal e não quero complicar a vida deles com falsas esperanças. Estão casados há 12 anos e só recentemente começaram a desejar um filho."

Joan voltou para Naivasha com um categórico diagnóstico: jamais poderia ter filhos. "Ela consultou vários especialistas na África do Sul. Aparentemente, sua menopausa aconteceu há alguns anos", escreveu Alan para Anthony Smith. "Ela não menstrua desde que estivemos nas Galápagos e sentiu todos aqueles acessos de calor, que os charlatães locais disseram ser uma falha no controle da temperatura decorrente da miastenia. De qualquer modo, mesmo naquela época já seria tarde demais. Agora, certamente é." Ela simplesmente voltou, informou Alan do diagnóstico e retomou o trabalho.

"Imaginei que de alguma forma ela se sentia incapaz e que por isso não queria discutir o problema", recordou Alan. "Ela costumava dizer 'Não tem problema. Temos uma vida maravilhosa. Tenho todos esses animais que amo e é o bastante'. Eu sempre quis ter filhos, mas entendi que seria impossível. Nenhum de nós se sentia realmente a fim de partir para a adoção, o que, aliás, naquele tempo, era muito difícil, ainda mais num país daqueles. Era um pesadelo, é verdade, mas nunca tinha sido algo que perseguíssemos obstinadamente. Vivíamos uma fase ótima e nos sentíamos realizados com o que fazíamos; isso era tudo."

"Ela era uma garota do Quênia", observou em outra ocasião Oria, a mulher de Iain Douglas-Hamilton, amigo de Joan e Alan. "Espera-se que todas sejam inteligentes e lindas, boas esposas e amantes... – tudo. E se ela dedica muito tempo a ajudar o marido, a maternidade tem que ser adiada. Em determinado momento, contudo, ela já não podia ter filhos e então resolveu transferir aquele amor para os animais."

Apesar de aparentemente aceitar a situação, enquanto digeria a perspectiva de seu futuro sem filhos Alan se sentia cada vez mais dilacerado. "Estou realmente muito confuso nestes últimos dias", confidenciou numa carta a Anthony Smith, em que falava sobre outra mulher que entrara em sua vida. "E tudo porque ainda não fui capaz de resolver minha situação doméstica, acho eu. X [a outra mulher] continua sendo uma enorme força em minha vida." Ele estava dividido não só entre dois amores, mas também entre seus desejos mais fortes: ser um grande cineasta e ser pai.

"Toda essa maldita confusão é obra minha", declarou. "Desde que a conheci, parece que ando produzindo um conjunto totalmente diferente de hormônios. Sou louco por crianças e quando vejo uma arrepio as penas feito uma galinha doida. Comprei um Land Rover outro dia – ultimamente ando com mais dinheiro do que juízo – e não consigo imaginar outra pessoa dirigindo-o, senão Joan. Mesmo assim, quando fui buscá-lo, vi uma família entrando num deles. A visão de um menino de uns três anos tentando subir, segurando-se e rindo, me trouxe lágrimas aos olhos e não consegui imaginar outra pessoa ajudando-o a subir senão X."

Joan, por sua parte, mostrava-se estoica e otimista como sempre sobre o futuro de ambos. Durante a expedição de dois anos e meio para a filmagem dos gnus, pela primeira vez pareceu perceber sua capacidade, como revelou em carta para a mãe: "Estou conseguindo muito bem dar meus próprios passos e, convenhamos, já era tempo de deixar de ser um cachorrinho seguindo Alan."

* * *

Apesar das complicações conjugais, eles ainda formavam uma equipe imbatível e, de certa forma, tinham consciência disso. Embora no relacionamento pessoal navegassem em águas revoltas, o trabalho de filmagem proporcionava o cimento que os mantinha juntos. Um sonho de longa data continuava a pipocar na cabeça de Alan, inspirado na imagem que vira quando menino da janela de seu quarto: o Kilimanjaro, o pico mais alto da África. A montanha os chamava, como num desafio, e ambos começaram a planejar uma audaciosa missão. Enquanto se preparavam para aquele voo histórico, continuavam a administrar a companhia de safáris fotográficos que haviam fundado com seu amigo Richard Leakey. Leakey era filho de Mary e Louis Leakey, os famosos arqueólogos cujas descobertas de fósseis na garganta de Olduvai, na Tanzânia, provaram que o homem era muito mais antigo do que se supunha.

Pelas experiências que ele e Joan haviam tido em balões, Alan sabia que era a melhor forma de filmar do alto a vida selvagem – aviões andavam depressa demais, impedindo focalizar direito as cenas e helicópteros faziam tanto barulho que espantavam os animais. Um balão, porém, podia deslizar silenciosamente a uma altitude que permitia uma filmagem bem de perto.

Alan queria ser o primeiro a sobrevoar o Kilimanjaro num balão de ar quente. Depois de visitar uma exibição de balões em Henley-on-Thames, balneário inglês, e sobrevoar Peppard Common por cinco minutos, num dia nublado, ali mesmo ele comprou um. Quando o aeróstato chegou ao Naivasha, Alan e Joan o inflaram e voaram sobre o lago, que ficou sendo sua base de testes ou, mais precisamente, sua base de quedas.

"Quando se viaja num balão, não se tem a menor ideia de onde ou como aquele voo vai terminar", comenta em off a voz de Alan no filme *Safari by Balloon*, que ambos fizeram contando suas próprias experiências. "Todas as manhãs saíamos exatamente do mesmo lugar. Mas num dia aterrissávamos no meio da mata, tendo que esperar durante horas o resgate; no outro, podíamos descer em uma aldeia africana." Nesse ponto do filme há um corte para a cena em que crianças correm em ruidosa procissão em volta do balão. "Contamos com centenas de mãos muito dispostas, embora totalmente desorganizadas, para nos ajudar a voltar."

Alan explica então que tinha licença para conduzir balão, mas que era Joan quem deveria ter tirado uma. "Eu era o fotógrafo da família e sempre que queria filmar, tinha de passar o controle [do balão] para Joan. Em outras palavras, acabei tentando dar-lhe aulas de voo enquanto observava tudo pelo visor da câmera. E também ficávamos em situações difíceis porque, enquanto eu estava filmando, presumia que Joan estaria pilotando. E de repente nos víamos em circunstâncias como esta."

O balão desliza sobre o chão, em Maasai Mara.

"Pensei que você estivesse pilotando essa joça", diz Alan narrando, como se falasse com Joan.

"Não, você não disse para eu fazê-lo", responde ele mesmo, imitando a voz aguda de Joan.

"Não viu que eu estava filmando?"

"Desculpe. Não reparei. Estava fotografando", responde Alan, ainda simulando a voz de Joan.

"Tudo bem, mas agora fique abaixada no cesto. Essa mata é cheia de espinheiros. Segure-se. Lá vamos nós..."

E então... crás! Direto sobre as árvores, rodeados por elefantes e zebras.

"Logo, porém, Joan pegou o jeito, e começamos a ter bons resultados", Alan comenta, concluindo a sequência.

Quando ouviu rumores de que outras pessoas planejavam sobrevoar o Kilimanjaro num balão, Alan decidiu que *tinha de ser* o primeiro. A ideia era realizar o voo sozinho, por questões de peso: "Quanto menor a carga, melhor", diria mais tarde. "Mas sempre pensei em levar Joan e sabia que ela também queria ir, e, de fato, tê-la comigo fotografando enquanto eu filmava seria de grande ajuda."

Até o último minuto do dia da decolagem, Joan deveria fazer parte da equipe em terra. Ian Parker, o amigo deles, sobrevoaria o pico a bordo de um "avião pastor", de onde filmaria o balão elevando-se sobre a imponente montanha. A manhã do voo, porém, estava muito tranquila, permitindo que o balão suportasse mais peso. Então, no último instante, Alan gritou para Joan: "Pule para dentro!", e ela imediatamente saltou para o interior do cesto.

Às sete e meia da manhã de 9 de março de 1974, Alan e Joan, com gás suficiente para quatro horas de voo, estavam prontos para sua histórica missão. Alan acendeu o queimador e, em meio ao poderoso rugido, lançaram-se às alturas. "Subimos durante vários minutos envoltos em nuvens ... emergindo à luz do sol e diante de um panorama inacreditável", escreveu Alan em carta para Anthony Smith. "Os picos estavam límpidos e grandes colares de nuvens tornavam-nos ainda mais espetaculares do que normalmente."

"Subíamos pelo meio das nuvens, até chegar ao mais magnífico cenário que se possa imaginar", registrou Joan. "Subimos verticalmente junto ao pico Mawenzi, até ultrapassá-lo, e depois fomos tangidos pelo vento, exatamente na direção que desejávamos ... Foi um momento glorioso nas alturas."

Ao atingir 5.500m eles puseram as máscaras de oxigênio e elevaram-se acima das espirais geladas do Mawenzi, onde fortíssimas rajadas de vento quase os derrubaram. Alan realimentou o queimador e eles alcançaram 7.300m, passando muito acima do Kibo, uma cratera nevada de 2.400m de largura que assinala o cume do Kilimanjaro. "Era simplesmente *inacreditável* a beleza do cenário, daquele ponto privilegiado", escreveu Alan. "Apesar da temperatura de 20° abaixo de zero, não sentíamos frio nenhum." Não só eles se tornaram os primeiros a sobrevoar o Kilimanjaro de balão, como também puderam fazer filmagens da montanha.

E então, tudo que precisavam era descer. Assim que atravessaram o pico, Alan olhou para Joan e se deu conta de que algo estava errado. Ao tentar trocar o filme da máquina fotográfica, ela tremia, desajeitada, sem conseguir realizar aquela tarefa tão simples quanto rotineira.

"Não precisa ter tanto medo", exclamou Alan.

"Não estou com medo. Só estou me sentindo... esquisita."

Então ela deixou cair o filme no chão do cesto e não conseguiu sequer curvar-se para apanhá-lo; a preocupação de Alan transformou-se em alarme. Examinando a máscara de oxigênio, viu que o tubo se soltara do cilindro. Durante alguns minutos, Joan respirara o ar rarefeito de uma altitude de mais de 7km, e os sintomas de séria privação de oxigênio – desatenção, falta de julgamento, perda de coordenação motora – já estavam se mostrando. Alan restabeleceu o contato com o respirador e ela respirou fundo várias vezes. Em seguida, retirou a máscara, para que Alan pudesse ouvi-la claramente. Sacudindo o dedo, Joan ironizou-o por pensar que ela estivesse com medo. "Lembre-se bem, só estava me sentindo esquisita."

Desceram até o platô de Shira, a 3.600m, onde Alan planejava aterrissar. Suas quatro horas de gás estavam quase no fim. Mas ele não conseguia descer com a rapidez necessária e por isso teve de voar 20km adicionais, acima de gargantas abissais, altas montanhas e florestas. Alan aumentou a chama, e eles dispararam dos 3.500m de volta aos 5.500, em vertiginosa velocidade. Finalmente alcançaram as vastas planícies da Tanzânia, preparando-se para tocar o solo nos limites de uma floresta.

Alan então cometeu um grave erro. "Relaxei", ele recorda.

Já no último cilindro de gás, com os fortes ventos ameaçando derrubá-los sobre a floresta, Alan sabia que precisavam aterrissar imediatamente. Lançou para fora o cabo estabilizador de 60m de comprimento, que ajuda a manter o equilíbrio do cesto na descida. A corda, porém, embaraçou-se na queda. Exausto, Alan puxou-a novamente, desembaraçou-a e jogou-a de novo. Dessa vez, ela começou a se desenrolar do cesto cada vez mais depressa, tão depressa que Alan não teve tempo de reparar que estava enroscado nela. Quando a laçada apertou, seu corpo ficou pela metade fora do cesto. "Agarrei-me na borda, vendo meus óculos caírem girando várias vezes", recordou. "Alan!", Joan gritou, agarrando-o pela cintura e puxando-o de volta.

Quando se aproximavam da aldeia de Sanya Juu, perto da cidade de Moshi, para uma aterrissagem forçada, os habitantes comunicaram aquela visão incomum às autoridades. "Infelizmente, enquanto voávamos lentamente naquela direção, a polícia de Sanya Juu concluiu que estavam sendo *atacados*", escreveu Joan à mãe. "Telefonaram para Moshi pedindo instruções. Mandaram prender-nos assim que aterrissássemos."

"Peguei emprestado os óculos de Joan e aterrissamos, produzindo um tremendo baque", Alan relatou a um amigo. Foi sua pior aterrissagem até então: num campo cultivado, a 40m de uma casa e a 200m da estrada West Kilimanjaro. O cesto tombou de lado e os dois, bem como todo o equipamento, foram jogados para fora. Imediatamente acorreu uma multidão aos gritos. Jamais tinham ouvido falar em balão de ar quente, muito menos visto um aterrissar. Alan estava limpando a poeira dos equipamentos, quando percebeu um ruído que, como escreveu depois, "me deixou de cabelo em pé". Era o som frio e metálico de ao menos uma metralhadora sendo engatilhada. Uns dez policiais os cercaram. Mais tarde declararam ter desconfiado de que os balonistas fossem "astronautas espiões".

"Vocês estão presos", anunciou um deles.

Com os olhos fixos no gatilho da arma, Alan só teve um pensamento: salvar seu filme. Naquele exato momento, a equipe de terra dos Root chegou ao local. Alan então argumentou com um dos policiais: "Olhe, nós caímos, e minha mulher está passando mal. Será que ela poderia ficar no carro, enquanto conversamos?"

"Tudo bem", respondeu o oficial.

Alan dirigiu a Joan um olhar que ela entendeu perfeitamente. Não fora em vão que haviam passado todos aqueles anos juntos na mata, em silêncio. Ela pegou a câmera das mãos dele e foi para o carro, onde retirou o filme e o escondeu. Em seguida, carregou outro rolo na máquina. Pouco depois, todos foram conduzidos ao posto policial da cidade, onde, como escreveu Joan, "passamos 11 horas tentando explicar nossos motivos de querer voar sobre a montanha em um balão!" Finalmente, levaram-nos para Moshi, onde o chefe de polícia, que sabia o que era um balão de ar quente e o que significava aquele voo, declarou que eles podiam ir embora, mas que teria de confiscar o negativo da câmera.

"Simulei um protesto furioso", Alan observou, "mas de nada adiantou. Disseram que iriam ver o filme e depois me devolver, se não mostrasse nada proibido ... Só começamos a rir quando já estávamos bem longe de Moshi." Mais uma vez Joan salvara não só ele como também seu mais ambicioso projeto até então.

Em 1974, Jacqueline Kennedy Onassis foi fazer um safári no Quênia e, como amigos recomendaram Alan e Joan, contratou-os. Chegou ao Naivasha acompanhada dos dois filhos, Caroline, então com 16 anos, e John, com 13, além de um pequeno grupo. Para evitar publicidade, Jackie preferiu ficar na casa dos Root. Entretanto, não considerando adequado hospedar a ex-primeira dama num lar em que também viviam gatos selvagens e um hipopótamo, o casal a instalou na residência de um vizinho.

À noite, Jackie e os filhos assistiram aos filmes de Alan e Joan e alimentaram os animais. Depois de alguns dias com safáris por terra, Alan decidiu levar todos no balão. O primeiro voo, com Alan e mais cinco crianças no cesto, decorreu bem. Na manhã seguinte, ele levou Jackie e um guia, Jock Anderson, naquilo que deveria ser uma ascensão perfeitamente idílica sobre o Naivasha e seu promontório, a ilha Crescent, a grande altitude, para que Jackie pudesse perceber toda a extensão daquele glorioso lago e os vulcões adjacentes. Como de costume, Joan os seguiu no Land Rover, para resgatá-los. "Eu os observava da estrada principal e me aborreci quando um repórter e um fotógrafo da *Newsweek* me reconheceram e pediram que os deixasse vir comigo, a fim de fazer fotos [de Jackie]", ela informou sua mãe.

Quando Alan estava para aterrissar no campo de pouso do Naivasha, teve de sobrevoar um incêndio florestal. A fumaça atingiu o balão, que perdeu altura e começou a mergulhar em direção aos barracos de uma favela chamada Karagita. Alan e Jackie dirigiam-se diretamente para os fios telefônicos. "Eu sabia o que ia acontecer, quando parei o carro e corri pelo milharal. Estava bem por baixo deles quando o cesto atingiu os fios", continua a carta de Joan. O cesto não bateu simplesmente: ele *arremeteu* contra a fiação, encurvando as traves do aeróstato e rompendo os fios que o prendiam ao cesto.

De cabeça para baixo, o cesto ficou todo emaranhado nos fios. Alan gritou para que Jackie e Jock se mantivessem no fundo, segurando-se nas cordas. "Tudo que pude fazer foi ficar observando o cesto cair os últimos 3m, tombando de lado, e os três saírem engatinhando lá de dentro." Alan não se machucou; Jock perdeu o fôlego; e Jackie sofreu apenas um ferimento leve no pé. "Ela ficou muito calma o tempo todo, embora abalada, e gostou muito do voo, apesar daquele final", prosseguiu Joan na carta para a mãe.

O que Alan disse à ex-primeira dama a respeito da aterrissagem forçada perdeu-se no tempo. Era bem próprio dele provocar até mesmo os hóspedes mais importantes. Nessa época, ao retornar de alguma viagem, ele gostava de voar no *Oscar Charlie* para casa, atravessando o Hell's Gate, um Grand Canyon em miniatura próximo ao Naivasha. Pouca gente seria louca o bastante para tentar a façanha: o desfiladeiro é tão estreito que mesmo as asas de um avião pequeno quase arranham suas muralhas rugosas. Alan, porém, adorava passar por ali, sobretudo quando levava passageiros. Informava-lhes então que ninguém mais se atrevia a atravessar o Hell's Gate, a não ser seu amigo Iain Douglas-Hamilton. Quando um dos passageiros perguntou o que aconteceria se os dois resolvessem voar pela garganta ao mesmo tempo, Alan respondeu: "Muito simples." E explicou – segundo matéria publicada no *New Yorker* – que, se os dois aviões se deparassem, o combinado era Iain subir e Alan descer. Ou seria o inverso? E enquanto Alan fingia esquecimento, o passageiro, assustado, "ficou rígido como uma pedra e olhando fixamente para frente" durante todo o restante do passeio.

Ele, porém, não blefava sobre ele e Iain. Como lembra Mike Hay, colega de Alan e Joan na série *Survival*, "certa tarde de domingo, no Naivasha, Alan sugeriu casualmente que fizéssemos um voo recreativo, para ver os flamingos no Lago Magadi".

> Decolamos preparados para o que se prenunciava uma agradável tarde turística, porém no mesmo instante vimo-nos a altitude zero, com galhos espinhosos chocando-se contra o fundo do avião. Ao passarmos pelos penhascos ao norte, antes de entrar na garganta do Hell's Gate, despencamos como uma pedra durante a manobra. Então, olhando para cima, pude ver os rochedos da curva seguinte, à esquerda, se aproximando. O desastre parecia iminente. Eu estava à beira de molhar minhas calças. Como se aquelas já não fossem emoções suficientes, enquanto Alan executava uma curva incrivelmente fechada, com as rodas quase raspando nas rochas, o rádio informou em meio à estática que o Barão Vermelho estava vindo em nosso encalço, e então outro Cessna se precipitou sobre nós dentro do abismo. Uma imitação de som de metralhadora acompanhou aquela manobra e revelou-se que o Barão Vermelho não era outro senão Iain Douglas-Hamilton. Os dois ases da aviação prosseguiram naquele tortuoso combate, o tempo todo, através do Hell's Gate. Descobrimos depois que o duelo fora combinado. A certa altura, olhei por cima do ombro, para onde Joan estava sentada, no banco de trás, absolutamente serena, se bem me recordo, tricotando tranquilamente um interminável suéter. Sua única reação foi sorrir para mim, solidária, em face de meu terror.
>
> Provavelmente, aquilo caracterizava o relacionamento deles. Joan jamais parecia embaraçada com o prazer que Alan sentia em ultrapassar os limites,

e isso mantinha-o saudável e satisfeito, quando em qualquer outro casamento a mulher invariavelmente teria insistido com ele para que parasse com aquele comportamento "irresponsável". Joan não o apoiava por indulgência – simplesmente sabia que ele *tinha* de fazer esse tipo de coisas.

Na verdade, ele tomava essas atitudes porque sabia que o mundo que amava estava desaparecendo diante de seus olhos. Como observado em entrevista anterior com Alan, num jornal, "ele também compartilha, com seus colegas cineastas, a crença de que, caso não aconteça um milagre, a vida selvagem e a natureza do planeta já estão condenados. 'Sou muito cético em relação ao assunto', declara Root. 'Vivi na África toda minha vida de adulto, e simplesmente testemunhei-a se desfazendo pouco a pouco. É como conviver com alguém morrendo de câncer.'" Esta última frase se demonstraria profética, embora ele não pudesse ainda sequer desconfiar.

Todas as vezes que Alan aterrissava com *Oscar Charlie* no campo do Naivasha, Joan já estava pronta – com comida, suprimentos, roupas, certidões, licenças, vistos – para qualquer possível viagem para a *Survival*.

O balão logo estava também proporcionando novos lucros. Em 3 de junho de 1976, eles transformaram sua experiência do assunto numa nova empresa, com o voo inaugural da Safáris de Balão Ltda., especializada nos primeiros passeios aéreos turísticos do tipo sobre as grandes extensões de terra que abrigavam animais selvagens, no Quênia e na Tanzânia. Novamente, Joan ajudava com as providências prévias, como também com os livros de contabilidade. Os filmes, todavia, mantinham-se prioritários.

CERTAMENTE AS TOMADAS NO KILIMANJARO fariam muito sucesso, mas Alan sentia que precisava de algo mais para completar o filme. Ele queria "cenas de ligação", novas filmagens com momentos emocionantes de aventura, para unir as sequências.

Retornaram, então, ao manancial Mzima, esperando conseguir algumas tomadas emocionantes de ambos nadando em meio aos hipopótamos que, mais uma vez, se mostraram muito cooperativos – a não ser um deles, de hierarquia inferior. Esses espécimes nunca se mostram tão simpáticos como os dominantes do bando; aquele se afastou depressa, depois de ter visto Joan e Alan, agitando tanta lama e excrementos que os dois passaram a mal se enxergar e muito menos ao animal, que se detivera para poder avaliá-los de longe. Quando percebeu as bolhas saindo do equipamento de mergulho, a fera de 1.300kg atacou rangendo os dentes, abrindo a boca e sacudindo o corpo de um lado para o outro na água lamacenta.

Joan era a primeira no trajeto do animal, que bateu no lado direito de seu reservatório de ar, depois mergulhou o enorme focinho por debaixo dela e a lançou para o alto, com a facilidade com que ergueria um passarinho. Ao cair e afundar de novo, Joan percebeu que a água estava penetrando o bocal do respiradouro e subiu para limpá-lo. Tudo aconteceu tão rápido que só depois ela se daria conta de que um canino do hipopótamo havia perfurado sua máscara, logo abaixo do olho direito. Alguns centímetros mais acima poderiam ter significado a perda do olho, do rosto, ou mesmo do crânio.

Em seguida, a fera se voltou para Alan, e dessa vez o ataque foi mais violento. A primeira pancada fez Alan rodar, ficando de barriga para cima. Na segunda investida, relata Alan, "minha perna direita estava dentro de sua boca, e eu realmente *podia percebê-lo*".

O sangue foi se espalhando em todas as direções. O hipopótamo balançava a enorme cabeça para cima e para baixo, sacudindo Alan "como se fosse um rato", lembrou ele. "Eu estava plenamente consciente de cada detalhe ... ele prendeu a minha perna entre os dentes, de modo que o canino esquerdo começou a retalhar minha panturrilha. Enquanto o pé e o calcanhar ficavam entre seus molares, eu podia sentir os pelos de seu queixo por trás da coxa." Alguns momentos depois, o hipopótamo largou-o e se afastou nadando. Alan permaneceu debaixo d'água até achar que a margem ficara livre. Quando finalmente subiu à tona, Joan estava em pé a uns 6m de distância.

"Meu Deus! Fui mordido!", gritou. Joan também gritou e começou a vir em sua direção.

"Não!", berrou Alan. "Saia da água!"

Ele nadou então, em meio ao próprio sangue, lembrando-se do crocodilo de 3m que os perseguira decididamente na semana anterior. Joan e Alan foram levados até um abrigo próximo, onde conseguiram carona num Land Rover até a cidade de Kilaguni; dali embarcaram num avião de volta a Nairóbi. Em menos de três horas, ele já se encontrava num cenário bem conhecido seu: a enfermaria de acidentados do Hospital de Nairóbi. Em 24 horas, o grande buraco aberto em sua panturrilha, que descrevia alternadamente como "do tamanho de um hambúrguer" ou "de tamanho suficiente para se enfiar dentro dele uma garrafa de coca-cola", foi tomado pela gangrena.

Em carta, Alan descreveu para os amigos sua recuperação:

> Tive algumas febres espetaculares. Já acontecera outras vezes ter de trocar os lençóis, quando suava muito, mas nunca o colchão inteiro! E, entre as crises de suor, era necessário um cobertor elétrico para me manter aquecido. Depois de três dias, 8 litros de cloreto de sódio, 4 litros de sangue e muitos milhões de unidades de penicilina intravenosa ... fui declarado ok.

Duas semanas mais tarde ele deu início a uma série de dolorosos enxertos de pele, tirada de "minha nádega direita", como revelou a um amigo. "Equilibra bem a mordida de leopardo que tenho do outro lado, mas, infelizmente, vai ser apenas uma pequena cicatriz, que nem vale a pena mostrar."

Quando tudo acabou, entretanto, ele guardou de lembrança uma cicatriz gigantesca e malhada na panturrilha. Grande e feia, decididamente essa valia a pena mostrar.

Preso ao leito em Naivasha durante três meses, Alan teve tempo suficiente para planejar o projeto seguinte. Seria algo diametralmente oposto a muitos de seus característicos épicos com grandes céus, grandes manadas, grandes montanhas e grandes perigos. Dessa vez, o alvo dos Root seria pequeno – na verdade, microscópico. Decidiram passar um ano documentando cupins, num daqueles altos e estreitos montes de barro de quatro metros de altura que os insetos constroem para incubar as crias em total escuridão.

O território dos cupins ficava bem a oeste do lago Baringo, na região norte do Quênia, onde, no início de cada estação chuvosa, os insetos, em nuvens, deixavam as estruturas de barro, através de minúsculas aberturas, e voavam para formar novas colônias. A fim de encontrar o monte melhor e mais fotogênico, Alan ficava sobre a capota do Land Rover, apontando a câmera em todas as direções, enquanto Joan conduzia o jipe, segundo suas orientações, até o próximo candidato. Estabeleceram-se num desses e ficaram noites seguidas observando aquelas incubadeiras, acampados perto da área da tribo pokot, cujos membros costumam comer térmites com sangue de boi. Verdadeiras maravilhas da arquitetura em barro, os cupinzeiros são bem mais altos do que uma pessoa. Dentro de cada um floresce um diminuto universo, com uma complexa ordem social. Os Root esperaram semanas para documentar o clímax do projeto, o nascimento de uma nova ninhada. Quando aconteceu, simultaneamente em várias colônias da região, eles estavam prontos para entrar em ação, mas justamente naquele que eles cercaram de câmeras e lâmpadas a nova geração não apareceu. Observando a grande atividade que ocorria a sua volta, Joan postou-se com sua lanterna procurando ao redor alguma coisa, qualquer coisa para Alan filmar, enquanto uma gigantesca nuvem daquelas criaturas cobria seus cabelos, ouvidos e boca.

Na noite seguinte uma tempestade encharcou o equipamento de iluminação, danificando as luzes especiais para iluminar e proteger os cupins sensíveis ao calor. Na terceira tentativa conseguiram filmar uma ninhada nascendo numa colônia, do início ao fim. O filme descrevia as térmitas aladas como "príncipes e princesas que, como Cinderela, vivem uma noite mágica antes de retornar à escuridão e ao trabalho árduo". Querendo registrar o interior do cupinzeiro, Joan e Alan transportaram partes dele para uma casa de fazenda, onde puderam filmar os intrincados compartimentos internos, incluindo o da rainha, que punha 30 mil ovos por dia. "Com dois centímetros e meio de comprimento, tão grossa quanto o polegar de um homem, essa grotesca criatura avulta sobre os operários que a assistem. Ao lado de sua rainha, os operários se assemelham a uma equipe de terra manejando um balão meio inflado." Usando lâmpadas próprias de salas de cirurgia para iluminar as câmaras parecidas com favos de mel, eles filmaram tudo, desde os jardins de cogumelos no interior do monte, até o sistema de ventilação e os diminutos insetos alimentando suas crias mais diminutas ainda. "Ninguém pode imaginar quantas horas levamos para fazer cada sequência", Joan anotou.

Os executivos da Anglia ficaram loucos pelo filme, ao qual deram o título de *Mysterious Castles of Clay*. Todos se emocionaram quando Orson Welles, o ícone hollywoodiano, assinou contrato para narrar a versão americana. O trabalho recebeu o Prêmio Peabody e indicação para o Oscar pelo Melhor Documentário de 1978.

O escritor John Heminway, amigo de Alan e Joan, manifestou por escrito sua admiração:

> Artisticamente, *Castles of Clay* é tão majestoso quanto *The Year of the Wildebeest*. Além disso, é impregnado de mistério: são mundos ocultos à visão humana, vidas dentro de vidas. Um crítico do *Manchester Guardian*, que costuma ser extremamente mordaz, foi além do louvor usual: "Meu interesse pelas térmitas é bastante limitado. No entanto, acredito que *Castles of Clay* seja o mais belo filme de história natural que já se fez. E, como esse também poderia parecer um elogio limitado, vou colocá-lo entre os mais belos filmes que jamais vi, e ponto final."
>
> E aqui está a essência do filme de Root: por baixo de um objeto aparentemente inanimado, camufla-se o quartel de comando de uma forma de vida altamente sofisticada. Fica-se tentado a concluir que, comparados às térmitas, os seres humanos são tão desinteressantes quanto a lama de um rio...

Paciência – era esse o segredo deles. "Às vezes vamos lá dia após dia e não conseguimos filmar nada", disse uma vez Alan a um repórter de revista. "É como fazer uma aposta." O cineasta e sua equipe – composta apenas de sua mulher – contentavam-se em esperar a performance dos animais, por mais tempo que pudesse exigir, rugindo seu Land Rover por toda a África, ouvindo gravações de Neil Diamond e lendo best-sellers de Harold Robbins, enquanto o mundo natural jorrava vida por toda a volta deles. Passaram dois anos filmando as modificações periódicas do baobá, para o filme *Baobab: Portrait of a Tree*. Outros dois anos à espera de que o calau retornasse ao ninho, na árvore. Durante 30 noites aguardaram o nascimento das crias dos cupins.

"É possível que os Root sejam os últimos de sua espécie", escreveu sua amiga Delta Willis. "A rápida intrusão da civilização na selva africana significa que 'vai ser muito mais difícil para a próxima geração viver uma vida assim', diz Alan. Essa é uma das razões por que ele e Joan planejam passar a maior parte da década, 'os anos mais produtivos de nossas vidas' ... filmando o luxurioso mundo animal que em breve poderá desaparecer."

Alan e Joan, por si, eram tão fascinantes – e amados pelo público – quanto os animais que filmavam, e seus patrões tinham inteira consciência disso. Eram tantas as vezes que ouviam a pergunta "como, diabos, vocês conseguiram fazer esta ou aquela tomada impressionante?", que Alan resolveu responder por meio de uma "coletânea" de seus maiores sucessos, complementado com filmagens de sua extraordinária vida em casa, no lago Naivasha. O filme seria lançado no Reino Unido com o título *Two in the Bush* e, mais tarde, nos Estados Unidos como *Lights! Action! Africa!*

Como sempre, Alan quis ultrapassar os limites, principalmente num projeto sobre eles mesmos. Foi por isso que em 1980 eles se viram de volta ao lago Baringo, procurando e recolhendo o animal que os ajudaria a produzir a *pièce de résistance* de seu novo documentário: a naja, que pode "cuspir" seu veneno à distância. Estavam à procura não de *qualquer* naja, mas especificamente de uma com o pescoço preto. E também não bastaria uma simples naja de pescoço preto; não para um filme de Alan e Joan Root. Tinha de ser uma grande e raivosa, capaz de lançar um jato de peçonha com a força de uma mangueira de jardim.

Com a ajuda de alguns caçadores europeus e africanos, Joan e Alan recolheram seis "boas cuspideiras", segundo Joan. Alan teve uma ideia para a tomada perfeita: fazer a cobra cuspir *sobre Joan*. Naturalmente, Joan aceitou a história tranquilamente, mesmo sabendo que as serpentes miram os olhos da vítima e o veneno causa cegueira se não for imediatamente removido. Ela comprou um par de óculos com lentes antirreflexo, para que a cobra pudesse ver melhor seu alvo: dois grandes olhos de boi, colocados sobre seu lindo rosto.

Das seis cobras, a escolhida foi "uma imensa, com muitas escamas acima dos olhos", segundo Joan. Alan segurou-lhe o pescoço e lhe retirou a venda, e, quando ela atacou as caixas de luz e tentou morder o equipamento de filmagem, eles compreenderam que tinham descoberto a cobra perfeita para uma monumental tomada.

Alan colocou-se por trás da câmera, Joan caminhou para o centro do cenário e... *Ação!* – Sentindo-se segura por trás dos óculos, ela começou então a dançar, meneando o corpo para frente e para trás, fazendo a cobra acompanhá-la. Uma vez que a luz precisava ser exata, a fim de iluminar o jato em toda sua glória, eles mantiveram-se a pouco mais de um metro em relação à cobra. Alan e um assistente postaram-se de um lado, com Joan do outro. Enfurecida com as pessoas cercando-a, com a crista eriçada, a serpente ergueu-se até sua altura máxima de um metro, e proporcionou a grande sequência do filme.

Foi fantástico. O jato parecia uma corrente de ouro puro, em contraste com a ensolarada savana africana. Como tinham planejado, o veneno foi parar diretamente nos óculos de Joan. E como também era previsível, parte dele atingiu seus olhos.

Calmamente, ela recuou alguns passos, pegou um lenço, limpou os óculos e secou os olhos. Depois, perguntou se seriam necessárias novas tomadas.

De fato, seriam. Várias vezes eles realizaram a sequência, e em todas elas a peçonha atingiu o alvo. E, a cada uma, com toda a calma, Joan recuava para limpar os óculos e os olhos, que ardiam cada vez mais. "Alan diz que eu estou parecendo uma gueixa, com o rosto muito branco e os olhos inchados e vermelhos – e isso aparece no filme", escreveu ela, orgulhosa, para a mãe. Por sorte, não houve dano duradouro para sua visão.

Os Root já eram famosos na África e na Grã-Bretanha. Em 1981, expandiram sua influência para os Estados Unidos. Com *Lights! Action! Africa!* programado para ser exibido na CBS, com patrocínio da Kraft Foods, o casal voou de Nairóbi a Nova York para uma turnê nacional de publicidade. "Conversamos com um número incalculável de repórteres, que estavam redigindo histórias sobre nós para revistas e jornais", registra uma carta de Joan para a mãe. "Almoçamos nos restaurantes mais famosos da cidade. Logo me acostumei e comecei também a participar das conversas, embora Alan se mostrasse muito bom para responder às perguntas e dar uma boa história para os leitores, fazê-los compreender que não enfrentávamos riscos que não fossem calculados e que deveriam levar nossas filmagens a sério. Claro, todos eles queriam ouvir sobre o ataque do hipopótamo e a sequência da naja."

Eles apareceram ao vivo no programa *Today* e, em sua suíte de hotel, responderam às perguntas de "mais ou menos 30 equipes de reportagem e de entrevistadores das estações afiliadas de todo o país", Joan registrou. Depois de seis dias sendo entrevistados em Manhattan, eles voaram para Chicago e depois para Los Angeles, onde participariam do *Tonight Show*, de Johnny Carson. Sua presença, entretanto, foi cancelada quando os produtores de Carson, da NBC, se deram conta de que estariam promovendo um documentário da CBS.

Não fez mal. Como Joan relatou a sua mãe, "nosso filme foi exibido em 1º de julho pela CBS ... e liderou a audiência, embora estivéssemos concorrendo com *As panteras*". Resenhas entusiásticas choveram de todas as partes dos Estados Unidos. Os fãs escreviam cartas. A Kraft Foods queria uma continuação. Porém *Two in the Bush* foi um "exercício único para nós", Joan observa. Sua missão era glorificar não eles mesmos, mas a África, para onde voltaram, portanto, a fim de continuar filmando seus vários aspectos.

Os excertos seguintes são do roteiro de *Two in the Bush* e podem demonstrar o motivo pelo qual esse filme tornou-se o mais conhecido dos Root.

Ext. Chuva torrencial nas selvas do Quênia

Alan Root, *recarregando sua câmera*

Locutor (voz off): Todos nós já ouvimos falar da paciência necessária para se filmar a vida selvagem.

Uma xícara vermelha sobre umas pedras, perto da câmera de Alan, enche-se rapidamente com grossas gotas de chuva, diluindo o chá.

Locutor: Mas como é de fato essa vida?

A esguia mão de Joan entra em quadro, pega a xícara vermelha e troca-a por outra, coberta com um pires que a protege da chuva.

Locutor: Alan Root, que com certeza conhece a resposta, diz que para ele e sua esposa, Joan, a vida é muito variada. (Pausa.) Como qualquer outra pessoa, ele tenta manter-se em forma.

Alan correndo ao lado de elefantes.

Locutor: Tenta estar sempre limpo.

Alan tomando banho num rio perto de um touro africano.

Locutor: E tenta manter uma rotina.

Joan sai rapidamente de um banheiro ao ar livre, jogando um rolo de papel higiênico numa leoa, que dá um pulo e foge.

Locutor: Alan Root e Joan são reconhecidos como os melhores cineastas nessa área. Observe-os.

Filmado por um cinegrafista assistente, Alan surge correndo em um descampado, carregando um enorme casco de tartaruga com uma câmera em seu interior. Logo os gnus irão aparecer. Joan está num galho alto de uma grande acácia-amarela.

Joan: Ok, Alan. Prepare-se. Eles estão chegando. Pronto? Vai!

Alan aperta um botão e a filmagem começa. Vemos a tomada de dentro do casco.

Locutor: Se isso pareceu fácil, é porque não lhe mostraram as muitas tentativas que não deram certo, durante semanas. Porém foi simples, se comparado com muitas outras cenas que os Root conseguiram capturar em película. (Pausa.) Então, como é a vida na selva para esse casal incomum? …

Por muitos anos os dois foram apenas cinegrafistas, enviando imagens que outras pessoas transformavam em filmes. Então, em 1967, eles realizaram um documentário para a *Survival* sobre as ilhas Galápagos, que teve première para a família real, recebeu prêmios e possibilitou aos Root tornarem-se independentes, podendo, então, fazer o que quisessem, ou seja, cometer os próprios erros, juntamente com os acertos.

EXT. RIO. DIA

Alan emerge da água com folhas de papiro atadas à cabeça e esconde-se atrás do barco, igualmente camuflado, que flutua em meio ao manancial Mzima.

LOCUTOR: Alan é viciado em adrenalina. Ele adora essas situações em que o perigo e o medo coexistem em perfeito equilíbrio. Um projeto só é interessante se as chances forem contra ele. A filosofia de Joan é mais simples: se Alan vai fazer essas coisas, é menos preocupante e muito mais divertido fazê-las a seu lado.

(*O filme prossegue mostrando pássaros voando em bandos sobre a casa do Naivasha; um antílope comendo os legumes que Joan corta, no balcão de sua cozinha; Joan lendo na cama ao lado de um lince; um guepardo saltando sobre a capota de seu Land Rover; e cenas de Alan e Joan sobrevoando a África em seu avião e seu balão.*)

EXT. PAISAGEM AFRICANA. DIA

Alan e Joan, correndo a toda velocidade através da mata.

LOCUTOR: ... mas, acima de tudo, eles têm profunda compreensão e amor pelos animais que filmam e também pela África. E irão precisar de todas essas qualidades no futuro. Muito de sua África está desaparecendo rapidamente. Seus filmes, e outros semelhantes, têm procurado mostrar ao mundo a trágica perda que será. Alan e Joan continuarão filmando; continuarão também compartilhando seu assombro e sua compreensão. E quem melhor do que eles para registrar, em todos os tempos, como costumava ser a África?

Eles formavam uma equipe, e o que fizeram juntos na selva exprimia profundamente sua devoção. Apesar das infidelidades de Alan, sua ligação mais profunda foi sempre – e, aparentemente, sempre será – com Joan. O que tinham juntos era mais profundo do que o amor. Era música. Duas pessoas movendo-se em conjunto, em absoluto silêncio, comprometidas com o único objetivo de filmar aqueles animais.

"Podiam passar vários dias sem dirigir uma palavra sequer ao outro, pois se conheciam de forma muito íntima", comentou John Heminway, que frequentemente viajava com eles. E lembrou-se de certa vez, seguindo de carro com eles pela mata à procura de guepardos, quando de súbito surgiu um diante deles.

> A maioria das pessoas teria dito "Pronto, eis aí um!"; Joan, porém, com aqueles seus extraordinários olhos e um levíssimo movimento de mão fez Alan *compreender.* O carro parou, sucedendo-se várias tomadas fotográficas do felino. Era assim que eles trabalhavam, com uma agradável linguagem, que interpretei como amor.

O mesmo acontecia quando eles retornavam a seu estúdio e santuário, no Naivasha: duas pessoas em silenciosa harmonia, trabalhando com os mesmos objetivos. Se pudessem ter permanecido na selva ou em sua casa no Naivasha... Mas um filme envolve edição, pós-produção, promoção... e também o ego. E Alan Root possuía um "extraordinário ego", recorda John Heminway, comparado com o de Joan, simplesmente inexistente. "Ela era uma dessas pessoas fora do comum, que não querem atrair atenção. Seu prazer era simplesmente estar ali e relacionar-se com a vida selvagem. Se chegasse em sua casa algum mangusto ferido, trazido pelo príncipe Philip, ela faria uma breve mesura e pegaria o pequeno carnívoro, que seria o centro de sua atenção. Ela se sentia melhor com os animais, fosse interpretando ou antecipando seu comportamento."

Alan, pelo contrário, sentia-se bem não só com os animais, mas também com as pessoas, como acontece, aliás, com a maioria dos astros. Heminway recorda uma de suas brincadeiras mais comuns: "Olha aqui, John, abra sua mão", disse certa vez e, quando John obedeceu, deixou sobre a palma aberta um grande escorpião marrom e afastou-se às gargalhadas.

"Joan deu apenas uma risadinha", lembra Heminway. Ele também adorava jogar seu avião contra os outros para ver quem desviava primeiro, em uma ocasião obrigando Heminway a baixar tanto, que quase arrancou as cabeças de uns babuínos no delta do rio Tana.

Passageiro contumaz no avião de Alan e Joan, Heminway lembra do espírito de vale-tudo do amigo:

> Se ele avistasse duas palmeiras, era certo propor "E se passássemos entre as duas?", ao que eu provavelmente responderia "Alan, isso não vai dar certo!"; então ele murmuraria "Droga" e, em seguida, baixaria a asa direita, elevando a outra e pisando no reverso dos pedais – essa manobra chama-se *crabbing* – para passarmos entre as duas palmeiras, rente, muito rente às palmas.

Heminway também recorda outro voo, sem Joan, quando Alan avistou uma belíssima mulher à beira de uma piscina de hotel, no Serengeti. E fez o avião mergulhar tão baixo, a fim de observá-la melhor, que quase se chocou com a água. Sua necessidade de estímulos, de experiências sempre novas e excitantes, estendia-se a todas as facetas de sua vida e não só aos perigos alimentados pela adrenalina. Aparentemente ele precisava sempre de novas plateias a fim de se sentir vivo.

NO FINAL DOS ANOS 70, um amigo presenteou Joan com um diário, em que ela passou a registrar tudo, em seu estilo claro e fluente. Nele escreveu sobre George Adamson, o marido idoso e cabeludo de Joy Adamson, autora de *A história de Elza*, que ela e Alan visitavam regularmente – ali, depois dos aperitivos e do jantar, protegido apenas por uma cerca de arame farpado, George chamava os leões por um megafone vermelho e depois saía de seu cercado para alimentá-los com carne de camelo. Joan descreveu como, numa dessas visitas, o irmão de Adamson, Terence, foi atacado por um dos felinos e, depois que ela e Alan o trouxeram de volta do hospital de Nairóbi, todo suturado, o mesmo animal resolveu persegui-la. "Ainda estava com sangue no queixo e muito agitado." Mas ela não teve medo.

Escreveu também sobre aquela casinha perfeita, onde a grama crescia tão verde que chegava a "doer na vista", uma casa eternamente cheia de amigos e parceiros, de uma vida cheia de tanto amor e tantos animais, que às vezes ela imaginava que explodiria de tanta felicidade. Em todas as linhas do diário estava Alan: o forte, inteligente, belo, engraçado, talentoso e adorável Alan.

É verdade que, vez ou outra, ele se desviava do curso, mas, como profetizado muitos anos antes pelos karamojongs, sempre voltava para ela. Sempre até certo dia de verão, em 1982. Joan e Alan estavam cedendo a casa do Naivasha para o casamento da filha de Ian Parker, seu amigo íntimo quando, de repente, apareceu uma mulher, da qual Alan iria achar difícil – e logo impossível – se desvencilhar.

Capítulo 5

"Um típico casamento queniano", comentou Ian Parker sobre as núpcias da filha, celebradas na casa dos Root em 21 de julho de 1982. "Típico" naquele contexto significava aviões chegando de Nairóbi, convidados dormindo em barracas no amplo pátio dos fundos da casa, além de todo tipo de diversão. Quando o sol começou a desaparecer por trás das Aberdares, Alan, já completamente bêbado, estava em cima da cobertura de lona de uma das barracas que servia de bar, junto com um jovem grandalhão chamado Jamie Roberts, desafiando-o de brincadeira para uma luta, enquanto a multidão de convidados torcia animadamente.

"Ele não é fantástico?", exclamava efusivamente uma mulher que observava o espetáculo. "E é tão maravilhoso com as crianças!" O nome da mulher era Jennie Hammond, e ela era tudo o que Joan não era. Enfermeira, ceramista, psicóloga, extremamente extrovertida e segura de si. Mãe dedicada, tinha dois filhos, uma menina e um menino, ambos adoráveis e muito sociáveis. No entanto, o que mais surpreendia nela era a sexualidade, recordou mais tarde Adrian Luckhurst, um erudito e extremamente educado homem de cabelos negros que trabalhava para Joan como administrador comercial. "Os homens, em particular, a consideravam *extremamente* bonita", acrescentou um dos amigos mais chegados de Jennie. Morena, com quase 40 anos, casada com um engenheiro civil de Nairóbi, Jennie naquela noite incorporava uma perigosa combinação de beleza e tédio.

Ao contrário de Joan, Jennie não gostava de ficar à sombra de ninguém. Sabia muito bem o que queria e faria qualquer coisa para obtê-lo. Embora Jennie e o marido, Bob, conhecessem os Root há muitos anos, foi quando viu Alan em cima da barraca, dando aquele show com o jovem Jamie Roberts e comportando-se como um adolescente, que ela decidiu tê-lo para si. E não apenas para um simples caso.

Enquanto todos observavam as brincadeiras de Alan, Joan mantinha sua rotina nos bastidores, providenciando todos os detalhes da recepção. Por isso não viu quando a barraca desabou e Alan caiu junto com a lona sobre uma caixa de gelo cheia de garrafas de cerveja, ficando todo ensanguentado. Um médico acorreu para dar os pontos e, mesmo depois das suturas, Alan aparentemente ainda se sentia bem à vontade. "Só me lembro de estar completamente bêbado e passar uma cantada em Jennie, que retribuiu", declarou. Algumas pessoas que conheciam Jennie Hammond, porém, têm certeza de que ocorreu o contrário. "Ele é que foi *laçado*", declarou Ian Parker. "Ela se aproximou dele e disse 'Ok!'. Foi ela quem tomou a iniciativa e não me parece que Root soubesse o que estava acontecendo."

Nenhum deles – nem Alan, nem Jennie, nem Joan, e com toda certeza também não o firme, estável e pudico marido de Jennie, Bob, tão diferente de Alan quanto Jennie de Joan – quis discutir até onde chegaram as coisas entre Jennie e Alan naquela noite. Que eles foram para algum lugar, entretanto, é certo. Não muito tempo depois, Bob Hammond, ao chegar em casa – ele morava com Jennie e os filhos em Nairóbi –, encontrou sobre o aparador da lareira um bilhete da mulher, informando, ele recorda, algo como "Seu jantar está no forno", sem qualquer complemento, porém, do tipo *mas sua mulher e seus filhos foram embora.*

Enquanto isso, Jennie batia à porta da casa que Joan e Alan alugavam em Nairóbi. Segundo dizem, trazia duas malas e os dois filhos, e anunciou que estava chegando e Joan, saindo. "Não sei bem se realmente ela já chegou com as malas", pondera Vickie Luckhurst, amiga íntima dos Root, "mas veio cheia de bagagens e chantagens emocionais."

Alan não permitiu que Jennie se instalasse lá, enquanto Joan tentava convencer-se de que se tratava apenas de um caso passageiro. Entretanto, ele ajudou Jennie a procurar casa – equipada com ateliê, para seu trabalho com cerâmica – no tranquilo povoado de Ulu, a 40km de Nairóbi, que logo começou a visitar com crescente regularidade.

Por mais de três anos ele ia, voltava e partia novamente. Parecia que Joan iria perdê-lo para sempre. Então, em 16 de julho de 1986, ela soube que o monte Nyamulagira, o mais ativo vulcão da África, entrara em erupção. Desde a última vez que isso acontecera, Alan estava louco para filmá-lo. Ele viajara para editar um filme, e Joan entrou imediatamente em contato com ele.

> DE: Joan Root, Nairóbi – 23.7.86
> PARA: Favor entregar este telex a Alan Root, quando ele vier hoje.
> Notícia que provoca dúvida. Desde dia 17 Nyamulagira em erupção, lava correndo em direção lago Kivu. Área explosão seis horas de caminhada ... excitadíssima ... Filme?

Era o suficiente. Sem pressão, sem exigir seu retorno para ela, aquilo bastava para que ele voltasse correndo. Joan sabia que a mera informação teria o poder de atração de uma verdadeira droga, devolvendo-lhe seu marido errante.

> DE: Alan Root, Reino Unido – 23.7.86
> PARA: Nairóbi
> Mensagem recebida. Estou na edição ... Impossível sair senão à noite. Amanhã telefonarei de Londres. Se vulcão ainda ativo retornarei imediatamente. Providencie vistos e licenças de voo do Zaire e do Quênia.
> Amor, Alan.

E então eles passaram 13 dias juntos, começando por uma caminhada de seis horas montanha acima, através da densa floresta, com oito carregadores transportando na cabeça todo o equipamento. Joan providenciara todos os detalhes, permitindo que Alan trabalhasse com extremo conforto e eficiência. Era como nos bons e velhos tempos. Seus sapatos de borracha novamente derreteram na lava quente. Era tudo o que ela desejava: estar mais uma vez com Alan, em meio às maravilhas da África. À noite eles assistiam ao espetáculo das brasas douradas caindo ao redor da barraca, algumas até fazendo buracos na lona. Toda noite sobrevoavam a erupção, enquanto o vulcão lançava lava tão perto do avião que sentiam intenso calor. Como Joan comentou depois com um amigo, ela pensou, triunfante, que ninguém seria capaz de suplantá-la. Ninguém mais poderia realizar tudo o que ela fazia por Alan ou com ele. Nenhuma outra mulher poderia torná-lo mais feliz, mais realizado ou mais famoso – o que ele também sabia, sem sombra de dúvida.

Regressaram a Nairóbi com as imagens do vulcão e morando juntos novamente, tal como antes. Por algum tempo, parecia que Alan voltara de vez para Joan. Menos de um mês depois da erupção, entretanto, Jennie chegou a Nairóbi vindo de Londres, onde fizera uma consulta médica rotineira. Pediu que Alan fosse apanhá-la no aeroporto e ele percebeu imediatamente que ela estava sofrendo. "O que foi?", perguntou.

"Tive de fazer um exame", e Jennie explicou que os médicos haviam feito uma abertura no osso do quadril, a fim de recolher uma amostra da medula óssea.

"Ah, meu Deus, e o que isso quer dizer?"

"Isso quer dizer que estou com leucemia."

Foi assim, com aquelas palavras, que Jennie roubou Alan de Joan, para sempre. Ele se viu "preso na armadilha", revelou, concluindo que não poderia deixá-la sozinha para morrer. Leu o diagnóstico, segundo o qual ela provavelmente teria mais dois anos de vida, e lhe garantiu que cuidaria dela, permanecendo a seu lado até o amargo fim. E quanto a Joan? Joan haveria de compreender, ele tinha certeza. Sensível e leal, ela saberia que jamais Alan iria abandonar uma mulher desenganada, mesmo que isso significasse largar sua esposa. Do diário de Joan: "21.8.86: Alan chegou de Ulu e veio ao escritório. Contou-me sobre a doença de Jennie. Ai, meu Deus. Depois me falou sobre o futuro, que parece infeliz, em todos os aspectos."

O "TELÉGRAFO DA SELVA", a rede de intrigas que permeava a comunidade branca do Quênia, logo ferveu com os comentários sobre o triângulo amoroso. Segundo os boatos, Joan e Alan tinham feito um acordo: ele ficaria com Jennie até ela morrer, mas depois retornaria para sua esposa. Um velho amigo comentou: "Joan aceitou na esperança de não o perder para sempre. Era tão honesta... Se assumia um compromisso, cumpria-o."

Ainda que relutante, Joan aceitou o pacto. Se recusasse, provavelmente Alan iria embora para sempre. Aceitando-o, abria uma porta para seu retorno.

Não poderia, entretanto, prever como Jennie se tornaria cada vez mais possessiva em relação a Alan nem, muito menos, suas tentativas de expulsar a esposa da vida dele. O diário de Joan logo se transformou em coletânea de crônicas de angústia e sofrimento. 29 de agosto de 1986: "Chegou uma carta [de um médico] sobre a doença de Jennie. Alan está muito deprimido. Tivemos uma conversa antes que ele fosse passar a noite em Ulu. Amanhã eles vão a um casamento." "Eles" eram Alan e Jennie. 4 de setembro de 1986: "Alan aqui em casa, a uma da madrugada. Muito deprimido. Jennie está furiosa porque ele está indo para os Estados Unidos sem ela." Alan programara a viagem aos Estados Unidos com Joan, para um festival de cinema em Aspen, Colorado, cujo destaque seria *Lights! Action! Africa!* (ou seja, *Two in the Bush*). 5 de setembro de 1986: "Chá em Karen. Alan me forneceu endereços etc., nos Estados Unidos, e depois saiu para levar sua 'família' a um restaurante chinês."

Apesar dos protestos de Jennie, Joan e Alan voaram juntos para Aspen, onde assistiram a uma exibição de seu filme no tradicional Wheeler Opera House. Pouco antes de a sessão começar – antes que a tela explodisse com aviões em parafuso e balões, hipopótamos furiosos, najas cuspidoras e guepardos a toda velocidade, cenas da vida que haviam compartilhado antes de Jennie – faltou energia, e todas as luzes se apagaram. Joan reproduz no diário a conversa que tiveram:

"Joan?", sussurrou Alan na escuridão.

"Sim, Alan?"

"Você tem que desaparecer... por causa das crianças."

"Isso é revoltante!"

"Eu sei, mas temos de nos separar, para que Jennie possa ter paz de espírito."

Eles continuaram conversando no dia seguinte, enquanto caminhavam à beira de um rio.

"Oh, Alan."

"Tenho que dedicar muito de meu futuro a ela."

"E nossos planos para o Zaire?" Joan referia-se aos filmes que ambos tinham planejado fazer lá, um sobre o vulcão e outro sobre os gorilas, além de outros dois projetos.

"Precisamos adiá-los por enquanto."

Alan e Joan estavam juntos apenas na tela. Na vida, começavam a afastar-se cada vez mais.

"Eles estão à procura de doadores compatíveis de medula óssea", escreveu Joan em seu diário em 20 de novembro de 1986. "Mesmo que encontrem [há chance de] 20% de morte durante a operação, e apenas 70% de sucesso. Assim, as probabilidades são que ela venha a morrer em três anos. O que será terrível para Alan." Os dois anos se haviam transformado em três, porém Joan não parecia abalada com a prorrogação.

> 8.3.87: Alan contou-me sobre a ida de Jennie [ao médico], ontem. [O médico] disse que ela estava curada, então ela foi às pressas para o Hospital de Nairóbi, a fim de fazer exames, e descobriram que ela não estava ... Em seguida, um telefonema informou que ela sofrera um acidente. Alan correu para o hospital, e soube que um caminhão havia batido na *pick-up* que ela dirigia, e ela quebrara o vidro traseiro com a cabeça, tendo que suturar os ferimentos.

Jennie sarou depressa. E mostrou-se tão ou mais resistente do que tudo que Alan e Joan já tinham encontrado na selva. "13.6.87: Saindo para o Naivasha. Droga. Jennie está bem agora. Dirigi até o Naivasha sentindo-me muito sozinha."

A raiva que Joan sentia foi-se fazendo tristeza, e a tristeza, desespero.

> Querido Alan,
>
> como poderei me comunicar com você, sem ser mal interpretada? ... Acho que grande parte disso se deve à tensão reprimida dentro de você.
>
> Uma parte de mim me diz que seria melhor eu me livrar completamente da aflição que você provocou. Mas também reconheço a plenitude que sinto

quando estamos juntos, desfrutando do que fazemos, e não quero jogar fora a possibilidade de vir a sentir novamente esse prazer.

Mas isso não significa que eu esteja me agarrando a você: sinta-se livre para fazer o que precisa...

De fato, acho que lhe concedi sua liberdade nos últimos anos, liberdade em sua vida pessoal, mas este ano houve muita confusão.

Todo meu amor,

Joan.

Cada vez mais, Jennie se apossava da vida de Alan. "Pensávamos que eu ainda estaria envolvida no projeto do Zaire, até Alan se dar conta de que isso iria deixá-la muito angustiada", escreveu Joan sobre o trabalho que Alan estava planejando para a *Survival* e a *National Geographic*. Quando a Warner Brothers o contratou para fazer as sequências de ataques dos gorilas, no filme *Nas montanhas dos gorilas*, com Sigourney Weaver no papel de Dian Fossey, Jennie insistiu em que ela, e não Joan, o acompanhasse. "Estou magoada por não participar do trabalho sobre Dian Fossey, já que Dian era amiga de nós dois", escreveu Joan a uma amiga em 12 de julho de 1987.

Durante as locações, no Zaire, Jennie não foi capaz de ocupar o lugar de Joan. Permaneceu no alojamento de hóspedes de uma plantação de chá, enquanto Alan saía para filmar um gorila mais velho, chamado Mushamuka, famoso por ter matado um caçador, depois que outro matara seu pai. Possivelmente supondo ser uma arma a filmadora que Alan carregava no ombro, o gigantesco macaco atacou-o como "um dobermann danado de grande, abaixado até o chão, olhando diretamente para mim", contou Alan a George Plimpton, da *New Yorker*. "Comecei a filmar. Quase no mesmo instante ele saiu de foco, e a próxima imagem que vi foi ele já em cima de mim. Ele me agarrou ... pela cintura, com aquelas mãos imensas – sinto muitas cócegas, sabe... – mas a mordida foi, de fato, na minha coxa."

Joan teve certeza de que teria percebido tudo antes que acontecesse, uma vez que seu ponto de observação não seria um alojamento de hóspedes, mas sim logo atrás de Alan. "Também acho que teria reparado que Mushamuka estava ficando agitado, enfurecido com a câmera de Alan", escreveu.

Já então Joan era reconhecida como especialista em induzir animais selvagens a se comportar com naturalidade nos filmes. Quando o elenco e a equipe técnica de *Entre dois amores* veio filmar próximo do Naivasha, a produção requisitou Joan, pedindo-lhe que emprestasse um de seus *duikers* – o antílope sudanês – para uma cena com Meryl Streep. "Passamos a tarde preparando o cenário, ou seja, produzindo rastros quase apagados de um automóvel entre as árvores e instalando refletores sobre um grande caminhão, pois a cena seria noturna", escreveu Joan, "Então, ao cair da noite, Jack (Couffer, o diretor de fotografia) fez a tomada de um velho Hupmobile (o carro que os Blixen dirigem no filme) seguindo em meio a uma manada de cobos ... Depois, todos vieram em minha direção com o velho automóvel e Jack filmou a sequência da luz brilhando nos olhos do *duiker* e, em seguida, o carro passando. Parecia simples, mas Jack duvidava de que pudesse dar certo. Meu *duiker*, porém, era tão bom que a cena ficou pronta em apenas três tomadas."

Com toda certeza, Alan sentia o quanto precisava dela.

Em 10 de julho de 1987, voando acima das planícies do Serengeti, onde antes já haviam filmado a ruidosa migração dos gnus, Joan e Alan conversaram. Não sobre filmes ou vida selvagem, ou sua paixão comum pela África, mas a respeito de dor, de separação e de Jennie. Alan ponderou que permanecer casado com Joan estava "matando Jennie". Ele *não queria* o divórcio, mas não via alternativa. Confiando no acordo que tinham feito, Joan aceitou separar-se, imaginando que, quando Jennie morresse, o divórcio não teria mais sentido, e Alan voltaria para ela. Logo, entretanto, ela lamentaria a decisão. Seu diário revela como a situação foi se deteriorando:

> 11-12 de julho de 1987: tanto eu como Alan compreendemos por que chegou o momento de procurar um advogado. Sinto-me tranquila e aliviada por finalmente tomarmos uma atitude.

15 de julho de 1987: O divórcio não é das coisas que mais me interessam.

29 de agosto de 1987: Alan comportou-se como se eu simplesmente pudesse voltar a atuar como apoio.

11 de outubro de 1987: Estive cara a cara com Jennie, em Karen. Disse-lhe alô, mas ela não respondeu.

12 de outubro de 1987: Tentei mostrar-me amistosa, mas ela foi fria e ferina a respeito de minha participação no trabalho, sugerindo que eu devia deixar tudo com Alan.

Depois de 15 segmentos de meia hora da série *Survival*, 23 documentários de uma hora para a BBC e a Anglia e incontáveis outros projetos, a parceria profissional dos Root chegou ao fim. Fazer filmes juntos no futuro estava fora de questão. Jennie não permitiria. Sua índole possessiva tornara-se extrema: "Não posso estar no Serengeti ao mesmo tempo que Alan", escreveu Joan a uma amiga, como se a presença simultânea dos dois naquela planície de 15.000km² pudesse provocar a explosão de Jennie.

Mesmo assim, enquanto Alan estava fora com Jennie, ou com os gorilas, ou filmando no Zaire, Joan continuava trabalhando para ele, fazendo a contabilidade dos safáris em balão. "As terríveis contas", como Alan as chamava. Ela também cuidava dos impostos dele, administrava a política interna da empresa (pilotos que pediam demissão, por exemplo), datilografava suas cartas e correspondência em geral, e até procurou um novo espaço para instalar seu escritório, "com telefonista e um motorista para percorrer a cidade".

"Tenho certeza de que esta carta vai entediá-lo, depois de todas aquelas emoções com os gorilas, mas gostaria que você fosse capaz de dar prosseguimento ao que coloquei para funcionar", escreveu ela para Alan em 30 de julho de 1987. Ela ficaria contente de continuar a trabalhar para o marido, já que assim poderia estar pronta quando Jennie morresse e ele voltasse para seu lado. Jennie, entretanto, não morreu. Pelo contrário, parecia cada vez mais vigorosa. Compreendendo o que estava em jogo, ela não queria a presença de Joan em nenhum aspecto da vida de Alan, fosse como contadora ou organizadora. Por isso mesmo, não permitia que Alan continuasse ligado a Joan através do que ambos mais amavam: seus filmes.

Segundo um amigo, enquanto Joan lutava pela obra de Alan, Jennie fazia o contrário: "Ela o impediu de continuar realizando seus filmes. Não queria que ele a deixasse, pois estava doente."

Obviamente, Alan conservou todo o respeito por Joan, sentindo-se mesmo protetor em relação a ela e sua reputação, como demonstra este telegrama:

> 4.7.88
>
> ATN: Todos os envolvidos no projeto *Most Dangerous Game* [projeto televisivo em andamento]
>
> DE: Alan Root
>
> Acabo de ler o roteiro. Pessoalmente, acho ofensivo e insultuoso tratar Joan como alguém inexistente neste filme e mostrar-me como único autor. Nossa situação atual não tem a menor relevância. Quase todas as sequências que vocês estão usando foram feitas com sua ajuda. Algumas só foram possíveis por causa dela. O que faço aqui com a equipe irá refletir minha visão pessoal, como cinegrafista (embora através de uma lente distorcida). Porém insisto em que Joan não seja tratada como um esquilo que, por acaso, entrou em quadro, mas, sim, como realmente é: uma mulher extremamente capaz e corajosa. Se eu não receber garantias a esse respeito, podem riscar meu nome do projeto.

Enquanto fazia o trabalho administrativo para Alan, Joan ocupava a residência da falecida mãe dele, em Karen. Então começou o caos. Assaltantes seguidamente invadiram carros, a despensa e até chegaram a invadir a própria casa. Certa noite, Joan despertou às quatro da madrugada com "uma lanterna acesa bem em meu rosto", empunhada por um ladrão. Ela não esperou para ver sua reação e atacou-o com o cobertor, tal como o gorila enfurecido fizera com Alan. "Acho que aquilo o transtornou, porque ele apagou a lanterna", ela registrou. Porém o intruso a atingiu com "um pé de cabra, ou com o lado sem fio de uma *panga* ... Meu braço ficou horrivelmente inchado, mas foi melhor do que receber o golpe na cabeça." Então ele saiu pela porta dos fundos, juntando-se à sua gangue, que "fugiu levando minhas câmeras etc.".

Joan se deu conta de que, morando sozinha na África, uma mulher precisava de muito mais do que um simples cobertor para proteger-se. "Comecei a tomar providências para ter minha própria arma de fogo, o que, entretanto, requer um processo longo e arrastado. Depois disso, aconteceram mais dois roubos menores em Naivasha."

* * *

AMEAÇAS A SUA SEGURANÇA, todavia, nunca tiveram tanta importância quanto seu relacionamento com Alan, como demonstra esta troca de cartas:

> Meu querido Alan,
>
> Minha mente está uma verdadeira confusão de pensamentos conflitantes. Não posso competir com a clareza que você tem com as palavras. Eu realmente me sinto zangada, frustrada e iludida pelos acontecimentos. Mas quero vencer esses sentimentos negativos e continuar contribuindo com os projetos em que estamos envolvidos, mesmo com as maiores dificuldades, a fim de ajudá-lo a enfrentar os problemas como me for possível. É a única forma que tenho de manter contato com você e de lhe demonstrar meu amor.

Ela informava, no entanto, ter consciência de que a "devoção" que lhe dedicara durante todos os anos passados juntos permitiu "que eu fosse explorada, o que provocou ressentimentos em nós dois".

> Joan, meu amor
>
> De fato não tenho o direito de esperar que você continue a se interessar por mim. Mas, como sabe, dependo muito de você... Não quero que se sinta explorada pela situação. Não sei quanto tempo isso irá durar nem como terminará. Só posso rezar para que, de algum modo, próximo ao final, nós – todos nós – tenhamos aprendido em que consiste realmente o amor.

Sinto-me tão perdido e instável... Perambulo de um belo lugar para outro, Naivasha, ah, a paz que existe ali... Serengeti, tanta coisa para fazer... Ulu, tanta tristeza... Será que aquele torno de cerâmica voltará a girar novamente? E acabo sentado sozinho em Karen, tal como meu pai, cercado pelos fantasmas de tudo o que aconteceu em mais de 30 anos. Meu coração não tem mais lar. Ele dói, esteja eu bem alto no céu ou nos lugares selvagens que amo tanto.

Não tenho escolha. Preciso ajudar Jennie, as crianças e a mim mesmo a enfrentar a realidade da morte. Preciso tirar algo positivo disso tudo. Não sei. É difícil acreditar que algum bem possa surgir de semelhante horror.

30 de julho de 1987
Alan, meu amor,

As boas notícias são que os safáris em balão deram um bom lucro no ano passado. A renda quase dobrou em relação ao ano anterior. Você encontrará em Karen os rádios e os carregadores de bateria, bem como o moedor de trigo.

Bem, continue resistindo, meu querido Alan. Não sei por que ainda o amo.

Joan,

Estou confuso e sofrendo muito pelo que estamos à beira de fazer. Tivemos algo único e muito especial, e sinto-me arrasado por ter estragado tudo. É muito difícil prosseguir na vida sem você e realmente sinto falta dos momentos importantes que costumávamos compartilhar... o eclipse da lua... avistar algum animal ou pássaro especial... Quero que você saiba que jamais alguém poderá preencher essa lacuna em minha vida. Será sempre um espaço vazio.

No dia 5 de setembro de 1990, quatro anos depois do diagnóstico de Jennie, Joan disse a Alan, com toda a calma, que iria concluir seus livros de contabilidade e deixá-los para que ele os revisse, mas que, dali em diante, ele teria de se responsabilizar por suas contas e negócios. No dia seguinte, ela parou diante do escritório da Safáris de Balão, para encontrar-se com Alan pela última vez. Depois, fez o que Alan e Jennie vinham querendo que ela fizesse havia anos. Após um acordo amigável com o marido, ela foi ao tribunal em Nairóbi e ocupou seu lugar no banco, diante de dezenas de africanos que desejavam presenciar aquele caso.

O advogado dela providenciara para que o divórcio acontecesse durante um recesso da corte. Por sorte o juiz que presidia a sessão vira seus filmes e a reconheceu. "A senhora é famosa!", exclamou em voz tonitruante.

Joan enrubesceu. Pouco depois, estava tudo acabado. "Concedido o divórcio, por [motivo de] abandono", escreveu ela em seu diário, no dia 6 de setembro de 1990. "Três anos desde que Alan deixou Naivasha."

> Quinta-feira, 6 de setembro de 1990. Dia do divórcio. Senti-me péssima, depois. Fui ao banco depositar dinheiro nas contas de Alan e da *Survival*. Almocei sozinha no African Heritage Center... Muito deprimida.

E se deprimia ainda mais toda vez que se observava no espelho. Onde estava a linda jovem com pele de porcelana e cabelos louros perfeitos? Aqueles anos todos passados em atividades extenuantes e exposição ao sol equatorial haviam cobrado um preço devastador. "Posso imaginá-la soturna e pálida, seca como um pedaço de lenha jogado numa praia solitária", disse um amigo, descrevendo Joan aos 50 anos. Sua pele enrugara e ressecara, e o cabelo, cada vez mais ralo, estava agora cheio de mechas grisalhas.

Em 9 de janeiro de 1991, quatro meses depois do divórcio, Alan casou-se com Jennie no cartório de Nairóbi. "Partimos para uma lua de mel separada, ela no Reino Unido, eu no Zaire", escreveu ele a Anthony Smith, informando-o de que, enquanto ele filmava na África, Jennie seguiria para Londres para um *check-up*. Uma semana antes do casamento, Alan dera a notícia a Joan, fazendo-a sentir-se "deprimida e frágil". Tinham-se passado cinco anos desde o diagnóstico de Jennie e a mulher que esperava viver apenas mais dois anos não mostrava o menor sinal de abatimento.

Se Alan se tivesse apaixonado por qualquer outra, Joan poderia ter esperanças de consegui-lo de volta, mesmo depois do divórcio. Joan, porém, não poderia vencer Jennie, que simplesmente não se satisfazia com a captura de Alan. Ela estava decidida a tirar Joan da vida dele completamente. Jennie expressou seus pensamentos em duas insólitas cartas para Joan, ambas não datadas: "Sou egoísta e arrogante", informou numa delas, acrescentando "Só quero que você saiba que de fato eu não sou nada boa". Na outra, expôs seu raciocínio: "Alan é incapaz de qualquer decisão, ou solução, e sua insegurança não lhe permite manifestar-se a nenhuma de nós, por medo de partirmos ou de nos perder. Em algum momento de sua vida, provavelmente, ele terá de tomar uma decisão adulta. Mas ele é muito imaturo emocionalmente."

Na liquidação do divórcio, Joan recebeu a metade do dinheiro que o casal tinha no banco, a propriedade do lago Naivasha e seu avião, o *Oscar Charlie*. Apesar da promessa anterior, Joan continuou administrando as contas de Alan e novamente ficou combinado que, quando ela fosse a Nairóbi com esse propósito, poderia ficar na casa em Karen. O que não agradou nem um pouco à nova sra. Alan Root. Certa noite, quando Alan estava fora, Joan convidou para jantar quatro amigos, entre eles a irmã de Alan, Jackie. Ao tomar conhecimento disso, Joan registrou, Jennie "se enfureceu" e agrediu um dos casais que aceitara seu convite, "dizendo-lhes que eles a tinham humilhado, que eram desleais e que nunca mais deveriam ver-me. Em seguida, foi de carro até Karen, para me expulsar".

"Não quero você sujando meu espaço, Joan!", ela irrompeu pela casa gritando, exigindo que Joan se retirasse imediatamente da casa dela e de Alan, dos negócios dele e de suas vidas.

Quando sua voz deixou de se ouvir, ela pegou pratos, copos, tudo que estivesse ao alcance de suas mãos e atirou contra as paredes. Joan juntou seus pertences – "Jamais passarei outra noite em Karen", escreveria depois em seu diário – e regressou sozinha ao único lar verdadeiro que jamais conhecera, a casa em que ela e Alan tinham passado 28 anos de felicidade e aventura: Naivasha.

Capítulo 6

De volta em casa, a salvo, Joan ensimesmou-se, mantendo abafadas as feridas e a dor, como sempre. Não podia chorar nem discutir o assunto, pelo menos não no início, embora todos o comentassem. O telégrafo da selva no circuito Nairóbi-Naivasha estava sobrecarregado com os boatos sobre a tragédia de Joan Root, a jovem queniana que estava vivendo inimaginavelmente só.

Sentindo-se devastada após perder Alan, ela chegara a uma encruzilhada, pois, junto com o marido, perdera também a carreira de cineasta, a atividade de produtora e a vida de esposa. Quanto a sobreviver sem Alan, uma de suas amigas declarou que, "sem dúvida alguma, ele foi o grande amor da vida dela. Nunca existiu outra pessoa para ela ... ficara muito abalada e deprimida pelo divórcio e precisava de tempo para lamber suas feridas."

Sendo muito jovens quando se casaram, Alan permeava a existência de Joan em todos os níveis possíveis. "Eles formavam uma equipe tão unida, que, quando o casamento chegou ao fim, ela perdeu tudo. Estava muito confusa", comentou outra amiga.

Segundo o gerente administrativo de Joan, Adrian Luckhurst, "o rompimento de suas relações profissionais, pessoais, tudo enfim, foi algo que jamais lhe passara pela cabeça. Ah, isso acabou com ela. Realmente. Sair de uma vida incrivelmente dinâmica e plena, e de repente ficar sem nada... Como alguém consegue enfrentar isso?"

Jean Hartley, também amiga e moradora de Nairóbi, declarou-se impressionada com a força de Joan. "Eu podia ver que ficara emocionalmente arrasada pelo divórcio e a coragem que demonstrou, ao se reerguer com seu pouco dinheiro e dar prosseguimento a sua vida, foi mesmo incrível. Lentamente, passo a passo, um dia de cada vez, foi juntando de novo as peças de sua existência. Com coragem, determinação e o apoio de alguns amigos, reconstruiu uma vida depois de Alan e por seus próprios méritos tornou-se Joan, e não mais Alan e Joan. Ela se mostrou firme; internamente não era frágil."

Só quando estava sozinha Joan revelava seus sentimentos – derramou seu coração no diário e nas cartas, como também num caderno pessoal, descrevendo como lutava para trocar feridas por esperança e cura.

> Procuro a mensagem que existe nas coisas negativas. O que há para se aprender numa situação assim? Quando já se fez todo o possível numa situação negativa, é hora de largá-la. Há muita gente maravilhosa, que deseja dar e receber amor. O amor existe em nossas mentes, mas o medo nos limita, e nossos escudos bloqueiam o amor.

Depois de um período de profundo pesar e mágoa, Joan começou a sofrer uma transformação. A mulher tímida e tranquila, emocionalmente derrotada em seu apogeu, fechava, afinal, o livro da primeira parte de vida para abrir outro, ressurgindo da devastação e do sofrimento ainda mais decidida do que antes. Sua atenção continuava voltada para os animais e o mundo natural, que sempre a haviam mobilizado. O principal objetivo de Joan já não era, então, o marido. Sua meta estava além de documentar em filme os animais e as paisagens da África. A nova missão era salvá-los.

O ANIMAL QUE AJUDOU JOAN a lançar-se em uma nova vida foi o mesmo que, tantos anos atrás, a aproximara de Alan: o elefante.

Iain Douglas-Hamilton começara a desconfiar de que um massacre de elefantes em grandes proporções estava ocorrendo em toda a África, mas quase ninguém acreditava nele. Ele sabia que Joan, aguda observadora e esmerada pesquisadora do mundo natural, poderia ser da maior utilidade para confirmar suas suspeitas. "Joan era tão parte daquele cenário que absorvia informações por todos os poros", ele justificou. "Era uma amante da natureza e, se a natureza fosse atacada, estaria lá para salvá-la."

Ela aceitou ajudá-lo em dois censos, pelo menos: o primeiro em 1988, em seu querido Parque Nacional de Tsavo, outrora um dos baluartes dos elefantes. Nos anos 60, a população de elefantes no Tsavo crescera tanto que muitos naturalistas afirmaram a necessidade de separar os bandos. Uma grave seca na década seguinte incumbiu-se de reduzir a superpopulação, matando de fome 10 mil dos animais. Na esteira da seca, sobreveio um período de caça em que eles foram mortos aos milhares antes que o Quênia finalmente se desse conta do desastre. Naquela época, 75% dos elefantes do Tsavo haviam sido exterminados.

Soube-se depois que somalis armados os vinham matando e, como alguns declararam, com o tácito consentimento de membros corruptos do Departamento de Preservação da Vida Selvagem do Quênia, que obtinham lucros com o marfim. Logo, Joan e Iain participavam de um amplo esforço de censo, que revelaria ao mundo essa sórdida história. Era um plano envolvendo múltiplas aeronaves e Joan passava horas intermináveis num avião quente e exíguo, contando tanto os elefantes vivos quanto os cadáveres. "Os resultados foram tão angustiantes quanto se previa", escreveu ela numa carta. "Havia no interior do Parque de Tsavo 4.327 elefantes sobreviventes, dos 22.174 que lá estavam em 1973 [a população nacional de elefantes do Quênia baixara de 85 mil, em 1979, para 22 mil em 1989]. Também contamos todos os esqueletos que avistávamos e muitos deles jaziam à beira das estradas, abatidos por guardas e vigias da reserva a partir de veículos do próprio parque..."

O que se poderia fazer? O primeiro passo era tornar pública a situação. Disso se incumbiu Richard Leakey, velho amigo de Joan e Alan, e seu antigo sócio nos safáris fotográficos. Leakey era então chefe do Departamento de Preservação da Vida Selvagem do Quênia. Extremamente aflito com a devastação do Tsavo, arquitetou um plano triunfal de relações públicas: fazer uma fogueira de 6m de altura com 12t de presas apreendidas de caçadores, tanto do Tsavo quanto de outras partes do Quênia. Também promoveu severa faxina na engrenagem de corrupção nos diversos serviços de seu departamento, distribuiu armas aos guardas florestais da reserva, atuou para proibir o comércio do marfim e pressionou para que os elefantes fossem incluídos na lista de animais ameaçados de extinção. Para culminar, decretou medidas permitindo aos guardas atirar para matar a fim de reprimir os caçadores que, no caso do Tsavo, eram quase todos bandidos somalis.

Mas foi a fogueira de presas de elefante o que mais atraiu a atenção do mundo inteiro. Depois que o presidente queniano Daniel arap Moi acendeu a pira, Iain, Joan e um grupo de dignitários e ambientalistas reuniram-se ao redor para vê-la queimar.

Em seguida, Douglas-Hamilton e Joan dedicaram-se a outro censo, abrangendo as vastidões da República Centro-Africana, conhecida por ter sido outrora o eldorado dos elefantes. Num pequeno Cessna 185 eles planavam sobre as savanas e matas, contando os animais que avistavam lá embaixo.

E lá iam eles, Douglas-Hamilton pilotando o avião, Joan sentada a seu lado direito, no banco do passageiro, observando por um "bastão de contagem" – um bastão de aço preso ao suporte da asa, que enquadrava para o recenseador um detalhe da paisagem de cada vez. Voando a 120m do chão, Joan perscrutava atentamente o solo, com a intenção de contar elefante por elefante, mas foram poucos os que viu, muito poucos. Aquelas vastas áreas, que outrora haviam abrigado imensas manadas, eram agora áridas em sua maior parte. "Um, dois, três...", começou ela, o olhar fixo sobre a terra, enquanto o pequeno avião sacudia em meio à turbulência. "Dias e dias, horas e horas sentados na verdadeira câmera de tortura que é a pequena cabina de um teco-teco, sendo jogada para lá e para cá, jamais deixando a concentração esmorecer, nem por um segundo, enquanto seus olhos percorriam a paisagem em busca de elefantes vivos, carcaças e esqueletos", lembra Douglas-Hamilton. "Joan possuía qualidades raras: agudo senso de observação e enorme capacidade de percepção, primeiro para localizar e depois para contar os animais, durante horas seguidas. E no final do dia passava tudo a limpo."

Eles cobriram grande parte da África Central, ocasionalmente levando outros especialistas, mas Douglas-Hamilton confiava em Joan e sempre ficava impressionado com seu conhecimento da vida selvagem, mesmo em regiões estranhas para ela. Certa noite no acampamento, ao ouvir pássaros desconhecidos emitirem o que lhe pareceu um alarme, ela concluiu: "Deve ter uma cobra em cima daquela árvore." Os homens olharam na direção indicada e, de fato, uma enorme mamba negra enrolava-se num galho acima deles.

O que o apurado instinto de Joan lhe revelava sobre os elefantes – preocupação largamente endossada pelos números – era que algo de muito errado estava acontecendo. Ela já vira devastações antes. Muito se angustiara por seu querido Parque Nacional de Tsavo, onde tinha filmado com Alan tantas vezes. Aquela reserva se transformara num cemitério de elefantes. Em 1971, inúmeros morreram de fome e tantas caçadas se seguiram que a região se encheu de cadáveres e ossadas esbranquiçadas. Jamais, porém, presenciara algo similar. Na África Central, o número de elefantes mortos ultrapassava o dos vivos em tal proporção que qualquer contagem final representaria redução entre 80 e 90%.

Quem estaria exterminando elefantes nessas quantidades industriais? Voando acima dos imensos cadáveres de um massacre recente, Iain e Joan aterrissaram para investigar e descobriram que os elefantes não tinham sido mortos a tiros, mas com *lanças*. Por quê?

A resposta invariável era o marfim. Bandos de cavaleiros percorriam centenas de quilômetros, do Sudão até a África Central, em busca do marfim. Enquanto um deles, diante do elefante, o distraía, outro o atacava pelas costas, enfiando-lhe nas ancas uma comprida lança, que movia para um lado e outro até o animal cair. Se isso não acontecesse, eles então o matavam com um AK-47. No final, Joan contou 4.300 elefantes vivos e 7.900 mortos – alguns cadáveres recentes, outros de muitos anos – numa área que já se orgulhara de sua população de 12 mil elefantes.

O recenseamento "iria expor ao mundo essa situação centro-africana", lembra Douglas-Hamilton. As fotos que Joan fizera da carnificina logo ficaram famosas numa reportagem, sendo em seguida publicadas por jornais do mundo inteiro. Ela, Douglas-Hamilton e sua equipe prepararam detalhados relatórios, que foram mostrados ao general André Kolingba, o quarto presidente da República Centro-Africana, complementados com acurado projeto sobre o que deveria ser feito imediatamente para salvar os elefantes remanescentes. Chocado e impressionado, o general Kolingba pôs fim ao perverso sistema chamado Le Collecte, que permitia às pessoas a coleta das presas de elefantes mortos e, naturalmente, encorajava os comerciantes de marfim a matar mais elefantes ainda, dos quais poderiam retirar "legalmente" as presas. O general também decretou a proibição do comércio de marfim, e a União Europeia destinou milhões de dólares para ajudar a deter o massacre na República Centro-Africana. Dessa época em diante, Joan se envolveria em praticamente todos os recenseamentos de elefantes e rinocerontes, no Quênia e nos países vizinhos. Seus esforços na República Centro-Africana e no Tsavo demonstraram mais uma vez sua crescente convicção de que as pessoas *podiam* fazer a diferença, de que a vida selvagem *podia* ser salva e de que o Quênia *não* estava necessariamente condenado.

"Procurando maneiras de transformar perdas em informação", ela registrou em seu caderno pessoal.

> Junte-se à multidão ou então vá atrás do que quer. Conceda-se um tempo sozinho, para ter contato com quem você é... Concentre-se no poder do pensamento. Lembre-se de que o mundo é seu para fazer perguntas. Quem não se arrisca não cresce, só envelhece. Quando perceber que algumas ideias, crenças, relações e situações não funcionam mais para você, livre-se delas. Deixe os pensamentos negativos irem embora: encare-os como uma revoada de pássaros atravessando seu caminho. Observe-os voando até perder de vista e prossiga seu caminho.

Ela lutava valentemente para restabelecer-se e retomar seus objetivos e suas crenças num mundo sem Alan, empenhando-se para ser reconhecida pelos próprios méritos. Os censos de elefantes representaram então suas vitórias iniciais.

Depois dos elefantes, houve naturalmente outras etapas rumo ao que se tornaria a sua mais importante missão na fase pós-Alan. E "missão" é a palavra correta: para Joan Root, qualquer causa – fosse apoiar o marido,

Joan Thorpe e Alan Root no dia do casamento. Chuva de arroz não era para aquele casal: vários colegas de Alan, tendo bebido um pouco demais, tiveram a ideia de colocar excrementos frescos de elefante em torno das rodas do Land Rover, encharcando-os em seguida com água fervendo. Quando os recém-casados saíram, sob aplausos dos amigos e parentes, voou bosta de elefante para todo lado: um legítimo casamento queniano, foi a opinião unânime. (*Cortesia de Alan Root*)

Da varanda de sua casa, Joan e Alan avistavam o lago Naivasha, onde os olhos negros e as orelhas agitadas dos hipopótamos subiam e desciam. Encontraram uma família de enormes águias-pescadoras de cabeça branca num ninho em cima do telhado. No jardim, ouviram uma estridente algazarra de pássaros e, quando foram verificar, deram com uma serpente devorando um sapo. (*Guillaume Bonn*)

Os hipopótamos matam mais pessoas no Quênia que qualquer outro herbívoro da África, mas Joan sempre alimentou Sally – um hipopótamo que veio morar em suas terras – com as mãos. Aqui, ela aparece fotografando esses animais na lama. (*Cortesia de Alan Root*)

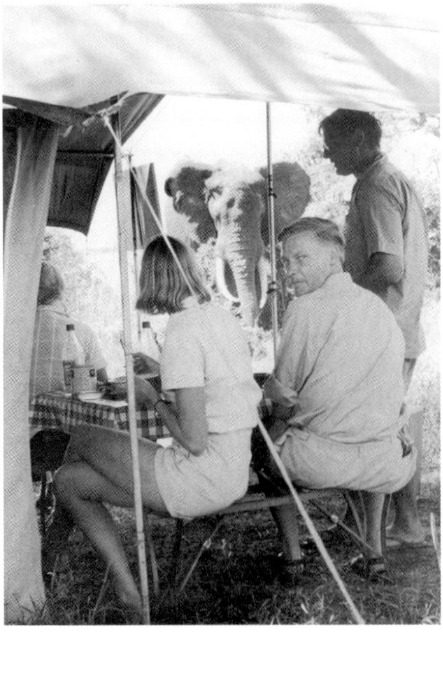

Na selva, em companhia de Alan, Joan foi sofrendo uma espantosa transformação. Sua timidez diluiu-se, deixando emergir a aventureira, embora não da espécie de Alan: jamais ela se aproximaria sorrateiramente de uma cobra para assustá-la, arrancaria fios da cauda de um elefante ou atiçaria uma leoa – coisas que Alan adorava fazer. (*Cortesia de Alan Root*)

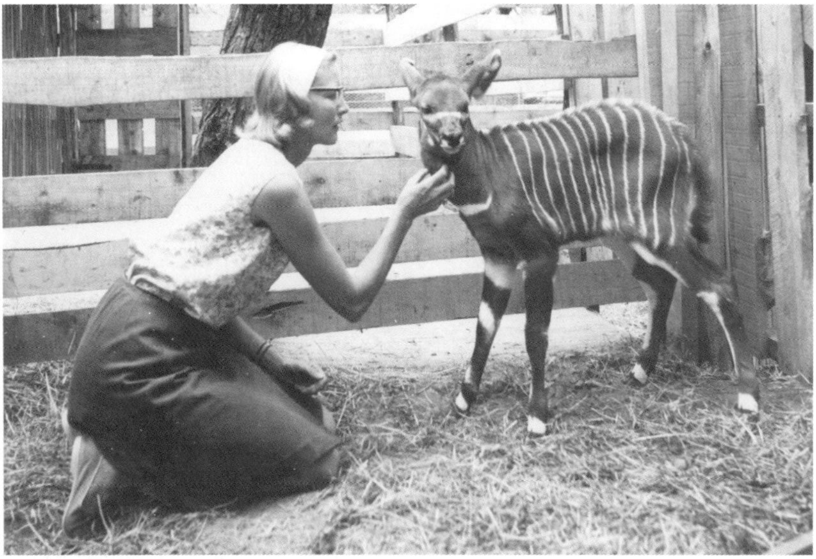

Certa manhã, ao checar a armadilha, encontraram um belo espécime preso. No início, alimentaram-no através de uma pequena abertura no cercado, até o animal se habituar a seus sons e cheiros. E então Joan, tão tranquila quanto o antílope, entrou na armadilha e o deixou comer de suas mãos. (*Cortesia de Alan Root*)

No filme sobre as tentativas de capturar um bongo, Joan está na plenitude de sua beleza e juventude, exibindo uma presença delicada, apesar de indomável, alta como uma modelo das passarelas, porém discreta como uma corça. (*Cortesia de Alan Root*)

Joan Root teve a sorte de passar a vida no lugar mais lindo da face da Terra. (*Cortesia de Alan Root*)

Joan e Alan transmitiram um SOS, e a ajuda chegou aos bandos, todos desafiando o calor de quase 40°, o mau cheiro dos pássaros mortos e o sódio escaldante. No final, eles libertaram mais de 27 mil filhotes de flamingo, além de evitar que outros 200 mil se instalassem naquelas águas rasas, cujas altas concentrações de sódio os teriam aprisionado. (*Cortesia de Alan Root*)

Enquanto os Root filmavam a primitiva tribo dos karamojongs, em Uganda, os selvagens convenceram Alan a participar de uma cerimônia que, como escreveu Joan, "consistia em espalhar o conteúdo do estômago de um boi pelo rosto e pelo peito dele, para depois os anciães baterem-lhe levemente com bastões ... Então eles cantaram intermináveis bênçãos para nós; uma delas anunciava que, da próxima vez que os visitássemos, eu teria *um filho*!" (*Cortesia de Alan Root*)

Alan era sociável, extrovertido, brincalhão e extremamente imprudente – tudo o que Joan não era. Mais tarde ela declararia ter-se apaixonado por ele no instante em que o vira, e que o amara cada vez mais quando passou a conhecê-lo. Ela amava as extravagâncias de Alan, a forma como ele ocupava a cena, como era sempre o centro das atenções: assim, ela não precisava ser nada disso. (*Cortesia de Alan Root*)

"Ele é a grande história de sucesso da floresta. Para o prazer e a angústia de seus amigos, continua sendo o excêntrico radical, o palhaço, o aventureiro temerário, a alegria da festa, o irreprimível idealista da natureza. Dá a vida por uma tomada para um filme, uma brincadeira, uma partida de tênis. Em resumo, Alan é tão apaixonado pela vida que precisa provar diariamente que conseguiu driblar a morte." (*Cortesia de Jean Heartley*)

O contato constante com a mãe é fundamental para um bebê elefante, de modo que Joan tornou-se a mãe substituta para o filhote que chamou de Bundu, palavra banto para "selva". *(Cortesia de Alan Root)*

A trilha não era apenas íngreme, mas escorregadia também, recoberta por úmidos bambus caídos. A temperatura oscilava vertiginosamente. Quanto mais subiam, mais inóspito e chuvoso ficava o tempo. (*Cortesia de Alan Root*)

Jornais da África, Inglaterra, Holanda e outros países publicaram artigos com a fotografia de Joan – pela primeira vez sozinha, e não ao lado ou por trás de Alan –, e ao mundo em geral foi exibida a primeira imagem daquela alta e bela loura, usando blusa sem mangas, chapéu vermelho e um exíguo shortinho. (*Cortesia de Alan Root*)

Devido às incontáveis vezes em que escapou da morte violenta, o pai de Joan, Edmund Thorpe, costumava comentar que um anjo da guarda o protegia. (*Cortesia de Alan Root*)

"No ramo, os dois eram considerados a melhor equipe de filmagem da selva, com Joan frequentemente ficando com os papéis mais arriscados", Anthony Smith escreveria mais tarde. "Quem é que subia numa árvore cheia de espinhos para vigiar e avisar quando uma manada de antílopes vinha disparada naquela direção? Quem teve os óculos quebrados quando um hipopótamo ficou agressivo? De quem eram os sapatos que derreteram quando a lava ficou quente demais?" Alan costumava brincar falando sério: "Não sei o que faria sem Joan. Provavelmente teria de me casar com três mulheres ao mesmo tempo." (*Cortesia de Alan Root*)

A plateia ficou fascinada com as cenas submarinas, em que Joan nadava ao lado de leões-marinhos; com a cerimônia de acasalamento das tartarugas de 180kg; com as iguanas marinhas alimentando-se no fundo do oceano, além de outros detalhes da vida selvagem que jamais alguém presenciara. (*Cortesia de Alan Root*)

Sempre rondando furtivamente sob a mesa de jantar dos Root estava o lince de Joan, um grande gato selvagem com dentes e garras afiadíssimos. Se os hóspedes se abaixassem para lhe fazer festas, nove entre dez vezes ele rolava no chão e se afastava. Na décima, porém, poderia investir aos guinchos, como um fardo vivo de arame farpado. (*Mary Ellen Mark*)

"Já tive dois acidentes com estes", comentou, depois que me acomodei a seu lado. Decolamos e ele inclinou o helicóptero em direção às montanhas Ngong, ao longe, voando em alta velocidade sobre as planícies apinhadas de animais selvagens. Eu observava as zebras, búfalos africanos e gazelas no Parque Nacional, abaixo, enquanto Alan acelerava e disparávamos como uma bala pelos céus claros da África. (*Guillaume Bonn*)

Encantada com o mundo natural, Joan tinha respeito extremo por suas estações e ciclos, sua capacidade de recuperação, reprodução e autossustento. Mantinha meticulosos registros, complexos e detalhados, dos horários de alimentação dos animais em recuperação ou de passagem por ali, bem como de suas atividades enquanto convalesciam. (*Cortesia de Alan Root*)

"Não longe de onde agora estamos reunidos, Joan Root foi assassinada a sangue-frio", disse o padre na abertura. "É difícil acreditar", prosseguiu ele, tentando compreender por que sua vida fora "brutal e vergonhosamente cortada. Embora as balas a tenham matado, nenhum rude assassino poderá destruir o que ela fez e defendeu com tanta firmeza." (*Guillaume Bonn*)

recensear elefantes ou recuperar um animal ferido – era tão vital quanto o ar que respirava. Sem isso, ela não se sentia viva. Seu estilo de ativismo, entretanto, era absolutamente próprio. "Não era dessas pessoas que aparecem gritando em público", comentou Sarah Higgins, sua amiga de Naivasha, "mas fazia em silêncio o que achava necessário para melhorar o mundo."

"Era uma pessoa tão boa...", declarou o amigo David Coulson. "Incrivelmente boa e muito frágil. Corajosa, mas frágil. Precisava de outra missão. Gosto de pensar que lhe restauramos um pouco de sua autoconfiança."

Eminente especialista em arte rupestre, Coulson convidara Joan para acompanhá-lo ao Saara numa viagem de documentação de antigas pinturas e gravações em pedra, muitas com milhares de anos. "A arte rupestre mostra terras de muita abundância, em comparação com a aridez dos dias atuais. Seus temas prediletos eram, de longe, girafas, elefantes, avestruzes, vacas, cenas de caçadas com lanças e cachorros", escreveu Joan para uma amiga.

Amor pela terra e pelos animais: não muito se modificara em mil anos. À noite, Joan dormia sozinha na barraca, num catre sobre a areia. "Nas noites do Saara, ao redor da fogueira do acampamento, debaixo daquele inacreditável céu estrelado, quando nos sentíamos quase esmagados pelas proporções do universo, Joan nos regalava com histórias das aventuras que vivera com Alan", contou Coulson.

Eram as histórias de *Two in the Bush*. Pela manhã, entretanto, ela estava sempre pronta para trabalhar e trabalhando sentia-se revigorada. "Um dia ela se aproximou de mim e declarou 'Quero uma função', e nomeei-a minha assistente", lembra Coulson. "Seguia-me como uma sombra. E era absolutamente meticulosa, corretíssima e consciente."

Ele observou Joan galgar rochas de 15m de altura para encontrar uma pintura rupestre ou ajoelhar-se no chão quando, atravessando o vale de algum antigo rio, via um desses "gafanhotos sem asas" e *tinha* de estudá-lo de perto. Em outra ocasião, Coulson encantou-se com sua firmeza quando, após uma viagem em lombo de burro, sob fortes ventos, ela chegou a um cume com pinturas anteriores às pirâmides do Egito. "Estávamos diante daquele magnífico painel, eu fotografando tudo, e de repente ouvimos Joan chorar. 'Bem, não foi nada, realmente', ela respondeu quando perguntamos o que havia acontecido. 'Só que minhas mãos estão tão geladas que não consigo anotar o que David está dizendo.'"

Depois de uma pausa, David esclareceu: "Mais tarde, naquela noite, quando fui checar as anotações, elas estavam impecáveis."

Nessa época, Joan já tinha certa perspectiva para analisar sua vida tanto como mulher e companheira de Alan quanto como seu constante suporte na parceria profissional, comentou David Coulson, percebendo seus erros e acertos. "Ela me disse então: 'Errei com Alan quando sempre lhe trazia os chinelos à noite. Eu era dedicada demais, cuidadosa demais.'"

"Acho que ela se dera conta de que deveria ter sido mais inflexível e mais ela mesma", finalizou ele.

Dali em diante, foi exatamente assim que ela passou a ser, só que não para si mesma – jamais só para si.

Os HISTÓRICOS CENSOS DE ELEFANTES e outras aventuras serviram como passaporte para Joan embarcar em sua nova vida de naturalista. Podia finalmente fazer tudo o que não conseguira por falta de tempo, quando produzia os documentários com Alan. Ela se juntava a todas as causas e associações e participava de eventos e reuniões com equipes locais de escolas, hospitais e grupos ambientalistas como a Lake Naivasha Riparian Association, dedicada a cuidar das margens do lago Naivasha, para a qual trabalhava como secretária e tesoureira; o Nakuru Wildlife Conservancy, do qual era diretora e tesoureira, e a Succulenta Society, um círculo com base em Nairóbi que estudava e preservava as plantas suculentas, como aloés e cactos. Com frequência Joan realizava em sua casa as reuniões da Succulenta, cujos sócios se mostravam maravilhados ao ver os papa-açúcares voando em bandos em torno dos aloés e as magníficas orquídeas *Anselia africana* que cresciam sobre as acácias.

"Não lhe dei muita atenção quando a conheci", comentou Dee Raymer, ex-presidente da Succulenta Society. "Achei-a terrivelmente esnobe e indiferente; porém, comentando com um amigo comum, ele me respondeu: '*Não cometa esse erro!* Ela é apenas muito tímida!'"

Depois, já mais relaxada, prosseguiu Dee Raymer, ela se demonstrou uma grande amiga, leal e fascinante. "Foi maravilhoso fazer uma pesquisa de campo em sua companhia! Ela sabia tudo a respeito de tudo! Depois que Alan a deixou pude acompanhar seu metódico exercício de recomposição de vida. Ela de fato se empenhou para tornar-se Joan Root, uma pessoa, em vez de mera metade de um casal... Tinha interesses os mais diversos e certamente não conheci nem a metade de seus amigos."

Joan não seria mais aquela flor pálida em meio à sociedade. Houve quem considerasse despropositado seu ingresso no hiperexclusivo e tradicional Muthaiga Club, o bastião da sociedade branca do Quênia desde os anos 20. Como um passo adiante em sua nova vida, pediu a Adrian Luckhurst para indicá-la como sócia e, é claro, ninguém se atreveu a rejeitar seu nome, embora um único voto contrário fosse suficiente. Ela passou a almoçar e jantar lá e, em suas viagens a Nairóbi, quando não se hospedava com amigos, pernoitava no clube.

Então, ela fez algo ainda mais atípico de sua personalidade: uma cirurgia plástica em Londres, retornando a Nairóbi com outro aspecto e novo ânimo.

Em todos os anos à sombra de Alan, jamais se preocupara com reconhecimento, o que passou a questionar. "Joan sofria com isso", lembra um amigo. "Sentia-se insignificante. Eu percebia que ela se magoava porque Alan ainda era convidado para eventos [sobre vida selvagem] e ela não."

"Bem, você nunca quis fazer nada para se promover", contrapôs o amigo, ao que Joan replicou, tranquila:

"Porque ele era a estrela, não eu."

Depois do divórcio, ela ainda seguia a carreira de Alan. Copiou em seus cadernos a apresentação que David Attenborough, o astro da vida selvagem na TV britânica, fez de Alan quando ele recebeu o Lifetime Achievement Award concedido pela Wildscreen, a proeminente organização de filmagem da natureza, e depois lhe enviou uma gravação da cerimônia.

"Seis minutos de homenagens, por David Attenborough", escreveu Joan. "O final: ... Assim, em minha opinião, ele quase sozinho levou os filmes sobre a vida selvagem a se desenvolverem e se tornarem a desafiadora profissão que são hoje. Por isso devemos todos agradecer-lhe. Sei, porém, que de fato não só lhe agradecemos; também o admiramos como um dos maiores cineastas da vida selvagem do mundo atual... Alan Root."

"Alan em quatro minutos", escreveu Joan. "Tive a sorte de merecer o amor de um par de mulheres incríveis: minha primeira mulher, Joan, que me ajudou a construir minha carreira nos primeiros tempos ... E minha maravilhosa Jennie, que me ajudou a ver que uma carreira, provavelmente, é a coisa menos importante na vida de alguém. Muito obrigado, Joan. Muito obrigado, Jennie, e muito obrigado a todos os amigos aqui que caminharam ao meu lado nesse longo safári."

"Muito obrigado, Joan." Ela teria adorado ouvir essas palavras, mas não estava presente naquela noite nem, aliás, em qualquer outra em que Alan tenha recebido aplausos por filmar a vida selvagem.

O Naivasha ao menos precisava dela, confiando em seu talento, determinação e generosidade. "Passei o dia inteiro em casa: como sempre, muito por fazer. Jamais consigo pôr tudo em dia", ela anotou em outubro de 1994. Registrou também as noites em que os corpulentos hipopótamos pastavam perto de sua janela, ou quando os filhotes de coruja com manchas peroladas caçavam e escondiam ratos e 24 cobos pulavam em seu jardim.

Amava aquele lago, sua quietude, sua paz... "Dia tranquilo sozinha" – a anotação é de outubro de 1994 –, "escrevendo cartas, plantando aloés, podando plantas. Chuva miúda à noite. Grama verde. Jardim e lago com adorável aparência."

Encantada com o mundo natural, Joan tinha respeito extremo por suas estações e ciclos, sua capacidade de recuperação, reprodução e autossustento. Mantinha meticulosos registros, complexos e detalhados, dos horários de alimentação dos animais em recuperação ou de passagem por ali, bem como de suas atividades enquanto convalesciam. Um casal de garças, por exemplo, que ela batizou de Adão e Eva, mereceu relatórios praticamente diários.

Joan registrava também o desabrochar das plantas da propriedade, sua produção de sementes e as temporadas de reprodução de várias espécies de animais; não tinha intenções de interferir, mas queria estar preparada se eles precisassem de ajuda. Sabia que eles sincronizam seus ciclos pelas estações chuvosas e, no caso de alguma seca, fenômeno comum no Naivasha, ela poderia oferecer-lhes uma vasilha de água, um abrigo aconchegado ou até um dos ninhos que distribuía pelas muitas árvores do terreno, para os pássaros que eventualmente estivessem incapacitados. Aquela mulher, que jamais pôde ter filhos, foi parteira de uma infinidade de criaturas.

"Há quem veja aqui só alguns bichos num pedaço de mata", diria Joan, mais tarde, a um escritor que a persuadira, depois de muita resistência, a dar uma entrevista para uma revista turística de Nairóbi, a respeito das pessoas que faziam a diferença no Quênia. Aquela seria a única entrevista que Joan Root concederia no período pós-Alan. "Mas desenvolvi este lugar para ser uma miniatura do Massai Mara, preservando o meio ambiente através de animais que conviveriam na floresta." "Ela se continha muito, mas por trás, havia um imenso compromisso com todo o mundo natural, quase a ponto de a sentirmos totalmente integrada nele", acrescentou um conhecido cineasta. "Mostrava-se sempre muito protetora da frágil estrutura da terra, principalmente do lago", comentou um amigo mais próximo. "Aquela terra era sua única razão de viver."

Joan, entretanto, ainda estava cheia de cicatrizes, uma mulher sozinha profundamente entocada em si mesma, incapaz de expressar exatamente o que sentia. Apesar de seu trabalho comunitário, grande parte do tempo ela passava em silêncio, seu sofrimento constituindo um fardo silencioso, porém claramente aparente. E quando ela falava, afinal, era exclusivamente sobre a vida selvagem. Era como se, naquela situação de mulher ferida, experimentasse ligação ainda mais forte com os animais que precisavam dela. Joan abrigava tartarugas com cascos rachados, filhotes de coruja indefesos, antílopes aleijados, gazelas mancas… Pobres dos predadores que ousassem atacar os animais que habitavam as terras de Joan – sobretudo as jiboias que, segundo ela, deslizavam por baixo dos aviários "onde eu mantinha alguns esquilos" e "que vinham para nossas terras atraídas pelo cheiro gostoso dos antílopes". Registrou ter capturado 11 jiboias em 12 anos, a maior delas com mais de 3,5m de comprimento. "Estou agora muito eficiente em apanhá-las, e Kiari, muito orgulhoso de mim e corajoso, fica segurando a sacola em que eu as enfio."

Uma vizinha sua, lady Sarah Edwards, contou uma de suas histórias favoritas sobre uma vez em que Joan foi assistir aos funerais de um amigo, realizado sobre um penhasco muito escarpado. Ela trazia uma sacola com uma jiboia apanhada em sua propriedade – uma das cobras que costumavam atacar seus antílopes. Joan planejava soltá-la naquele mesmo dia. Entretanto, como achou o penhasco muito precário e íngreme para a cobra, decidiu não a libertar ali. E foi participar de um chá, levando a jiboia debaixo do braço, dentro da sacola.

Às vezes ela visitava Sarah Higgins, franca ativista de causas regionais, que compartilhava de seu amor pelos animais selvagens. De conversação muito alegre e instigante, Sarah promovia uma espécie de salão na ampla varanda, sobranceira a suas terras. Logo que chegavam convidados, surgia infalivelmente um bule coberto por abafador, com um chá perfeito e uma variedade de biscoitinhos deliciosos. Era rotina de Joan aparecer para uma breve visita, uma xícara de chá e uma conversa agradável sobre a impressionante coleção de criaturas da selva que costumavam atravessar suas propriedades. Nessas ocasiões, sempre muito comedidamente, Joan falava sobre os animais que estava recuperando, mas se algum desconhecido aparecesse na varanda, ela ia embora como um passarinho assustado.

Ela chegou a expressar traços de sua profunda tristeza a seus amigos mais íntimos, deixando-os impressionados tanto com sua força como com a extraordinária dimensão de seu sofrimento. Pouco depois de sua separação de Alan, participou de um safári na reserva de Samburu em companhia de Delta Willis, velha amiga da *Survival*, a quem então Joan confidenciou a verdadeira tempestade que Alan produzira em seus sentimentos: um dia ele lhe dava um cartão de namorados, no outro, um olhar gelado, de modo que ela nunca sabia exatamente que terreno estava pisando. Aquela era uma Joan que Delta desconhecia. Durante sua longa amizade, com frequência ela se surpreendia com a inteligência de Joan. Num memorável jantar, Joan estava sentada ao lado de Stephen Jay Gould, professor de Harvard, paleontólogo, biólogo evolucionista e um dos mais influentes e populares autores de divulgação científica de sua geração. Delta lembra que "no final do jantar, Stephen pedia informações a Joan". Ao longo de todos aqueles anos de amizade, porém, jamais Delta vira a amiga tão arrasada emocionalmente, ou confusa, quanto depois que Alan partiu.

Durante todo esse tempo Joan escreveu em seu diário sobre as pessoas que mais queria bem, entre elas sua mãe, que visitava pelo menos uma vez por ano, em sua casa em Durban, África do Sul, até sua morte em 1989, por volta dos 80 anos. Também escreveu sobre o pai, de quem se reaproximara e que saíra do Quênia para velejar ao redor do mundo com a segunda mulher, mudando-se em seguida para os Estados Unidos, primeiro para Santa Fé – onde trabalhou como corretor de imóveis – e depois para Amarillo, no Texas, já aposentado. Sobre Alan, Joan escrevia sempre e inevitavelmente de forma amorosa e desesperada, anotando onde estava e o que fazia em sua vida pessoal e profissional.

Apesar de pensar constantemente nele, na verdade tentava extraí-lo de seu coração e reencontrar seu espírito aventureiro. Em certo momento desse período, ela convidou um joalheiro sul-africano, chamado Otto Poulsen, que conhecera durante as visitas à mãe em Durban, para vir a sua casa em Naivasha. Ele ficou encantado com as excentricidades de sua vida excepcional. Observou que um portão junto ao campo de pouso fora derrubado por alguma força poderosa, e Joan então explicou que Sally, a órfã hipopótamo, gostava de descansar a cabeça ali, até que ele desabou sob seu peso.

Depois do almoço, saíram na Pajero de Joan, que sugeriu: "Sente-se e aproveite o passeio, enquanto eu vou falando sobre os lugares por que passarmos." Pelo menos naquele dia ela se sentiu como antes, revivendo os tempos dos safáris com seu pai e depois com Alan. Quando a Pajero quebrou na estrada, numa região deserta, Joan, autoconfiante e controlada como sempre, entregou seu binóculo a Poulsen e disse-lhe para sair e observar os pássaros enquanto ela consertava o motor, o que lhe tomou meia hora. Então ela o conduziu até as montanhas Aberdare, ao famoso abrigo chamado Treetops, na base da montanha, de onde os hóspedes podiam ver, abaixo, a antiga rota dos elefantes. (O abrigo foi construído nos anos 30, em uma imensa árvore – daí seu nome.)

Joan era amiga do vigia do Parque Nacional das Aberdares, cuja casa ficava junto ao hotel, e eles pernoitaram lá. O abrigo tem uma extensa lista de hóspedes de destaque, de Robert F. Kennedy até Elizabeth da Inglaterra, que ali estava hospedada na noite em que seu pai faleceu, em 1952, e ela se tornou rainha. "Aqui, Elizabeth II subiu numa árvore como princesa e desceu como rainha", informava uma notícia de jornal.

Ao crepúsculo, Joan e seu amigo foram para um dos quatro mirantes do Treetops observar os elefantes beberem num charco. "Era como estar no teatro", lembra Otto Poulsen, acrescentando que o palco ficava ainda mais interessante quando aos elefantes se juntavam rinocerontes, antílopes e zebras. Depois, ele e Joan voltaram à casa do vigia, para jantar. "Impressionante a hospitalidade, a bela comida, o delicioso vinho, tudo acompanhado pelo coral da floresta ao redor", lembra Poulsen. "O guarda florestal estava de serviço naquela noite e nos deixou com doces e mais uma garrafa de vinho. Se era um complô, não sei, mas acabamos ficando íntimos naquela noite."

Joan provou-se capaz de momentos de paixão com outro homem, o que foi a declaração de uma nova energia e potência. Ao levantar-se da cama na manhã seguinte, sentia-se renascida. Algum tempo depois, ela escreveu para ele:

> Meu querido Otto,
>
> Contei-lhe tudo porque achei que você iria gostar de saber como tenho passado desde que voltei. Como bem pode imaginar, ainda me sinto obcecada por Alan, porque o amo, porque fizemos tantas coisas juntos e porque adoro esse tipo de vida. Mas você é muito especial para mim e vou guardar

como um tesouro a nossa amizade. Lembro sempre do calor e do êxtase que foi estar em sua companhia.

Ela confidenciou a Otto que Alan estava "infeliz e confuso", sem saber ao certo se agira bem deixando-a, "e está desesperado para conseguir fazer algumas boas filmagens, mas ainda ama [Jennie e as crianças] e fica com eles quando está em Nairóbi, mas também me ama, bem como ao nosso tipo de vida, e assim se encontra num verdadeiro impasse. Posso entender seu dilema, ainda mais depois que conheci você e soube que poderia amá-lo."

"Sinto-me muito forte agora, graças a você, e com esperanças de poder trabalhar de novo", ela declara no final da carta. Aquele relacionamento, entretanto, foi casual e não teve continuidade. Embora Joan e seu amante permanecessem bons amigos, dali em diante ela dedicaria sua paixão não a um homem, mas à terra que adorava.

Tudo de mais importante para Joan concentrava-se no Naivasha. Cada dono de terras ali tinha sua quota de responsabilidade na proteção do lago, sob os auspícios da Lake Naivasha Riparian Owners Association, fundada em 1929. Joan e Alan eram membros da associação desde os anos 60, porém raramente compareciam às reuniões, já que estavam quase sempre embrenhados na selva. Quando Joan se recuperou, passou a participar regularmente das assembleias, embora jamais se pronunciasse ou se oferecesse para atuar nos comitês.

Sua atitude, contudo, modificou-se quando percebeu que alguém estava tentando roubar suas terras – não todos os 88 acres, mas uma das áreas mais importantes da propriedade. "Minhas terras ribeirinhas", como ela chamava a faixa situada na linha da maré, que aumentava ou diminuía de acordo com o nível do lago. A propriedade de Joan possuía 12 acres de terras à margem do Naivasha, e um dos vizinhos os cobiçava de tal forma, que tentou apropriar-se deles, embora quase toda a vizinhança soubesse que ele jamais tentaria se Alan Root ainda vivesse por lá.

A terra tem importância capital no Quênia. Da mesma forma que os africanos pobres de Naivasha lutam para possuir um "lote", qualquer pedacinho de propriedade numa favela de Karagita, os quenianos brancos também brigam por terrenos. As grilagens eram parte central da história dos colonos britânicos do Quênia, desde que afugentaram os massais e outras tribos de suas terras e delas se apropriaram. Em 1991, um "cowboy queniano" (expressão atribuída a qualquer um dos impetuosos e descontrolados "fazendeiros quenianos brancos, gananciosos e brutais que vivem em torno do lago", segundo as palavras de Bill Hutton, amigo de Joan) tentou essa tática com ela.

Primeiro, ele derrubou a cerca entre as terras dele e as de Joan. Depois, passou a afirmar publicamente que o verdadeiro limite ia até o centro do lago, o que significava que a planta territorial teria de ser completamente alterada e seis dos 12 acres ribeirinhos de Joan deveriam passar para ele. Em seguida, depois de tanger 60 bezerros seus para as terras de Joan, ficou à espera, certo de que a famosa timidez e a natureza gentil da mulher a impediriam de confrontá-lo diretamente, ficando os seis acres para ele, por falta de atitude.

Enganara-se. Embora Joan permanecesse calma, ela partiu para a guerra por suas terras ribeirinhas, tranquila, educada e mesmo cordialmente – embora decidida, de uma vez por todas, a sair vitoriosa. Primeiro, ela recolheu apoio. Tratando-se do Quênia em 1991, ela precisava de um homem e, evidentemente, não seria Alan, que já tinha problemas demais. Então ela se voltou para Bill Hutton, o consultor comercial que ela e o ex-marido procuraram para o divórcio. Hutton, um escocês, trabalhava como investigador de fraudes e já fora vítima da extorsão de outro "cowboy queniano", que tentara roubar as terras ribeirinhas *dele* no lago Naivasha. Segundo Hutton, esse cowboy em particular subestimou totalmente Joan Root.

Enquanto Hutton pressionava, expedindo cartas agressivas para o indivíduo em questão, como também para a Riparian Association, Joan juntava evidências. Percorreu suas terras com Kiari, o antigo empregado da família. "Está tudo aqui, *Memsaab*", disse-lhe Kiari. E apontou para as linhas de demarcação que ali se encontravam desde a chegada dos Root, em 1963, e que confirmavam a versão de Joan. Os dois então consultaram um africano mais idoso, que se lembrava de todos os detalhes: "As bombas, a linha elétrica e o fosso d'água, tudo segue a trilha anterior", escreveu Joan no diário. Ela recolheu declarações assinadas dos dois homens, desenhou mapas, fotografou os marcos divisórios e levou todas essas provas para Tubby Block, um poderoso vizinho, presidente da rede de hotéis Block, do Quênia, que assinou uma declaração descrevendo precisamente onde deveriam se situar os limites das terras ribeirinhas de Joan.

Joan e Bill Hutton então foram enfrentar o cowboy queniano em sua fazenda. Hutton manteve o gravador ligado enquanto disparava seus argumentos e Joan, embora "sentindo-se muito tensa", manteve-se inflexível. "Bill colocou os fatos para ele, às vezes muito calorosamente", escreveu ela. O cowboy insistia, furioso, em afirmar que ambos estavam errados e ele certo, e que era um insulto Bill Hutton atrever-se a gravar aquela conversa. No final, apesar de seus protestos, Joan dispunha de 11 testemunhas, com declarações devidamente assinadas, além de fotografias das demarcações, fotos de satélite e muito mais ainda. Ela e Bill Hutton levaram então o caso ao presidente da Lake Naivasha Riparian Association, lorde Andrew Enniskillen. Lorde Enniskillen morava do outro lado do lago, na famosa propriedade de 1.600 acres que pertencera antes a Kiki Preston, a escandalosa herdeira dos Whitney, de Nova York, que, depois de mudar-se para o Quênia, se tornou viciada em drogas, embora se mantivesse extremamente requintada: chamavam-na de "a garota da seringa de prata".

Na reunião, Joan e Bill apresentaram uma complexa versão própria do caso, segundo a qual o cowboy queniano na verdade tinha direito a 15 acres *a menos* do que possuía, que deveriam passar para Joan. O contra-ataque deu certo. Recuando, o vizinho até tentou mostrar-se amistoso. "Ele passava por mim e acenava, veio visitar-me, e afinal fizemos as pazes", Joan registrou no diário, no dia em que a antiga demarcação foi restaurada e suas terras ribeirinhas ficaram asseguradas.

Esse foi um grande passo para que ela pudesse encontrar suas próprias forças sem Alan. Joan havia provado para si mesma e para os outros que podia lutar e vencer. Entretanto, na próxima batalha enfrentaria algo muito pior do que um latifundiário ávido. Algo equivalente a um exército de cowboys quenianos misturado a uma multidão de empresários internacionais, todos contando com o beneplácito do governo do Quênia, apoiados por bilhões de dólares e impulsionados por milhares de trabalhadores que iriam arrasar suas terras ribeirinhas e criar o maior desafio com que já se defrontara.

Capítulo 7

O lago Naivasha, tal como Joan, sempre pareceu tranquilo e obstinadamente invencível. Independente do que se fizesse com ele ou do que se lançasse em suas águas, sobrevivia, até mais florescente, emergindo ainda mais robusto, forte, selvagem e decidido a enfrentar o próximo desafio.

O Naivasha – em cujas margens os pais de Joan a haviam concebido –, tão vasto que mal se conseguia divisar o outro lado e presença constante nos filmes de Alan e Joan, vinha sendo vítima de uma série de invasores nos últimos 80 anos, tanto humanos quanto selvagens. Por milhares de anos, os africanos viveram em harmonia com ele. Na década de 1920, começaram a chegar forasteiros que, em vez de deixá-lo em paz, introduziam-lhe novas espécies; primeiro, os imigrantes britânicos e os ricaços americanos – o presidente Theodor Roosevelt entre eles – introduziram a perca para a pesca esportiva. Depois eles vieram de todas as partes do mundo, desde aventureiros ianques, como Ernest Hemingway, aos ricos colonos britânicos, que chegavam aos bandos para pescar, caçar e se divertir.

As percas acabaram com as nativas carpas de dentes miúdos, e os colonos ainda introduziram as tilápias, o que desencadeou a pesca comercial no Naivasha, de acordo com um artigo de 1982 do *New York Times*. Diante da queixa dos pescadores de que os densos sargaços danificavam os motores dos barcos, foram lançados àquela fauna os lagostins vermelhos da Louisiana, que comiam os sargaços, assim limpando o lago para o tráfego aquático. Com a reprodução dos lagostins, surgiu outra indústria pesqueira. Em breve, 15t de lagostins do Naivasha eram exportadas anualmente para países distantes como a Suécia, e o lago ficou tão repleto deles que seu fundo transformou-se num verdadeiro tapete de crustáceos. Evidenciava-se que aquele lago abrigaria o que fosse! Até mesmo o pequeno ratão-do-banhado, valorizado por sua pele. Vários desses roedores escaparam de um criadouro e seguiram pelo rio até o lago, onde também se multiplicaram, devorando em quantidades cada vez maiores as ninfeias, que começaram a desaparecer, decretando o sumiço das amadas jaçanãs de Alan Root, estrelas de seu primeiro filme, além de "uma horda de outras aves e animais aquáticos", segundo um renomado biólogo marinho.

Na esperança de se livrarem dos ratões-do-banhado, alguns moradores das proximidades resolveram trazer jiboias para o local. Foi então que os proprietários das fazendas finalmente se rebelaram; segundo o artigo do *Times*, "argumentando que as jiboias devorariam junto com os roedores também seus filhos, eles as massacraram com bastões e varas". Depois disso, os ratões-do-banhado "misteriosamente entraram numa verdadeira onda suicida, destruindo os próprios embriões. Em decorrência, as ninfeias estão retornando. Não se sabe por quê."

Então foi a vez da salvínia, um sargaço muito usado nos aquários domésticos – um fazendeiro lançou-a no lago dentro de um aquário cheio de peixes e, como ocorria com tudo que ali caía, a planta cresceu de forma prodigiosa, a ponto de, por volta dos anos 60, quase ser possível um homem caminhar sobre os grossos sargaços, em toda a extensão do espelho d'água. Depois vieram os pesticidas, mas nem eles conseguiram perturbar o lago. Em certo dia de 1990, entretanto, voltando para casa, Joan Root deparou com um novo invasor, mais tenaz do que todos os demais juntos: as estufas de flores, que trariam em sua esteira problemas econômicos além dos ecológicos.

A INDÚSTRIA DE FLORES DO NAIVASHA foi fundada no palácio Djinn, a mais famosa residência do lago, uma exótica fantasia mourisca totalmente pintada de branco, ornada de torreões e domos, o extremo oposto do singelo chalé de Joan. Conhecido por seu esplendor, mas também por sua turbulenta história, o palácio foi comprado por seus proprietários atuais, June e Hans Zwager, em 1967. Fora construído em 1927 pelo ator hollywoodiano Cyril Ramsay-Hill. Durante a era de devassidão do Happy Valley, seu primeiro dono e projetista perdeu tudo que tinha para o maior sedutor que o Quênia jamais conheceu: lorde Erroll, cujo verdadeiro nome era

Josslyn Hay, um belo malandro de linhagem aristocrática que, aparentemente, pretendia levar para a cama todas as mulheres que cruzassem seu caminho, sobretudo as muito ricas e casadas. De físico perfeito e extrema virilidade, era um grosseirão sem vestígio de consciência que primeiro roubou a mulher de Ramsay-Hill e depois seu adorado Djinn. "Você roubou a cadela, agora compre o canil", telegrafou Ramsay-Hill a lorde Erroll, depois que ele fugiu com sua mulher.

O patrimônio de Erroll consistia exclusivamente de dívidas, mas a mulher de Ramsay-Hill ganhou o Djinn no divórcio e lorde Erroll finalmente pôs suas mãos nele quando a ex-senhora Ramsay-Hill morreu por consumo excessivo de álcool e heroína. Em 1941, lorde Erroll foi brutalmente assassinado. Acredita-se que o autor do crime tenha sido o marido de Diana Broughton, com quem ele estava tendo um caso, de conhecimento público.

"Ouvi dizer que o mordomo costumava entregar um cartão com o nome do cavalheiro – ou da dama – que iria passar a noite com a pessoa", contou a atual proprietária do palácio, June Zwager, uma ruiva muito animada, relatando as histórias dos rituais de troca de casais que fizeram a fama da casa nos anos 20. "Parece-me que o comportamento deles era mesmo muito permissivo. Levamos anos para esquecer essa má reputação. As pessoas chamavam o lugar de Playboy Club, porque não havia chaves pelo lado de fora", prosseguiu ela, referindo-se às chaves dos quartos. "Era preciso fechá-los *por dentro*. Foi assim que planejaram a casa. E havia muita cocaína."

Como os Zwager transformaram esse antigo antro de devassidão na residência dos donos da maior plantação de flores da África é uma história notável. Nascida e criada nas remotas florestas da Índia, June chegou ao Quênia aos 14 anos com o pai, oficial da Artilharia Real, enviado para assumir um posto.

Em 1953 ela conheceu Hans, que fora para Nairóbi trabalhar para um banco holandês. A beleza e a alegria de June o cativaram imediatamente. "Uma verdadeira bomba, com seus cabelos de fogo", escreveu Hans mais tarde. "Sua cabeleira vermelha me incendiou e não haveria no mundo inteiro bombeiros suficientes para apagar aquela chama."

Casaram-se seis semanas após o primeiro encontro. Hans desligou-se do banco e se tornou representante de fábricas. "Ele importava tudo que você pudesse imaginar", informou June. A lista incluía escovas de dente, metralhadoras, remédios e tomadas de parede. Pouco tempo depois ele fundou sua própria importadora, a que deu o nome de Kleenway. Certo dia, chegando ao escritório, encontrou um homem que o aguardava para conversar sobre um tipo de pulverizador importado por ele. Precisava *imediatamente* de 40 unidades, o que provocou a curiosidade de Hans. O que conteriam aqueles pulverizadores? A resposta era agrotóxicos.

Na época o café era o principal produto agrícola do Quênia e uma praga estava dizimando as plantações. Logo Hans conseguiu os direitos exclusivos de importação do produto capaz de debelar a praga: um fungicida chamado *ortho difolatan*, posteriormente identificado como cancerígeno e capaz de provocar "aguda toxicidade na água", segundo a Pesticide Action Network.

As plantações de café cobriam grandes áreas do Quênia e, graças ao *ortho difolatan* de Hans Zwager, em pouco tempo a praga foi quase totalmente erradicada. Hans e June expandiram sua linha de produtos químicos, incluindo outras substâncias bastante eficazes – algumas das quais depois fariam parte da lista negra do Instituto Nacional de Segurança e Saúde do Trabalho dos Estados Unidos por seu potencial de risco para os seres humanos – e, afinal, tornaram-se representantes da Chevron, da DuPont e da Bayer.

"Em meados dos anos 60 a Kleenway Chemicals Ltd. adquirira também fazendas de café, e tinha um lugar entre os grandes empreendimentos quenianos", registrou Charles Hayes no livro *Oserian*, sobre o palácio Djinn. Os Zwager eram o casal do momento em Nairóbi: Hans, o titã dos produtos químicos; June, a perfeita anfitriã. Em 1967, um amigo sugeriu que eles se juntassem a um grupo de empresários interessados em transformar o lendário Djinn em cassino. "Tínhamos uma balsa", lembra June, "e assim, viemos através do alto matagal, atracando em um velho e pitoresco cais, e desembarcamos aqui." Seu olhar então percorreu o gramado imaculado, onde dois grous coroados caminhavam pomposamente, aos gritos. "Achei o lugar estranho, desbotado e deteriorado." Apesar dos escombros, entretanto, a casa pareceu falar com ela. "Só me lembro de estar caminhando pelo pátio e de repente ter aquela impressionante sensação de déjà vu."

Hans descartou investir num cassino e resolveu comprar a casa para eles, junto com os 5 mil acres de terras ao redor. O proprietário anterior, Gilbert Colville, desenvolvera pastagens de gado, praticamente tudo o que aquele terreno vulcânico poderia oferecer. Nada crescia nele, "a menos que se acrescentassem muitos elementos para melhorá-lo", declarou depois um especialista ao *New York Times*. Esses elementos, naturalmente, acabaram sendo os produtos químicos que os Zwager tinham em estoque para venda.

Na época, pouca agricultura acontecia às margens do lago Naivasha. Como Hans Zwager escreveu em *The Flowering Dutchman*, a história de seu sucesso como produtor de flores, "ao redor de nosso lago, nada de importante havia em termos de agricultura. Apenas um fazendeiro, numa pequena propriedade, cultivava legumes usando irrigação. E então pensamos: *por que não tentamos isso também?*"

Hans vendeu suas plantações de café perto de Nairóbi e começou a cultivar pimentões verdes e outros legumes no Naivasha. "Foi então que recebemos algumas visitas da Holanda", lembra ele. E uma delas pronunciou as palavras que iriam mudar todo o seu futuro: "Por que vocês não cultivam flores?"

Além da sugestão, essa visita deu a Hans sementes de lavanda, que dão cachos de flores púrpura e brancas. A lavanda desenvolveu-se bem e Hans embalou e despachou algumas flores para a Holanda, de onde elas costumam ser vendidas e distribuídas pelo mundo inteiro. "Era inverno na Europa, e a demanda era grande; então tivemos um lucro bastante razoável", ele registra no livro. Da lavanda passaram para "cravos, delfínios, eufórbias, molucelas, lírios-do-brejo e depois, muito lentamente, começamos a cultivar rosas".

Uma vez plantadas, as rosas não brotaram no Naivasha, elas explodiram. "No início, diziam que tudo o que se tinha a fazer era estender uma cobertura de plástico sobre as árvores, e sob esse toldo as flores cresceriam", informa um floricultor local. O lago era a locação ideal, pelas mesmas razões que o faziam ideal para a vida selvagem e os naturalistas. Graças a sua posição em relação ao equador, os floricultores desfrutavam de 12 meses de constante e intensa luz solar. Além disso, já que o lago se situa 1.800m acima do nível do mar, fazia frio à noite, o que proporcionava o descanso necessário ao desenvolvimento das flores. O Naivasha ainda fornecia energia geotérmica, proveniente dos vulcões adormecidos das proximidades, para manter as estufas constantemente aquecidas na temperatura ideal. Resumindo, tudo era perfeito.

A época escolhida por Zwager não poderia ter sido melhor, já que o mundo passara a ter uma insaciável necessidade de flores. Desde tempos imemoriais as flores constituem algo extremamente valorizado pelos ricos e nobres, mas no século XX as novas tecnologias e os transportes aéreos propiciaram um mercado jamais sonhado, em escala global. De repente, as frágeis flores podiam ser despachadas de qualquer parte do mundo e chegavam ainda frescas, duravam mais tempo e pareciam mais viçosas. "Hoje as flores viajam melhor do que seus compradores", observa Amy Stewart no livro *Flower Confidential*. "Agricultores, supervisores, representantes de vendas, corretores, caminhoneiros, leiloeiros, atacadistas, compradores, contadores, varejistas, todos discutem sobre flores, em mais idiomas do que se pode contar."

A venda de flores em supermercados provou ser mais um catalisador para os produtores interessados em cultivá-las no Naivasha. Disparou a demanda mundial por flores de qualidade ao menor preço possível, o que significava baixo custo de produção e mão de obra barata, o que, por sua vez, implicava em mais colheitas nos países do Terceiro Mundo.

Os Zwager foram pioneiros no cultivo de flores no Naivasha, mas no início dos anos 90, o maior produtor do Quênia passou a ser a Sulmac, que também possuía uma fazenda no lago e se declarava pela mídia "a maior produtora de cravos do mundo". Um estouro de floricultores industriais e independentes espalhou-se então pela região, incluindo a Sher Agencies, firma holandesa cuja plantação no Naivasha logo passou a produzir milhões de flores por ano, tornando-se a maior do mundo; a gigante Homegrown, estabelecida em milhares de acres de terra; a Flamingo, que se gabava de colher "400 mil caules de rosas perfeitas, por dia ... em estufas que abrangem área superior a 200 campos de futebol". Com as fazendas de flores vieram as estufas, para o controle climático – intermináveis fileiras de unidades cobertas por plástico –, até que enormes áreas das margens ficaram sob esses toldos, a ponto de bloquear rotas de animais selvagens e abalar o equilíbrio ecológico, tanto do lago quanto das terras a seu redor.

A exceção era a família Zwager, que, como explicava June, "removeu" o cultivo de cravos de uma parte de suas terras para transformá-la no que veio a ser o sólido santuário Oserian de vida selvagem. Isso permitiu o trânsito livre dos animais – 45 diferentes espécies de mamíferos, incluindo dois raros rinocerontes brancos importados, e 300 espécies de pássaros – do Parque Nacional do Hell's Gate até quase o lago. Para defender os animais dos caçadores, a área de preservação é protegida por 25 vigias trabalhando em turnos de 24 horas. Poderiam ter coberto cada centímetro de terra da reserva com estufas, mas não o fizeram. "Não a família Zwager", exclamou June. "Porque isso não é para uma glória efêmera, mas parte do que vou deixar para as próximas gerações, assim como Joan tanto já deixou. Por isso ela era tão nossa amiga. Conhecia nossas convicções. Nem tudo é dinheiro, dinheiro, dinheiro..."

Entretanto, lamentou June, outras floriculturas não seguiram o exemplo dos Zwager ou de Joan Root.

No INÍCIO DOS ANOS 90, época em que Joan iniciou sua vida como mulher sozinha, em Naivasha, o Quênia já era o sexto produtor mundial de flores, que faziam então pelo país o que o café fizera na época colonial – até que, com os preços do café estagnados, os cafeicultores obtiveram do governo permissão especial para substituir seus cafezais por flores. O governo, obviamente, concordava com qualquer coisa que lhe trouxesse dinheiro. Com apenas oito anos de produção no Naivasha, a floricultura passou a ser a indústria de maior crescimento no Quênia. Só em 1990, as lavouras quenianas exportaram mais de 400 milhões de flores, número que aumentava na proporção anual de 35%.

Tanto plantadores quanto empresários em visita à região mostravam-se impressionados e orgulhosos. "Recebi, por intermédio de um amigo, a visita do irmão do presidente sul-africano Thabo Mbeki", disse o conde Peter Szapary, jovem austríaco proprietário de uma plantação de flores e chefe do consórcio local de floricultores, o Lake Naivasha Growers Group. "Ele é economista. Seguimos pela estrada, para visitar uma das floriculturas mais distantes. Segundo ele, não existe outra região em que alguns poucos indivíduos, sem qualquer verba do Banco Mundial ou de investidores, ou do governo, ou de empréstimos a juros baixos, baseados puramente em princípios comerciais, tenham tomado conta de uma parcela do mercado mundial como no Naivasha. É um fenômeno absolutamente único. Assim, do ponto de vista do setor comercial privado, a indústria da floricultura em Naivasha é provavelmente a mais bem-sucedida da história da África."

Entre o final dos anos 70, imediatamente antes de Hans Zwager plantar seus primeiros cravos, e 1998, as exportações anuais de flores do Quênia cresceram perto de dez vezes: de 3.265 para 30.221 toneladas métricas. Por volta de 2005, essa indústria empregava diretamente 100 mil pessoas, mais 2 milhões indiretamente. Seu crescimento anual de exportações foi de 1 bilhão de xelins quenianos (15 milhões de dólares) para 22,8 bilhões (340 milhões de dólares). De 60 a 70% das flores do Quênia eram provenientes do lago Naivasha.

A plantação de flores passou a dominar a comunidade e a paisagem, transformando uma cidade seca e poeirenta surgida à sombra da estrada de ferro e do lago num centro comercial, verdadeira máquina de fazer dinheiro. Não eram apenas as flores, mas também o que traziam as culturas: o recurso natural mais abundante do Quênia, mão de obra barata. Num país empobrecido, cuja renda per capita anual é de cerca de 880 dólares – uma das mais baixas da África subsaariana –, a mais leve esperança de emprego era o suficiente para atrair multidões de trabalhadores.

Tratava-se de migração tão bárbara e selvagem quanto a dos gnus documentados por Joan e Alan. Dessa vez eram números incalculáveis de pessoas, centenas de milhares de homens e mulheres desempregados, famintos e desesperados; uma espécie de *Vinhas da ira* africana, um êxodo de refugiados tangidos pela pobreza, de todas as partes da África, em direção ao Naivasha. Multidões sem um tostão acorriam, imaginando como devia ser fácil a vida numa plantação de flores, um permanente Dia dos Namorados – justamente o grande acontecimento anual em Naivasha, com as floriculturas redobrando o trabalho e a produção. Entretanto, logo em seguida, os postos de trabalho eram radicalmente reduzidos até o ano seguinte. Em breve aquelas hordas se deram conta do quanto tinham sido falsas suas esperanças.

"Os NOVOS IMIGRANTES chegaram principalmente do oeste do Quênia, expulsos pelo colapso das economias regionais em razão da excessiva competição na indústria pesqueira do lago Vitória, as enchentes em Nyando e Budalangi e a Aids. A lista é longa", observa Parselelo Kantai, importante autor e jornalista queniano, no número de outubro-dezembro de 1990 da revista ecológica *Iko*, do Quênia. Chegavam com esperanças de encontrar trabalho, porém a maioria deles, especialmente os homens, não tinha sorte. De meados dos anos 90 até o final, os novos imigrantes fizeram a população de Naivasha subir de 30 mil para 350 mil habitantes, sendo que 65% deles eram mulheres. O manuseio das flores exige um toque delicado, diziam os produtores, acrescentando em voz baixa: "As meninas costumam trabalhar mais e ter melhor desempenho."

Parselelo Kantai descreveu a situação nas favelas de operários num número da revista *Iko* de 2004:

> De madrugada, os mais sortudos fazem fila para subir nos ônibus da companhia, na estrada de Karagita e de mais duas favelas a alguns quilômetros das fazendas. Durante o dia, novos imigrantes e antigos trabalhadores convalescendo de acidentes e doenças nas fazendas ou mulheres recém-saídas de uma

gravidez, planejada ou não, enfileiram-se pacientemente diante dos portões das floriculturas. Capatazes percorrem as filas, escolhendo os diaristas com total autoridade. Geralmente os homens são descartados: não possuem a destreza que a indústria exige nem paciência para trabalhar horas seguidas e receber um salário ínfimo. Além disso, na eventualidade de algum tumulto, eles serão sempre mais difíceis de controlar, acalmar e forçar a se calar do que as moças.

Usando uniformes e toucas, as mulheres trabalhavam em precisa e eficiente organização dentro das estufas brancas situadas ao longo do lago. Ali, segundo reportagens da mídia, milhões de rosas – cada qual exata reprodução da outra – desenvolviam-se num período de tempo programado com antecedência, depois do quê eram classificadas individualmente, pela qualidade e cortadas pouco antes de se abrirem, para garantir que atingissem seu pleno vigor nas mãos do comprador. Para evitar que desabrochassem antes da hora, os trabalhadores envolviam manualmente cada rosa com malhas que impediam a expansão das pétalas. Eram então submetidas a uma bateria de conservantes químicos para garantir o máximo frescor. As flores do Naivasha tinham "excepcional valor monetário", declarou um produtor. "O que os floricultores desejam é que mais residências comprem flores quinzenalmente."

Enquanto os trabalhadores dirigiam sua atenção para as próximas alas de estufas, em permanente multiplicação nos campos, as rosas iniciavam sua longa viagem para os mercados, onde desabrochavam como se comandadas, sem o menor vestígio do país de onde provinham.

Era impossível ignorar toda aquela miséria e destruição instaladas no Naivasha. Até Dodo Cunningham-Reid, uma rica europeia proprietária de terras, dona do glorioso Hippo Point Lodge à beira do lago, que costumava hospedar celebridades de Hollywood, exasperava-se diante do estado da região, manifestando com muita fluência verbal sua condenação:

O Naivasha é um microcosmo perfeito do Quênia: ausência de leis, pobreza, infraestrutura em colapso, corrupção, abusos em todos os níveis. É a triste história de uma sociedade deslocada, onde o dinheiro fala mais alto. Se o consumidor tivesse conhecimento de toda a miséria causada por uma única rosa, ele não a compraria.

Dizia-se que eram os trabalhadores os verdadeiros dejetos deixados pelas floriculturas, vivendo o que o livro *Flower Confidential* chama de "história de sangue e rosas": baixos salários, exploração em massa, exposição exagerada a produtos químicos. Em 2001, a Comissão de Direitos Humanos do Quênia publicou um relatório no qual listava centenas de abusos. Recebendo apenas "salários de fome", as mulheres eram obrigadas a enfrentar cotas absurdas de trabalho, o que as forçava a horas extras sem pagamento. Muitas companhias negavam à maior parte dos trabalhadores a filiação a um sindicato. Eram comuns os casos de assédio sexual, sobretudo porque não era considerado ofensa no Quênia. Não havia cobertura para planos médicos, à exceção de umas poucas floriculturas do Naivasha, que tinham um departamento médico. Uma fonte da mídia fez, confidencialmente, a estimativa de que pelo menos dois trabalhadores morriam por ano, vítimas do envenenamento por produtos químicos; outros cinco adoeciam devido à exposição a pesticidas sem a devida proteção. Além disso, o alojamento que algumas plantações ofereciam era simplesmente miserável. Segundo a comissão, os operários declaravam que essas acomodações eram terrivelmente superlotadas e anti-higiênicas. Cerca de 50 mil pessoas viviam ali em plena imundície, sem eletricidade ou serviços de esgoto, quatro ou mais num único quarto, variando de 18 a 20 quartos por "lote". De acordo com o relatório, muitas vezes tudo que separava uma família de outra, ou solteiros de casais, ou bandidos de crianças, não passava de um lençol rasgado.

* * *

Inevitavelmente, a maciça concentração populacional e as precárias condições de higiene levaram a uma situação cada vez mais perigosa os imigrantes e também o próprio lago. Negando sua participação na poluição ou na drenagem do lago, os floricultores tinham seus próprios problemas, incluindo a frustração por não conseguir que o governo instalasse sistemas de esgoto capazes de adequadamente dar fim aos dejetos humanos. Em outras palavras, em sua opinião o lago não havia sido poluído pelos produtos químicos e dejetos das produtoras de flores, mas por fezes humanas.

Inexistindo serviços de água corrente ou de esgoto para a população crescente, os dejetos humanos de Karagita e dos barracos vizinhos, bem como das *shambas* (pequenas floriculturas itinerantes), eram despejados em "compridas fossas", grandes buracos no chão, que manchavam a paisagem, e cujo conteúdo acabava chegando aos canais da bacia, que seguiam todos para um único escoadouro: o lago Naivasha.

"A principal ameaça, de que muito se fala, evidentemente, vem das floriculturas que envenenam o lago, pulverizando agrotóxicos que provavelmente escoam para o lago, destruindo seu ecossistema", admitiu um dono de floricultura, o conde Peter Szapary. No entanto, segundo ele, estudos independentes realizados por cientistas de um laboratório suíço – que recolheu amostras da água e de peixes de seis ou oito áreas diferentes do lago – demonstraram, surpreendentemente, que nenhum traço de pesticida podia ser encontrado na água do Naivasha ou em seus peixes. "O que de fato encontraram foi alta concentração de nitrato", informou o conde, acrescentando: "importante componente dos dejetos humanos."

Ainda que o lago não estivesse contaminado pelos produtos químicos que as floriculturas despejavam – e havia quem afirmasse que não estava – certamente ele era envenenado pela enxurrada de gente que elas atraíam para a região. E a poluição não era a única ameaça ao lago. Quando os imigrantes se deram conta de que eram poucas as chances de emprego estável nas plantações, passaram a fazer o que melhor sabiam: pescar. No Naivasha havia ainda então fartura de peixes, bem como de caça, e os homens lançaram-se sobre eles. Logo a caça e a pesca predatórias, sem licença e com o emprego de armadilhas, ocorreram em escala tão grande, que praticamente constituíram uma indústria.

Quem tomaria uma atitude? Não o Departamento de Pesca do Quênia, sediado num barracão e que raramente dispunha de gasolina para os veículos ou incentivos para combater os bandos de invasores, armados e perigosos. "O Quênia está repleto de corrupção em todos os níveis e por isto fica difícil saber se as autoridades do Departamento de Pesca fazem parte dos grupos de invasores ou se apenas fecham seus olhos", comentou um observador.

Tampouco tomaria alguma atitude o governo, cheio de justificado orgulho pela próspera indústria de flores, um dos maiores estouros econômicos desde a independência do país, em 1963. Um artigo do *New York Times* resumia a dedicação dos governantes à sua nova cultura favorita: "Como os preços mundiais do café permanecem em baixa histórica, a Brooke Bond, a maior produtora de café do Quênia ... recebeu permissão especial para abandonar as plantações de café, tradicionalmente consideradas quase sagradas, substituindo-as pelo cultivo de rosas."

Assim, enquanto a velha indústria do Quênia, o café, era literalmente podada em suas raízes para abrir espaço para a nova, Joan Root, filha de um cafeicultor, ficaria perigosamente situada entre as duas, entre o passado e o futuro, o café e as flores. Aquela maravilhosa terra, cheia de animais selvagens, estava exposta à dura realidade de um comércio frio e desenfreado.

A situação ia contra tudo o que Joan Root defendia. Num mundo de lucros, ela se preocupava mais com os outros do que consigo mesma. No mundo da beleza massificada e comercializada, ela permanecia como um produto genuíno do ambiente de onde provinha. Estava furiosa com o que estava acontecendo com a terra, com os trabalhadores, com o lago, mas não conseguia atribuir a culpa aos imigrantes indigentes. Não decorreu muito tempo até que se posicionasse contra a indústria. "Suponho que, pessoalmente, Joan Root teria preferido que nem a horticultura, nem a floricultura houvessem se estabelecido ao redor do lago", declarou Rod Jones, consultor comercial das indústrias de flores. "Compreendeu, no entanto, que havia benefícios econômicos envolvidos, que tolerou nos primeiros anos. Joan não tinha papas na língua a respeito do impacto que os floricultores estavam causando ao lago. Ouvi dizer que volta e meia ela vociferava contra os pesticidas e os fertilizantes despejados na água, afetando sua composição e sua toxicidade, degradando-a cada vez mais."

Queixar-se era, porém, o mesmo que culpar o vento pela poeira. Quem poderia recriminar uma floricultura por querer ampliar os lucros? Ou por trazer o emprego desesperadamente desejado a uma região em que antes existia tão pouco trabalho? Ou por cultivar um rico negócio onde nada antes havia, a não ser a natureza e a vida selvagem? Aquela era apenas mais uma situação do tipo "só-na-África", tão insana quanto uma mulher emprestando seu marido a uma doente terminal até sua morte. Sem contar a suprema ironia: sua preciosa terra natal estava sendo destruída pelas rosas, símbolo internacional do amor.

Capítulo 8

Uma das primeiras providências de Joan na nova condição de mulher solteira foi finalmente obter o brevê para pilotar o *Oscar Charlie*, que recebera no divórcio. Costumava então decolar de sua pista de grama e sobrevoar toda a região do lago, tão serena quando vista do alto, muito acima das calamidades em terra.

E planava sobre aquela área de contrastes, grandes e lendárias propriedades bem junto dos telhados de zinco de favelas pululando de gente, intermináveis faixas de terra rodeando a aglomeração de estufas brancas. Voava em direção às montanhas, em meio aos vulcões adormecidos pontilhados de gêiseres emitindo jatos de vapor alvo e quente, e subia tão alto que quase se esquecia dos problemas que marcavam sua nova vida. Às vezes ela se desligava dos controles, esperando ver Alan ao seu lado, sempre tão à vontade lá em cima, filmando aquele mundo em vias de desaparecer, como tantas vezes antes. Mas ela estava longe de sua órbita, pelo menos enquanto Jennie vivesse, e por enquanto se sentia satisfeita que a situação tivesse chegado a tal ponto. "Finalmente vou ter tempo para encontrar meu próprio caminho", escreveu ao amigo Anthony Smith. "Não preciso dele para tocar as coisas ... Eu *mudei*."

Na faixa dos 50 anos, com o cabelo louro já grisalho, Joan tinha a sorte de ter passado a vida no lugar mais lindo da face da Terra. Como uma flor selvagem, desabrochava onde fosse plantada, no habitat agreste dos leões, no Tsavo, numa cabana em ruínas na terra dos gorilas, ou às margens de um rio infestado de crocodilos, no Congo. Depois de tudo isso lhe ter sido arrancado, ela haveria de retornar à vida, de reflorescer, de ser Joan novamente. Aterrissaria seu avião no Naivasha, e ali, com toda uma bagagem de histórias e de aprendizado na mata, ela iria recomeçar.

E, com a causa que iria abraçar – a luta para salvar seu adorado lago –, afinal liberaria a personagem que por tanto tempo desempenhara só para Alan. Ela se tornaria uma mulher respeitada, poderosa, independente, decidida não só a registrar, como também a preservar o continente e os animais que amava. Horrorizada com o que se passava no lago Naivasha, ela se dava conta de que o que testemunhara na África Central e no Tsavo em breve poderia acontecer em sua vizinhança.

Sentada em sua varanda, anotava as centenas de coisas erradas, observando as imensas bolhas brancas de plástico que eram as estufas, ocultando as praias de seu lago. Naquelas estufas, as luzes ficavam acesas noite e dia, perturbando o ciclo de vida dos insetos, que ela sabia serem a base do ecossistema do Naivasha. As estufas também restringiam a alimentação noturna dos hipopótamos e de outros animais em terra, ao mesmo tempo em que sugavam a água para a irrigação e, ela desconfiava, despejavam de volta fertilizantes e pesticidas. Os dejetos humanos estavam contaminando a bacia, ela tinha certeza, embora fosse solidária com os pobres habitantes das favelas. Compreendia que os homens, emasculados pela falta de emprego nas floriculturas, não tivessem outra opção senão a pesca e a caça clandestinas.

Esses transgressores só precisavam de uma rede barata para dar início a um pequeno e lucrativo negócio. De modo geral, trabalhavam em grupos de três, especializados num tipo de pesca chamado *korosho*. Os pescadores lançavam na água quatro redes circulares de malha fina e depois as puxavam, de forma a apanhar tudo que se encontrasse no caminho. Logo começaram a empregar malha ainda mais fina, pegando não só os peixes miúdos, como também as ovas. Isso alarmou Joan, pois eles estavam interrompendo o ciclo de desenvolvimento da vida marinha e esgotando sua própria fonte de sobrevivência.

Sentindo-se energizada depois de vencer aquele cowboy queniano que tentara roubar-lhe as terras, Joan escreveu em seu caderno pessoal:

> Responsabilidade é uma questão de postura. Uma atitude em relação aos acontecimentos. Pode-se assumir a responsabilidade ou sentir-se vitimado pelo mundo. A escolha entre desempenhar o papel de vítima e assumir a responsabilidade irá determinar qual poder irá crescer: o nosso ou o do outro.

Se assumimos a posição de vítima, perdemos o poder. Se assumimos a responsabilidade, então temos o poder de fazer algo pelo que está acontecendo, de escolher o próximo passo. Tudo se resume na atitude.

O rotineiro "*Oh!*" transformava-se agora em "*Não!*". Não à pesca predatória. Não à degradação da terra que amava, coberta por quilômetros de estufas de plástico, além das quais ficava a favela de Karagita e a estrada Moi South Lake, onde intermináveis comboios de caminhões soltavam fumaça negra e levantavam poeira, transportando flores para o aeroporto de Nairóbi, de onde seriam enviadas para o mundo inteiro.

Logo a frustração de Joan transformou-se em raiva – não pela simples existência das floriculturas, mas antes pelo que elas faziam ao lago. Voando de volta para casa – que se distinguia por dois altos eucaliptos na margem – divisava nitidamente os pelotões esfarrapados de pescadores em meio aos papiros e bem dentro do lago, com os dorsos nus e shorts remendados, lançando redes ordinárias para apanhar peixes de todos os tamanhos. Também avistava transgressores na terra, matando animais selvagens para obter carne, instalando armadilhas a fim de capturar algo que pudessem comer ou vender. Ela não os culpava. Sabia que haviam sido jogados num mundo em que precisavam sobreviver de qualquer maneira. Sabia que mais da metade da população do Quênia tinha menos de 18 anos. Sabia que a criança queniana média jamais vira um elefante. Sabia também que, por viver em favelas, com suas pouquíssimas oportunidades de educação, a maioria desses homens não tinha outro futuro senão trabalhar nas floriculturas ou pescar clandestinamente no lago. Ela queria ajudá-los. Mas como?

No início de 1994, escreveu no diário: "Pescadores demais, pescando e atravessando o lago, que está baixo. Por isso, eles puxam as redes na parte que tem papiros." E, alguns meses depois: "Tantos africanos atravessando minhas terras para poder chegar à estrada, já que todos os caminhos estão obstruídos." As estufas bloqueavam o trânsito entre o lago e a estrada principal, e, assim, a propriedade de Joan tornou-se a única passagem. Os pescadores cruzavam Kilimandege para chegar ao lago e pescavam em sua praia. Quase da noite para o dia, aqueles transgressores praticamente haviam se apossado de suas preciosas terras ribeirinhas, pescando, capturando animais em armadilhas e acendendo fogueiras para cozinhar suas presas.

Suas suspeitas de que aquilo representava grave perigo para o lago em breve seriam confirmadas.

Ela morava só, mas raramente ficava sem sua considerável equipe de empregados ou um constante fluxo de visitantes. Amigos, tanto novos quanto mais antigos, encontravam abrigo temporário em sua casa, cujas portas estavam permanentemente abertas. Anthony Smith morou lá enquanto escrevia um livro sobre o Great Rift Valley. A amizade deles vinha desde a viagem de balão com Alan, na qual ela se misturava à paisagem lá embaixo. Não só Joan proporcionou a Anthony um lugar para ficar, como também atuou como "seu homem no Quênia", como diria depois, realizando pesquisas sobre o que ele pretendia escrever, planejando seus itinerários, conseguindo-lhe os contatos e as permissões, e até acompanhando-o nas viagens de estudo.

Cineastas da natureza também costumavam visitar sua propriedade. Richard Brock, que trabalhava para a BBC, vinha frequentemente desenvolver projetos ou trabalhar neles, confiando no intelecto, no conselho e na hospitalidade de Joan. Ela escreveu sobre todos esses visitantes em seu diário, mas a presença mais apontada é a do dr. David M. Harper, veterano palestrante da Universidade de Leicester, Inglaterra, que surgiu por acaso em Naivasha, nos anos 80 e que também por acaso iniciou um estudo sobre o lago que durou 20 anos, sendo finalmente patrocinado pelo Earthwatch Institute, o serviço mundial de ajuda ao meio ambiente.

Quando Harper apareceu pela primeira vez na região, Joan começou a assistir a todas as suas palestras sobre o lago, realizadas em salas meio vazias de hospedarias turísticas. Instalava-se sempre numa das filas de trás, com sua elegante roupa de algodão com um lenço de cabeça combinando. Sua atenção era intensa. À medida que as pesquisas de Harper prosseguiam e que seus prognósticos sobre o lago ficavam cada vez mais sombrios, ela superou a timidez e se apresentou a ele. "Há *muita coisa* que a indústria de flores poderia fazer para amenizar o impacto sobre o lago e o meio ambiente", Harper lembra-se de ouvi-la dizer.

Ele imaginou que, se estudasse a composição química da água dos poços artesianos da bacia do lago, seria possível, talvez, decifrar o que se passava com ela. Todos que viviam à beira do Naivasha obtinham água através desses poços e Joan conhecia a localização de cada um deles.

Harper entrou na velha Pajero de Joan e lá se foram os dois. Ela o levou a quase todos os poços da região, ajudando-o a analisar a água em cada um deles, apresentando-o aos seus donos, atuando como seu representante no lago.

Seus estudos sobre o Naivasha se ampliaram e intensificaram e Harper sentiu necessidade de um lugar para poder medir as mudanças que a linha de maré sofrera nos últimos 100 anos. Precisava de um ponto de partida, de uma área em frente ao lago que houvesse permanecido intacta nos últimos 100 anos. Existia apenas um lugar próximo ao lago que as plantações de flores não haviam usurpado ou cujos proprietários não tinham destruído a vegetação natural. Apenas um lugar ainda acessível aos animais, segundo Harper: os 88 acres de Joan Root.

Por isso, ela o convidou a sediar as investigações em andamento em suas terras e hospedar-se em sua casa, junto com sua equipe. Com satisfação, apresentou-se como voluntária para ajudá-lo. O que era bom para o lago era bom para Joan Root.

Por volta de 1995, Harper fez um prognóstico de que provavelmente Joan já suspeitava: caso não se tomassem medidas restritivas, o lago iria diminuir e morrer em 15 anos. Em 2006, o veredito de Harper foi: "O lago tem apenas cerca de cinco anos de vida, em seu atual estado, se ninguém fizer nada a respeito." Sabia que Joan vira o lago deteriorar-se a cada dia, e que ela se afligia especialmente diante da recusa das autoridades em impedir sua devastação.

Joan começou a observar os caçadores e pescadores ilegais do lago – a maioria dos quais tinha entre 18 e 21 anos. Eram africanos provenientes de uma dezena de tribos, reduzidos à miséria. Alguns tinham sido despedidos das floriculturas, outros estavam ali por opção, já que o salário de um trabalhador masculino nas floriculturas era de 85 a 150 xelins quenianos por dia (de 1,50 dólar a 2,25 dólares), por oito horas de trabalho, enquanto um pescador podia ganhar duas vezes mais em metade do tempo. Além disso, no lago não se era forçado a suportar o rude tratamento dos patrões, o risco da exposição a produtos químicos ou de demissão. Como pescador clandestino, era possível trabalhar seis dias por semana dentro d'água, ao sol.

A história do jovem Simon era típica: como seus colegas da pesca clandestina, ele costumava pescar nas águas rasas com uma rede estropiada, remendada com hastes de papiro atadas às malhas. Aos 33 anos, era um "mestiço" das tribos Luo e Luhya e morava com sua mulher e quatro filhos num quarto de um casebre de pau a pique em Karagita. "Não é uma profissão honrada", falou Simon num inglês claro com sotaque britânico, dentro do lago com água pela cintura e o rabo de um peixinho saindo-lhe da boca. "Faço isso porque não existe outra maneira de sobreviver." Trabalhara no "departamento de pulverização" da Homegrown Flower Farm até ser "declarado excedente". Tentou uma profissão legal, fazendo barbas por 20 xelins a cabeça (25 centavos de dólar). Não era, porém, suficiente para alimentar a família. "Um amigo me disse: 'Tem outro jeito de ganhar a vida, e tudo de que precisa é uma rede.'" E assim, de uma hora para outra, Simon tornou-se pescador ilegal, alimentando a família com os peixes que trazia do lago e sustentando-a com o dinheiro de sua venda. Tinha sido preso quatro vezes por esse motivo e numa delas ficou três meses na prisão de Naivasha. "É o inferno", revelou.

Ainda que fosse uma atividade vergonhosa, a pesca clandestina parecia a única saída. De que outra forma poderia um homem trazer para casa comida para a mulher e os filhos, pagar os 800 xelins (12,58 dólares) por mês ao senhorio por um único quarto em Karagita e ainda ficar com algum trocado no bolso? Em Naivasha avaliava-se um homem pelos trocados que trazia no bolso, principalmente se tivesse que subornar algum policial, quando surpreendido pescando. Se o bolso estivesse vazio, o pescador seria conduzido à cadeia de Naivasha, onde 50 ou mais pessoas tinham de dormir diretamente sobre o chão de cimento de uma cela coletiva. Uma vez libertado, ele retornava imediatamente ao lago, não só como pescador lutando para sobreviver, mas também como criminoso, já com um registro policial.

Muitos desses pescadores ilegais voltavam-se para a caça clandestina, usando armadilhas circulares feitas com o arame roubado de cercas das propriedades. Com alguns vira-latas treinados para tanger a caça até as ciladas, eles capturavam desde os antílopes *dik-dik*, do tamanho de lebres, até o grande impala, muito valorizado por sua carne tenra. À medida que os caçadores ilegais se multiplicaram, e que se intensificou a competição pelo peixe e a caça, os homens passaram a usar armas – bordões (cabos de picaretas) e *pangas* – para se proteger dos concorrentes. O desespero criara bandidos desesperados, transformando o Naivasha e os plácidos 88 acres de Joan Root num verdadeiro campo de batalha.

Todas as manhãs, ela e os empregados da casa saíam para "patrulhas de caçadores" – não para os enfrentar, mas para libertar os animais presos nas armadilhas, que surgiam em número cada vez maior. Ela decidira que sua propriedade seria sempre um refúgio, a fim de que os animais pudessem dispor de passagem livre até a água. "Às vezes sinto-me como se estivesse vivendo em outro planeta." No diário ela registra seu crescente apelo à ação. "Sentindo-me motivada!" anotou, no início de 1995. Ela também relatou a sua gradativa frustração, intensificada pela inépcia da polícia e das agências governamentais em chegar a uma solução para aquele problema, que se tornava impossível. "Longa conversa [com um vizinho] sobre a situação deprimente aqui no Naivasha."

As condições só pioravam, e em vão Joan procurava alguém para ajudá-la. Os proprietários não apresentavam solução – muitos membros da Lake Naivasha Riparian Association eram donos de floriculturas ou arrendavam suas propriedades aos produtores. "Alguns provavelmente admitiriam estar preocupados acima de tudo com o valor de suas terras e com a quantidade de água doce disponível para suas atividades econômicas", declarou lorde Enniskillen, presidente da associação, à revista *Iko*.

Considerando-se os bandos errantes de caçadores clandestinos e o progressivo número de criminosos, ninguém queria opor resistência no Naivasha, cada vez mais terra sem lei. Resistir ou reclamar era considerado um gesto suicida. Mas desistir não era próprio da natureza de Joan. Ela dirigiu até o chalé de seu sábio amigo Ian Parker, cercado por um grande terreno, num luxuoso bairro de Nairóbi, onde aquele especialista em vida selvagem morava com a mulher, Chris. Na sala de visitas, diante da fotografia do casal Root no balão sobre o cume nevado do Kilimanjaro, que Parker tirara 20 anos antes, Joan proferiu um violento discurso, o que lhe era incomum. Contou-lhe sobre os inúmeros caçadores clandestinos, que estavam acabando com tudo, e as intermináveis reuniões da Riparian Association, cujos proprietários se mantinham em eterna cantilena sobre os problemas, sem jamais tomar qualquer atitude. "É só conversa, conversa, conversa!", exclamou, "mas não se faz nada!"

Ian Parker conhecia extremamente bem o lago Naivasha. Ele e a mulher tomavam conta da casa de Joan e Alan quando os dois se encontravam em algum safári. E por isso Parker acreditava ter sua cota de responsabilidade na sobrevivência do lago.

"Você não vai chegar a parte alguma se só ficar gritando 'Não!'", ele argumentou, e Joan entendeu o que ele queria dizer. A preservação, na maioria das vezes, limitava-se a tentar impedir pessoas de fazerem isto ou aquilo, motivo por que, sobretudo na faminta, miserável e complexa África, nenhuma delas era bem-sucedida.

"Se quer que eles parem de agir errado, proponha-lhes agir certo", ponderou Parker. "Se forem pescar, estimule-os a pescar corretamente."

Fazia sentido. Afinal, se ela fora capaz de recuperar uma doninha, de ensinar um porco-espinho a sacudir seus espinhos e de domesticar um hipopótamo, por que não conseguiria recuperar um caçador clandestino, convencendo-o a obedecer às leis? E, se ela o transformasse – e tantos outros como ele – num pescador licenciado, regido pelas leis do lago, não estariam os peixes, animais selvagens e todo o equilíbrio ecológico correndo risco muito menor?

De volta ao lago, presenciando a atividade pesqueira clandestina atingir seu auge, com centenas de silhuetas humanas lançando suas redes e causando devastação, Joan afinal tomou uma atitude ousada, cujas repercussões seriam imensas: saiu e foi diretamente falar com alguns pescadores, perguntando o que poderia fazer para remediar a situação. A primeira reação deles foi tentar vender a ela dutos de irrigação roubados de sua própria terra. Embora os dutos pertencessem a quem os havia instalado ali, os pescadores desmontavam-nos para tentar vendê-los outra vez aos legítimos donos. Ainda não tinham encontrado ninguém que aceitasse o negócio, até Joan aparecer – até então sempre eram recebidos com desdém, quando não com uma arma de fogo.

Joan, porém, não se importou. Sabia tratar-se de trapaça, mas, para inaugurar o diálogo, comprou de volta seu próprio equipamento pirateado por eles. "Paguei 1.500 xelins quenianos [22,50 dólares] pelos dutos e 1.050 [15,75 dólares] por 51 estacas de cedro", escreveu ela no diário, em 15 de junho de 1994. Em troca, começou a conversar com os rapazes sobre a importância da pesca responsável, em vez da clandestina. Eles explicaram que não tinham escolha: tornar-se pescador legalizado e licenciado exigia algum capital. Era preciso comprar um barco, pagar a licença, comprar redes no padrão regulamentado; eles não tinham condições para tanto. A conversa deixou Joan ainda mais frustrada.

Pouco depois, um pescador legal queniano desembarcou em sua propriedade, com ideias e conselhos que acabariam por mostrar-se úteis. Seu nome era David Kilo, e seu programa contra a pesca ilegal e pela preservação do lago Naivasha tentava ativamente – ainda que com bem pouco sucesso – pôr fim àquelas atividades ilegais. Kilo conheceu Joan quando o motor de seu barco quebrou bem em frente à casa dela. Enquanto os pescadores clandestinos não experimentavam o menor constrangimento em atravessar as terras de Joan, Kilo e seus dois companheiros acreditavam precisar de permissão. Ele viu aquela mulher branca, de lenço na cabeça, alimentando os pássaros em sua varanda e assobiou, chamando-a: "*Memsaab!* Precisamos de ajuda!"

Ela se aproximou da margem enquanto Kilo vinha pela água, entre os papiros. Perguntou-lhes quem eram.

"Somos pescadores registrados", respondeu Kilo, explicando o problema com o barco e pedindo permissão para cruzar sua propriedade até a estrada. Joan evidentemente assentiu.

Os pescadores então atracaram o barco e atravessaram o terreno de Joan, transportando a pesca daquele dia. Na manhã seguinte, antes de retornar para consertar o motor, Kilo telefonou para o número de celular que Joan lhe dera. Ansiosa por demonstrar seu apoio à pesca legal, na mesma hora ela fez um trato para comprar regularmente seus peixes, que seriam destinados a um pelicano e um marabu que estava recuperando. Em encontros subsequentes, os dois conversaram sobre as medidas possíveis para deter o aumento galopante da pesca predatória.

Ela lhe revelou a ideia de reabilitar os transgressores. "O que seria preciso?", perguntou a Kilo. Em primeiro lugar, ela precisaria de um barco construído por um *fundi* (construtor licenciado de barcos de pesca) e de dez redes de determinado tamanho, autorizados pelo Departamento de Pesca. "Quando a senhora tiver o barco, com certeza conseguirá a licença", disse-lhe Kilo, acrescentando que a taxa era barata: 350 xelins quenianos (5,24 dólares) por ano. E elogiou Joan: "É uma grande ideia, e sem dúvida a senhora não terá dificuldade alguma."

Tudo que ela precisava era um pescador clandestino.

Em fevereiro de 1997, entretanto, sua atenção foi temporariamente desviada do lago. Sua última ligação com o passado, o pai, Edward Thorpe, estava morrendo de pneumonia aos 90 anos num hospital em Amarillo, Texas. Desde a morte da mãe, oito anos antes, Joan o visitava com frequência, mantendo contato regular, sempre conversando sobre a paixão comum pela vida selvagem.

Imediatamente após receber a notícia de sua internação, ela tomou um avião para os Estados Unidos a fim de ficar a seu lado, encontrando-o em estado de semiconsciência. "Joan", disse ele, em meio aos odores de éter do leito, "não vá embora." No dia seguinte, ele já não a reconhecia.

E um dia depois estava morto. O último homem influente na vida de Joan havia partido, porém já se podia divisar no horizonte outro, mais controvertido ainda.

De volta ao Naivasha, ela sempre acordava cada manhã antes da aurora. Uma mulher queniana não fica rolando na cama – pelo menos, não Joan Root, que costumava recolher-se ao quarto às sete da noite, assistir a um filme e apagar as luzes pelas nove ou dez. Em seu quarto espartano, ela ia até o pequeno closet, onde cada peça de roupa estava meticulosamente empilhada ou pendurada de acordo com o tipo e a cor, e escolhia o traje que se transformara em seu verdadeiro uniforme: tênis de sola de borracha, shorts, calças ou saia de algodão e blusa de manga curta da mesma cor, tudo encimado por uma grande e colorida bandana amarrada ao estilo africano, que ela usava cada vez mais na cor vermelha, "o que a tornava instantaneamente reconhecível", disse ao repórter de um jornal o agente de um programa de controle da Aids instalado numa floricultura vizinha. "Normalmente são os africanos negros, como nós, que usam lenços assim."

Destrancando a porta do quarto, que dispunha de grades de ferro nas janelas, Joan ia imediatamente alimentar os animais – eles sempre chegavam primeiro e eram tudo para ela: seus companheiros constantes e sua maior fonte de satisfação. Havia quem vinculasse sua intensa devoção à terra e aos animais ao fato de serem tudo que lhe restara de Alan. "Aquela casa conservava alguma coisa de Alan, para ela", comentou uma amiga. "Ela não mudou *absolutamente nada* ali. Imagino que até queria, mas não poderia suportar."

Obviamente ela também amava a terra por tudo o que dela recebera: sua vida selvagem, sua beleza e o desafio de salvá-la contra possibilidades inacreditáveis. "No Naivasha há sempre muita coisa para me manter ocupada", escreveu Joan a amigos, no final de 1996, em carta que os informava de algo que considerava uma enorme mudança, à qual resistira obstinadamente por muito tempo: cercar sua propriedade. Até então, o lago era considerado "terra de Ramsar" (o tratado internacional para conservação e utilização sustentável de pantanais fora assinado em Ramsar, Irã, em 1971).

Todos os proprietários, exceto Joan, haviam erguido cercas, como também fechado os corredores que permitiam o acesso ao lago tanto aos animais selvagens quanto ao público. Os 16 corredores originais foram reduzidos a um, tão estreito e infestado de hipopótamos que pouca gente se atrevia a passar por ele, preferindo o fácil acesso pelos 88 acres de Joan.

"Minha propriedade era a única aberta por toda a estrada South Lake, o que significava muita falta de segurança", escreveu ela. "Minhas terras recebiam invasores humanos, gado dos massais, hienas, bandos de cachorros caçando meus animais selvagens. Por isso, em meados de 1996, coloquei uma cerca de 2m de altura, ao longo da estrada e nos limites laterais do terreno, para melhor proteger meu santuário. Os leopardos e as jiboias ainda perambulam pela margem do lago, o que fornece um nível tolerável de proteção."

A cerca servia a duplo propósito: mantinha fora os predadores – tanto humanos quanto animais – e dentro a vida selvagem. Em época de seca, os animais vinham do campo de Kedong, nas cercanias, para a área cercada de Joan, "onde se sentiam seguros", sua carta continua. "Além dos antílopes de sempre, as gazelas e os *dik-diks*, havia zebras, girafas, alces e impalas ao redor da casa. Quando chegavam as chuvas, entre abril e maio, todos retornavam ao campo, o que permitia a minhas terras a recuperação de seu estado normal, sem tantos bichos. Os únicos animais domesticados que tenho agora são Chekky, o porco-espinho – que este ano completa 20 anos –, um *duiker* do Sudão, de flanco vermelho, e três grous-coroados."

A cerca, no entanto, não impedia a intrusão do mundo humano cada vez mais desesperado que se encontrava além dela.

A "PATRULHA DE CAÇADORES" DE JOAN na manhã de 16 de agosto de 1997 revelou novos agressores: *cães*. Não animais domésticos, mas vira-latas ferozes, treinados para tanger os animais em direção às armadilhas ou simplesmente matá-los – as armas mais eficazes dos caçadores clandestinos, armas que os ambientalistas desprezavam. Naquela manhã, três deles acuavam e aterrorizavam um cobo. Já que uma mulher e dois quicuios nada representavam numa briga de cachorros, mesmo sendo Joan Root a mulher, ela se preparou para o pior enquanto as feras se aproximavam de sua presa.

Uma súbita agitação na praia revelou três pescadores clandestinos. Molhados e sujos, eles se precipitaram em meio aos papiros, mas não para atiçar a matilha ou capturar o cobo. Surpreendentemente, não estavam realizando um ataque, mas um resgate, sem que Joan jamais viesse a saber por quê. O líder evidente do grupo era um quicuio de proporções atléticas, usando um velho short encharcado e uma camiseta rasgada, porém abençoado com velocidade e agilidade, além da beleza natural dos nativos. Ele perseguiu os cachorros e chamou um amigo, que matou um deles com um revólver. Assustados, os outros cães fugiram, deixando para trás o trêmulo cobo e uma Joan Root extremamente impressionada.

"Olá!", exclamou o pescador que havia salvado o cobo, para em seguida apresentar-se como David Chege.

* * *

No dia seguinte, Geoffrey, jardineiro de Joan, bateu à porta de David Chege, em Karagita. "Mama Joan quer vê-lo", avisou. Chege então foi até a propriedade de Joan para fornecer-lhe o que ela mais prezava: informações. Desejava ela saber onde viviam os vira-latas, conhecer o dono deles e garantir que os animais nunca mais voltassem a suas terras? Chege podia arranjá-lo e o fez. Joan queria saber quem roubara seu equipamento anos atrás? De novo, Chege podia consegui-lo e o fez. Ela desejava saber *tudo* sobre o lago e seus invasores, os pelotões de homens que realizavam pesca predatória e matavam animais em terra? David Chege podia ajudar.

Chege foi na pista dos ladrões que recentemente haviam roubado sua bomba e o motor. Levou a polícia até eles e os policiais os prenderam em flagrante, devolvendo as peças a Joan. Ele sabia quem cortava os arames de sua cerca, quem invadia suas terras à noite para pescar em seu trecho de margem, quem incendiava seus papiros e colocava armadilhas para seus preciosos animais.

A pergunta seguinte era: quem seria aquele furacão que conhecia tudo e todos os recantos e redemoinhos do lago, aonde poucos *mzungu* se atreviam a ir? Ele fazia parte daquele lamentável êxodo para o Naivasha. Morava em Karagita, com a mulher e dois filhos, e era originário de Molo, a 90km de distância. Chege tinha sete irmãos e uma irmã. O pai abandonara a família, deixando a mulher só, forçada a trabalhar nas floriculturas, com as crianças engalfinhando-se entre si. Membro da maior das tribos dos quicuios, Chege era dotado de notável inteligência, astúcia nos negócios e ótima aparência. Era pescador clandestino desde os dez anos e, como todos concordavam, transformara-se no ilegal mais resistente, determinado e cheio de truques de todo o Naivasha. Normalmente vestidos com sungas encharcadas e bastante gastas, Chege e seus colegas praticavam o *korosho* da maneira mais ecologicamente destrutiva. Todas as noites repartiam o butim, vendendo-o no mercado mais próximo ou na favela. Ganhavam apenas o suficiente para comprar comida e, vez ou outra, uma dose de uísque.

Chege andava pelos 20 anos quando sua miserável vida de pescador clandestino juntou-se à de Joan Root pós-Alan. Um mês depois daquele encontro, ele se tornaria para ela fonte constante de informação, sua força e proteção.

O mundo socioeconômico dos transgressores que David Chege começou a revelar para Joan era tão estranho e fascinante quanto os corredores ocultos de um cupinzeiro, só que os infratores literalmente estavam acabando com sua propriedade. Era um universo complexo que ela conhecia muito mal e ao qual não tinha acesso, apesar de ter vivido naquele lago por quase 40 anos. Depois de indicar os donos dos cães, Chege expandiu sua rede de inteligência. "Chege telefonou de Karagita ... Chege me trouxe a informação ... Chege quer saber o nome dos rapazes que roubaram meus pneus ... Chege veio e está interessado em trabalhar com o CID (Departamento de Inteligência Criminal da polícia de Nairóbi)."

David Chege não se limitava a falar: agia, tomava providências, e assim foi ganhando o respeito de Joan. Por isso ela começou a segui-lo, a ouvi-lo e a confiar cada vez mais nele. Como poderia ela, ou qualquer outro naturalista devotado, deixar de fazê-lo? Ele não era apenas um guia incomparável naquele radical mundo oculto, era também a peça-chave para que Joan o salvasse.

Em troca, Joan Root apresentou David Chege a um mundo igualmente fascinante. Ele sabia quem ela era, como a maioria das crianças em Karagita. Todos tinham assistido a *Two in the Bush* e aos outros filmes do casal Root na escola primária Longonot. Mas a realidade para a qual ela lhe abria as portas estava muito além das maravilhas daquele filme. Era um aparentemente ilimitado universo de dinheiro e do bem mais valorizado no Quênia: a terra. Embora estivesse logo ali, do outro lado da estrada, nem de longe ele imaginava aquele país de fartura. E subitamente estava dentro dele. Alguns dias depois de seu primeiro encontro, Joan comprou para Chege um colchão novo e arranjou-lhe um emprego temporário na casa de um dos proprietários da beira do lago.

Em seguida, Joan fez-lhe uma incrível proposta: não só pagaria por suas informações como também o ensinaria a pescar de forma legal, além de *patrocinar-lhe* a atividade. Dentro de um ano, ela já conseguira tudo que ele e seus colegas precisavam. "10.3.99 Fomos ao Departamento de Pesca. Conseguimos licenças para o barco, eu, Chege, Isaac e Joseph", ela registrou em seu diário, incluindo os companheiros dele em seu plano de reabilitação.

Ela também comprou as dez redes-padrão exigidas. Em vez de prosseguirem com o destrutivo *korosho*, eles podiam lançar as redes adequadamente, só capturando peixes do tamanho permitido por lei. Com paciência, Joan ensinou a David e sua equipe os pontos básicos da pesca legal: o tamanho correto, a quantidade de redes permitida, com malhas que impediam a captura de peixes miúdos e ovas; a importância capital de não pescar em locais ecologicamente frágeis: lagoas, baías e cinturões de papiros, que serviam como pontos de desova para os peixes; os períodos em que a pesca era permitida, a quantidade máxima nas sacolas e outros regulamentos especificados pela Lei da Pesca do Quênia. Joan também tentou fazê-los compreenderem que a obediência àquelas práticas e aos regulamentos produziria um lago sustentável que, de acordo com o Departamento de Pesca, iria "proporcionar trabalho para muitos jovens desempregados do Naivasha".

Ensinou-lhes também como vender seus peixes. E, em troca, eles manteriam os invasores longe das terras dela. E assim uma nova força irrompeu no Naivasha: o *Barco nº 8*, pesqueiro legalizado, patrocinado por uma *mzungu*. Ela foi ao escritório do KWS (Kenya Wildlife Services) "para saber o que é preciso para ter alguém como Chege no lago, vigiando e colaborando com a KWS", anotou. E quando os funcionários da KWS responderam que achavam boa ideia, ela mandou Chege e sua equipe para o lago, em seu barco, com seu equipamento, seu dinheiro e suas bênçãos, a fim de proteger e defender a região do flagelo que a ameaçava.

Joan Root não era uma radical, insistiram seus amigos, apenas uma mulher lutando para proteger o que tão desesperadamente amava: suas terras e, com isso, a região de modo geral. Ainda assim, a impressão era de que ela buscava algo maior, uma missão de vida, maior e mais ousada do que seus filmes. Se fora capaz de reabilitar David Chege, o mais conhecido pescador clandestino do Naivasha, por que não poderia reabilitar os outros? Se o conseguisse, salvaria do crime uma geração inteira de jovens quenianos e, simultaneamente, seu amado lago. Se protegesse o meio ambiente sob seu controle, também seria capaz de salvar o meio ambiente de modo geral. Se atingisse tal meta, todos, brancos e negros, se beneficiariam, e talvez outras pessoas seguissem seu exemplo.

Dos milhares de pescadores despossuídos que Joan poderia ter escolhido para reabilitar, Chege era o melhor e o pior candidato – o melhor porque, como observou um proprietário das imediações, ele era "um diamante bruto", o consumado pescador clandestino, com ideias tão velozes quanto os pés; segundo muitos outros, porém, o pior porque era um terrível oportunista, sempre à cata de qualquer alvo fácil, que muita gente (a polícia incluída) dizia ter encontrado em Joan Root.

Para a comunidade branca de Nairóbi e de Naivasha, como também para muitos africanos da área, Chege personificava todos os males da região. As pessoas insistiam em dizer que ele era não só pescador clandestino como também cúmplice de criminosos, ladrão e muito mais. Até Joan surgir em sua vida, ninguém jamais o vira trabalhando, a não ser na pesca ilegal. "É um sobrevivente", explicou um morador antigo do Naivasha, "capaz de se adaptar a qualquer situação. Se você o levanta, ele se adapta. Se você o abaixa, ele também se adapta. É um quicuio, bom de papo. Quando alguém é bom de papo, ninguém sabe o que vai dentro dele. Não se conhecem seus motivos verdadeiros, embora se saiba que seu primeiro motivo é sempre tirar vantagem."

"Chege conhecia todos os truques", comentou Sarah Higgins, vizinha de Joan. Ele sabia quando, onde e como trabalhavam os transgressores. Sabia como rasgar as redes que eles escondiam sob a água, e dava sempre o primeiro o golpe. Logo os infratores estavam em fuga, com suas redes confiscadas e seus esconderijos, destruídos. Mas, a despeito do que Joan acreditava serem os melhores esforços de Chege, a pesca clandestina prosseguia.

Novas ondas de pescadores ilegais chegaram às terras ribeirinhas de Joan, por meio das floriculturas, destruindo a vida marinha e a paisagem. "Dispararam 12 tiros ontem à noite … A ponto de enlouquecer … Caminhando sobre os papiros, expulsei-os … Conversei com eles … Pescadores clandestinos estão ameaçando. Fico exausta com tudo isso."

O número de invasores só fazia aumentar. Não só matavam os peixes dali, como também consumiam o tempo de Joan. Sem se dar conta, ela se transformara de uma pessoa de ideias elevadas, pretendendo dialogar com os ilegais, em apenas mais um latifundiário branco querendo expulsá-los.

Associado à questão dos invasores veio o aumento da criminalidade, e nesse caso também Joan Root tomou posição.

"Tínhamos uma rede de comunicações para segurança e, se alguém atacasse, poderíamos acionar o alarme", revelou Annabelle Thom, arrendatária e amiga de Joan. "Tínhamos rádios e códigos."

Certa noite, uma gangue armada atacou um casal jovem, que morava mais abaixo, na estrada, e eles transmitiram um SOS pelo rádio. "Joan e outra mulher foram as únicas a ouvir o chamado", continuou Annabelle. "Joan pulou em sua velha Pajero creme e correu até a casa para tentar ajudar. Ela não sentia medo."

Quando chegou lá, entretanto, os bandidos já haviam fugido. Na manhã seguinte, quando a cumprimentaram pela tentativa de ajuda, ela apenas respondeu: "Ah, não foi nada."

No dia 7 de abril de 1999 ela registrou no diário ocorrência ainda mais grave. "Às duas da manhã despertei com a voz de Melissa no rádio pedindo socorro. Telefonei para umas pessoas e para a polícia, e fui de carro até [a fazenda] Three Point Ostrich. Três mortos na casa de Duncan Adamson. Um homem ferido e outro que abrira caminho pelo telhado da cozinha, mas caíra do lado de fora."

Os mortos eram ladrões que haviam invadido a casa de Adamson, embora os vigias tivessem dado tiros para o alto. Um dos ladrões, que ficara segurando uma picareta sobre a cabeça de Duncan Adamson, foi morto com um tiro, e os outros dois também foram abatidos. Joan escreveu: "Isso vai nos deixar mais alerta quanto à segurança." O que, no entanto, não a impediu de continuar lutando pelo lago e de confiar inteiramente em David Chege como seu protetor.

CHEGE DESEMPENHOU IMPORTANTE PAPEL na missão de Joan em defesa do lago. O jovem queniano, porém, também a fascinou num nível ainda mais amplo. Ela passou a fazer parte da vida dele, o que significou fazer parte de seu drama: em certo sentido, os problemas dele faziam-na parar de pensar nos dela, dando outra dimensão a sua missão. "Longas conversas com Chege", ela registrou várias vezes no diário. Chege ia com tanta frequência à propriedade de Joan, que acabou se casando com Esther, da equipe de empregados de Joan. "Sou uma simples governanta", ela declararia mais tarde à polícia, para se defender. Esther foi sua segunda esposa, sendo a poligamia um sinal de honra num país em que o status de um homem muitas vezes se avalia pela quantidade de esposas. Logo Chege e Esther tiveram filhos. Enquanto a primeira mulher e os outros filhos ainda viviam na favela de Karagita, Chege morava com Esther no alojamento muito mais confortável dos empregados de Joan. Ele não apenas passara a chefe da equipe particular de segurança de Joan, mas também a membro efetivo de seu pessoal, vivendo na propriedade. Em pouco tempo ela estava envolvida nos problemas particulares dele. "Ontem à noite, Chege surpreendeu [outro homem] na cama com sua mulher e está arrasado." E alguns meses mais tarde: "Esther me disse que a primeira mulher de Chege veio ver-me, e ficou me esperando até as quatro e meia. Disse que ele consegue dinheiro de mim com falsidades."

Para compor as peças daquele drama, naquela noite Joan recebera um telefonema de Karagita: "Chege desapareceu, mulher sequestrou filho... o que está esperando não é dele." Depois a mãe de Chege veio até a casa de Joan contar que a primeira mulher dele tinha sequestrado o filho deles na porta da igreja e o estava usando para barganhar com seu marido. "Ela está grávida, e quer que Chege a aceite de volta", Joan registrou. "Ela fugiu e levou a mobília [seis meses antes]." A mãe até sabia a identidade do verdadeiro pai da criança prestes a nascer: era um político sem importância, da favela. Mas a velha senhora aconselhara o filho a ficar com a mulher e a criança e assim cortar o mal pela raiz. Joan completou: "Eu lhe disse para seguir o conselho de sua mãe."

E como poderia Chege deixar de ficar eternamente fascinado com as histórias igualmente selvagens que Joan lhe contava sobre Alan Root e os 25 anos que os dois passaram como os maiores cineastas da vida selvagem de todo o mundo? Mais cativante ainda era sua vida depois de Alan, no Naivasha, diria Chege mais tarde, ao descrever como ela precisava desesperadamente do ex-marido, como sentia sua falta e ansiava por ele. "Ela costumava dizer que, se o marido estivesse lá, ela não teria problemas em suas terras", contou. Ela descrevia como as pessoas a importunavam e tentavam aproveitar-se dela porque era uma mulher sozinha, sem marido, em meio a um mundo só de homens. "Ela dizia 'Se Alan estivesse aqui, ninguém mexeria comigo'", recordou Chege. "Na maior parte do tempo só falava sobre o marido, e que muita gente a importunava porque não tinha marido." Se Alan estivesse lá, garantia Joan a Chege, ninguém se atreveria a fincar postes de luz em sua propriedade sem sua autorização, ou a derrubar seus ciprestes ou mesmo invadir – e destruir – sua propriedade. Seu lamento acabaria se tornando uma ladainha. "Se Alan estivesse lá, tomaria conta dela", lembrou Chege. "E ela costumava repetir, sofrendo: 'Se Alan estivesse aqui...'"

Não era Alan, entretanto, quem estava lá, mas apenas um invasor quicuio, pobre e sujo, da favela de Karagita.

Capítulo 9

Nessa mesma época, no início de 2000, Alan Root estava ao lado da agonizante Jennie. Já se tinham passado 18 anos desde a festa de casamento, no Naivasha, em que ambos se haviam interessado um pelo outro; 14 anos desde o diagnóstico de leucemia de Jennie, e dez desde o divórcio de Alan e Joan. "Você não gostaria de morrer na África que tanto ama?", perguntou Alan à mulher, na residência deles em Nairóbi, durante os estágios finais do câncer. Ela, porém, insistia em voltar para Londres. À época, Alan já abrira mão da maior parte de suas atividades cinematográficas por ela. "Já deixei alguma coisa para a posteridade, se não for muita pretensão", disse ele a um repórter. "Não estou mais morrendo de vontade de me lançar ao próximo trabalho, muito em razão de Jennie. Finalmente descobri que existem coisas mais importantes do que o trabalho." Assim, voaram para Londres, seguindo para a clínica onde ele permaneceu ao lado dela nos últimos momentos, até a provação chegar ao fim em 11 de janeiro de 2000. "Sue Allan me telefonou, e também Ian Parker, informando-me de que Jennie faleceu esta manhã", Joan registrou.

"Jennie faleceu" parece pouco para um acontecimento monumental como aquele. Se alguém imaginava que Joan havia desistido de Alan ou dele se esquecido, teria a resposta dias depois, quando ela, sentada com David Chege na varanda de sua casa, conversando sobre os problemas que ele enfrentava para deter a pesca predatória, foi interrompida pelo ruído de um helicóptero. Joan sorriu. "*Bwana yangu sasa atarudi*", falou em suaíli, o que significa: "É meu marido que está voltando para casa!", e depois acrescentou em inglês: "Porque sua segunda mulher acabou de morrer." De fato, um helicóptero aproximou-se cada vez mais, até o ruído dos motores ficar tão próximo que parecia que ia aterrissar; mas de repente, o som começou a afastar-se e, por fim, lentamente foi desaparecendo, deixando Joan silenciosa na varanda, com o pescador. Passado um momento, ela simplesmente desculpou-se e entrou em casa.

Alan não voltou. Então, onde estaria ele? Jamais voltaria para seu lado? Na verdade, a situação de Alan se complicara ainda mais. Permanecera todos aqueles anos ao lado de Jennie, até que não sobrasse a ela nada além de pele, ossos e uma dor excruciante e onipresente. O mais leve toque dele era uma tortura para ela. Aquele homem ainda cheio de vitalidade, que passara a vida nos locais mais selvagens e excitantes da terra, viu-se subitamente cercado pelos odores da doença e da morte. Não era mais livre para voar através do Serengeti ou por cima do monte Kilimanjaro: estava confinado a uma sucessão de consultórios médicos e alas de cancerosos, ocasionalmente escutando de amigos comuns que Joan ainda tinha esperanças de que, finalmente, ele voltasse para ela, mesmo passados 18 anos de separação. Ele lembrou: "De alguma forma terrível, ela ainda me esperava. Explodi certa vez, dizendo-lhe: 'Você tem que construir sua própria vida!'"

Nos meses que antecederam a morte de Jennie, ele conheceu uma jovem chamada Fran Michelmore num jantar em casa de Cynthia Moss, que passara a vida estudando os elefantes de Amboseli. Jennie estava hospedada por alguns dias no chalé de uma amiga, com teto de palha, num lugar lindo – perto do que outrora fora a grande floresta dos quicuios (a terra em que Karen Blixen combateu o incêndio que destruiu sua plantação de café, como mostra o filme *Entre dois amores*). Fran era inteligente, linda e vibrante, e certamente teve muitos assuntos para conversar com Alan: era cartógrafa, biógrafa, artista e violinista e ainda tinha formação em zoologia.

> 1.4.2000. Alan contou para Adrian que está com uma mulher, Fran Michelmore, e que em breve tornará o caso público ... Eu já o tinha visto com ela, numa exposição de arte, no dia 26 de novembro – portanto, eles já estavam namorando antes de Jennie morrer. Fiquei muito abalada, tomada por várias emoções confusas ... Fui visitar uns amigos numa *duka* [loja] e contei para eles. De volta ao Naivasha, atordoada, agitada, passei a noite inteira andando

de lá para cá, mas no domingo já me sentia novamente serena. De certa forma foi um alívio, porque agora sei onde estou pisando.

Oito dias depois, Joan recebeu notícias ainda mais inesperadas: não só Alan havia se apaixonado por outra mulher, como a mulher estava esperando um filho dele. "9.4.2000. Longa conversa por telefone com Adrian sobre a situação de Alan com Fran. Não deve ter sido assim tão fácil para ele antes de J. morrer..."

Numa folha de bloco expressou seus sentimentos para Alan, em carta que jamais enviou:

> A., é muito estranho entrar em contato com você, por isso fiquei sempre adiando. Os meses, porém, vão passando, e a situação vai se tornando ridícula. Você deve imaginar que você e Fran terem um bebê me afeta muito, embora me faça extremamente feliz por você. Fiquei em especial tocada por você ter dado ao menino o nome de Myles Nicholas. Acredito que Myles seja por causa de North e de Turner [Myles North, o velho amigo de Alan, estudioso dos pássaros, que lhe inspirou o interesse pelas jaçanãs; e Myles Turner, outro amigo, que foi chefe da guarda do Parque Nacional do Serengeti], e isso é maravilhoso. O que Fran achou disso?

Enviou, porém, alguns presentes para o recém-nascido, por mais doloroso que fosse para ela. Não muito tempo depois, chegou a seguinte carta de Alan:

> Minha querida Joan,
>
> Tenho a impressão – já que ambos sabemos como é Nairóbi – de que você já deve ter ouvido que vou casar-me semana que vem. É difícil falar com você sobre isso ou qualquer assunto relacionado. Nós dois sempre achamos difícil nos comunicar, a não ser quando cochichávamos um com o outro em plena floresta... De qualquer forma, queria que você soubesse por mim mesmo, embora tenha deixado passar tanto tempo.

> Nunca pude entender realmente por que nossa parceria não deu certo... pelo menos a minha parte não deu. Por muitos anos você foi o vento que sustentava minhas asas e me ajudou a voar bem alto... E então voei para longe – um ingrato –, mas acho que nunca entendemos bem o que nos faz agir deste ou daquele jeito. Sei que paguei um alto preço por minha atitude, mas, através de todo esse sofrimento, aprendi bastante sobre a vida e sobre mim mesmo... Só sei agora que, embora tenha medo de morrer enquanto [Myles] for ainda jovem, precisando de mim, jamais me senti tão feliz ou realizado quanto agora, com o pequeno Myles.
>
> Muito obrigado pelo tamborete do Velho Myles e pelos discos... É um gesto muito bonito ... E muito obrigado por todo o resto. Sei que é terrivelmente tarde para dizer, mas não posso terminar sem agradecer por seu amor e seu apoio, quando éramos tão jovens, e todos os nossos momentos divertidos, todo o nosso árduo trabalho e as grandes coisas que realizamos juntos. Você terá sempre um lugar especial em meu coração. É pena que eu seja tão incapaz de demonstrar isso.
>
> Espero que você esteja feliz em sua vida. Você é uma mulher maravilhosa. Por favor, não deixe que isso a faça sofrer.
>
> Com muito amor, Alan.

Desapareceria finalmente sua fé em Alan, o único homem que amara em toda a sua vida, uma vez que ele nunca mais voltaria para o seu lado, como a carta deixava claro? Iria ruborizar-se, constrangida, lembrando-se de certa ocasião pouco tempo antes, na Inglaterra, quando, ao caminhar com uma velha amiga, na iminência da morte de Jennie, perguntara: "Você acha que eu ainda tenho chances?" Depois de tudo, a dúvida soava ridícula, até mesmo humilhante. Uma coisa é certa: no final ela chorou. Annabelle Thom disse que Joan veio correndo até seu chalé, com a carta de Alan, e que chorava enquanto a lia.

Depois, como sempre, aliás, ela se tornou ainda mais forte, mais decidida. Empacotou todas as coisas de Alan que restavam na casa do Naivasha e despachou tudo para sua residência com a nova família, perto de Nairóbi.

> Aqui vão cinco caixas com livros antigos seus... Também tem alguns suvenires, como seu dedo [o que ele perdera por causa da jiboia, conservado em formol], um quadro que você pintou na Nova Guiné, e um molde em cera da pata de uma tartaruga das Galápagos. Tínhamos planejado mandar fazê-lo em bronze, mas estivemos sempre tão ocupados nos anos seguintes...
>
> Você tem lugar aí para ficar com a pilha de filmes de 16mm que ainda guardo naquele armário grande, no seu antigo quarto de edição? Há muitos com uma hora de duração, outros com meia hora, da Austrália e da América do Sul ... Vou datilografar uma lista deles.

A PRESERVAÇÃO DO LAGO dera a Joan novo propósito na vida e uma causa pela qual lutar. Ela estava produzindo e dirigindo sua própria história da vida selvagem – não um filme sobre a natureza para a televisão ou para as salas de aula, mas um drama verdadeiro, real, que poderia fazer crucial diferença na África. O protagonista desse drama, o homem a quem ela dera apoio e em quem confiara para promover as mudanças que o lago necessitava tão desesperadamente era, é claro, David Chege. "Madame Root tomou Chege como seu filho adotivo", refletiu o pescador David Kilo, "de modo que não podia se falar nada ruim sobre Chege, porque Madame Root não aceitava."

Se de fato ela o considerava um filho adotivo, como sugeriu David Kilo, então era seu dever protegê-lo, defendê-lo e apoiá-lo de todas as formas, para salvar o lago e, simultaneamente, o próprio David Chege. Ela precisava acreditar que ele era um bom homem.

Na verdade, Chege era um brilhante sedutor, que dizia tudo que ela desejava ouvir. Que ele não era perfeito, Joan sabia pelo que ouvira de empregados e vizinhos. Era, porém, um líder nato e uma força extremamente eficaz. Tanto Joan quanto o Naivasha *precisavam* dele. Todos concordavam ser preciso fazer *imediatamente* alguma coisa, ou muito em breve o lago estaria morto. "Um deserto", como certa vez ela disse a Chege, sem beneficiar ninguém. Àquela altura, o número de invasores atingira um nível crítico. Mais famintos e desesperados do que nunca, alguns estavam armados e perigosos.

No final de 2000, a pesca clandestina aumentara a tal ponto, que o lago Naivasha estava começando a ficar sem peixes. Com o passar dos anos, o número de barcos legalmente registrados aumentara quatro vezes, e os clandestinos tornaram-se numerosos demais para que se pudesse contá-los. Todos concordavam que, sem nenhuma providência, a pesca entraria em colapso. Reuniões urgentes foram convocadas para pôr em contato as agências governamentais e os pescadores cadastrados, tentando encontrar uma solução. Finalmente, decidiu-se que o lago precisava de um descanso para as reservas de peixes se restaurarem e foi proibida a pesca durante seis meses, a partir de 10 de fevereiro de 2001.

A Lake Naivasha Riparian Association ajudou a encontrar emprego para os pescadores licenciados nas floriculturas, pagando bolsas escolares para seus filhos, além de algumas despesas para subsistência enquanto a proibição estivesse vigorando. Joan, sempre preocupada com o bem-estar alheio, estava na dianteira de todos esses esforços – e pagamentos.

Os legisladores, contudo, negligenciaram uma questão crucial: qual benefício de uma proibição de pesca se os clandestinos a ignoravam às claras? O número deles não caiu durante a proibição; na verdade aumentou, frustrando tanto os legisladores quanto os pescadores legais, que acabaram sendo punidos pela situação. "Na minha frente, barcos jogando *koroshos* e clandestinos pescando a pé. É de deixar qualquer um furioso!", escreveu Joan.

Em 6 de fevereiro de 2001, antes que a proibição entrasse em vigor, Joan anotou no diário que seu amigo Barry Gaymer – que desde muito tempo era guarda florestal honorário do Kenya Wildlife Services – reunira-se com a poderosa diretora nacional do Departamento de Pesca do Quênia, Nancy Gitonga. Queria falar-lhe dos planos de Joan para acabar com a atividade ilegal no lago, através de uma força de segurança particular. No diário, Joan descreveu Nancy Gitonga como uma "mulher impressionante ... ocupada em mudar as leis na costa e em Kisumu". Nancy mostrou-se entusiasmada, dizendo para Gaymer "seguir em frente" com o "plano para limpar o lago" e acabar com as pescarias clandestinas no Naivasha.

Parte do plano de Joan implicava em combinar as patrulhas mais duras de Chege com a abordagem mais branda feita por ela: de fato, ela vinha tentando subornar os clandestinos, dos quais alguns eram empregados ociosos das floriculturas, outros simplesmente desempregados, para que parassem de pescar. Tendo se aproximado deles no nível pessoal e depois manifestando sua oposição, Joan Root entrava num território perigoso.

Enquanto a proibição de pesca e o crescimento dos transgressores prosseguiam, a força de segurança de Joan expandia-se, acrescentando mais alguns homens à equipe de Chege, que antes contava com apenas dois. Logo havia dois pequenos grupos de segurança, cada um patrulhando um determinado setor do lago ou, como escreveu Joan, "operando como um alicate". Essa operação lembrava o *korosho*, lançando uma rede circular e capturando tudo que estivesse no caminho. Assim, o improvisado time de refugiados de Joan metaforicamente lançava uma rede ao redor dos clandestinos, recolhendo suprimentos, barcos e os próprios infratores.

O problema não se limitava à água. Logo aqueles homens estavam chegando a suas terras vindo de todas as direções. Joan descreveu como constantemente tinha de substituir seus guardas (estavam sendo subornados para deixar os invasores entrarem), como perdera o respeito pelos vizinhos que nada faziam ("Sem coragem"), e sobre sua perseguição a pé aos infratores, gritando-lhes para irem embora, bem sobre como tudo que ela fazia não levava a lugar nenhum. "Sinto-me ansiosa com tudo isso", desabafou. "A gente confia nas pessoas e depois é apunhalada pelas costas."

A paz que ela tanto amava naquele lago estava mais do que abalada. Seu único alívio vinha de seus animais e dos raros momentos de solidão, à noite, quando assistia a algum filme em videocassete, em seu quarto, sempre anotando no diário o nome do filme, junto com uma pequena análise. "TV. Assisti a *Titanic*. Um filme impressionante", escreveu certa noite. Como mais tarde observaria uma amiga: "Ela se sentia como se o *Titanic* estivesse afundando diante de seus olhos, enquanto ela tentava salvá-lo."

Com o passar dos dias, foi ficando cada vez mais óbvio que a proibição não funcionava. Em 8 de março de 2001 foi convocada uma reunião de emergência dos responsáveis pelo lago. Joan deu vários telefonemas, insistindo para que ninguém deixasse de ir. Proprietários de terras locais, donos de floriculturas, negociantes, pescadores legais e um delegado do Departamento Nacional de Pesca de Nairóbi lotaram uma sala do Kenya Wildlife Services Training Institute, na cidade de Naivasha. Todos falavam ao mesmo tempo, com ideias para livrar o lago dos clandestinos. Até que finalmente alguém – ou todos, se deram conta de que um caminho seguro para salvaguardar o lago inteiro poderia ser o que Joan já estava fazendo em suas terras

"Um ladrão para apanhar um ladrão", alguém sugeriu. "Um ex-ilegal pode tornar-se um grande guarda de animais selvagens", alguém complementou. A única solução era confrontar força com força. "Não se pode culpar [os clandestinos]", comentaria mais tarde um associado da Riparian. "Esses sujeitos não têm nada. Não só eles, mas todos os milhares que virão depois deles." Entretanto, acrescentou: "Se não os desafiarmos, eles vão pegar todos os peixes e animais."

Já que os clandestinos conhecem tão bem os segredos de seus colegas, prosseguia o raciocínio, por que não selecionar um grupo deles, composto pelos mais eficientes ali no lago e dar-lhes barcos, licenças e instruções sobre as leis e os regulamentos de pesca adequados, fazendo com que *eles* passassem a proteger o lago?

"Um grupo de vigilância?", perguntou alguém.

Não se chamaria assim, concordaram todos. Já que o grupo estaria trabalhando pela restauração do lago, com plena anuência e apoio da polícia, das agências de pesca e vida selvagem do Quênia, das floriculturas, dos donos de terras, dos pescadores legais e dos comerciantes, o nome precisava ser mais majestoso.

"Por que não força-tarefa?", propôs alguém. 30 homens – 15 clandestinos e 15 pescadores cadastrados – iriam constituir o grupo, que teria como líder o melhor de todos os ilegais reabilitados, transformado em pescador registrado: David Chege.

O que Joan já fizera como cidadã, no plano privado, seria um esforço da comunidade inteira: os donos de terras e os industriais do lago contribuiriam com seu tempo e dinheiro, e as entidades governamentais – o Departamento de Pesca do Quênia e a polícia – se ocupariam do aspecto legal. "A iniciativa e a ideia foram inteiramente de Joan, e coincidiram totalmente com o plano de gerenciamento da Riparian Association", disse lorde Enniskillen. E com a força-tarefa, Joan tornou-se "a defensora do sustento dos pescadores pobres", prosseguiu. "Como? Promovendo a pesca como atividade sustentável, em vez de deixar que o elemento ilegal simplesmente acabasse com o lago."

ESPALHOU-SE IMEDIATAMENTE POR TODA A KARAGITA a notícia da possibilidade de trabalho, dos açougues às bodegas que tudo vendiam, de carne e sexo até celulares; do South Lake Club até o bar Millenium e todas as sórdidas vendinhas pela estrada Moi South Lake. Cem xelins quenianos diários (1,50 dólar) para cada homem. Não nas floriculturas, mas no lago! Trabalho legalizado! Precisava-se de 30 pescadores fortes e capazes para compor uma força-tarefa. "Muita gente, muita", Chege lembrou sobre os candidatos, ávidos por integrar a força-tarefa. Apenas 30 seriam selecionados. A competição acirrou-se ainda mais depois de um corte no orçamento, quando o número de agentes foi reduzido para 15.

Os candidatos selecionados – entre os quais alguns irmãos de Chege – receberam instruções para se reunir num edifício comum em Karagita. Cada um recebeu um boné branco, para ser usado como uniforme, e Chege deu-lhes suas ordens de procedimento: emboscar e prender os clandestinos, confiscar suas redes e orientá-los a encerrar imediatamente a pesca.

Segundo o plano original, um proprietário de terras sobrevoaria o lago em seu avião, a fim de localizar e surpreender no ato os clandestinos. Então ele se comunicaria com o celular que Joan dera a Chege, informando-lhe onde eles estavam operando. Depois de vir de *matatu* (ônibus) de Karagita até o lago, a força-tarefa correria até o local indicado, escondendo-se por entre os papiros, e em seguida se precipitaria na emboscada. Com o tempo, relataram alguns membros da equipe, Chege começou a empregar seu próprio estilo: no lago, ele dava instruções para seus homens se abaixarem no fundo dos barcos, a fim de que os transgressores pensassem haver apenas um homem no leme. Assim que chegavam a uma distância própria para o ataque, Chege gritava "*Toka!*" ("Saiam!" em suaíli), e todos pulavam fora do barco como uma nuvem de tempestade do inferno. "Batíamos neles, de chicote, xingando-os", recordou um membro do grupo.

Sem o menor pendor para a argumentação ou o debate, a força-tarefa simplesmente atacava. Se a pessoa estivesse no lago com uma rede, durante a proibição da pesca, seria culpada. Depois de prender os clandestinos, a equipe confiscava as redes, que seriam levadas para a sede do Departamento de Pesca do Quênia, em Naivasha. Os ilegais eram então conduzidos para o posto policial. Joan não aprovava a violência, mas não pôde deixar de admirar-se diante dos resultados. O lago saíra do domínio brutal dos clandestinos e a lei foi finalmente aplicada.

Pelo menos assim se pensava. No Quênia, porém, raramente tudo acontece como se planeja, e havia um detalhe muito importante que eles deixaram de considerar: os clandestinos trabalhavam à noite. Quem iria transportar redes e prisioneiros no meio da noite? Joan era a tesoureira tanto da Riparian Association quanto da força-tarefa. Não se esperava que fosse também coordenadora. Entretanto, logo ela caiu numa rotina que lhe custaria não só mais dinheiro como também muito, muito tempo.

Joan passou a manter o celular e o carregador ao lado da cama. Noite após noite o telefone tocava, com incessantes chamados de Chege. "Mama Joan, vem depressa, dez clandestinos e 30 redes confiscadas no Ponto dos Hipopótamos". "Mama Joan, corra imediatamente para cá, 18 clandestinos e 45 redes confiscadas no Campo do Pescador". "Mama Joan, venha já! A força-tarefa levou uma surra, ensanguentados, arrebentados, famintos, quebrados..." E Joan, como sempre, não apenas dirigia-se ao local, como assumia a direção de tudo.

Sempre que o telefone tocava – fossem duas, três ou quatro da madrugada – ela saltava da cama, às pressas, vestia-se e colocava sua bandana vermelha. Em seguida pulava para dentro da Pajero e corria para o ponto do lago onde os seus "camaradas" – era assim que ela os chamava – estivessem realizando alguma operação. Lá chegando, abria as portas, e os homens – tanto os clandestinos quanto os da força-tarefa – se amontoavam lá dentro. Os infratores eram conduzidos até a polícia e em geral a força-tarefa era levada para o alojamento do pessoal de Joan, onde se alimentavam. Evidentemente, quando começaram a diminuir as contribuições dos proprietários de terras, Joan passou a financiar todo o empreendimento. "Cada um dos homens recebia 450 xelins quenianos por mês, tudo vindo de Joan", informou Barry Gaymer. Todos os meses ela punha em envelopes separados o ordenado de cada homem, entregando-os a David Chege para repassá-los.

Era uma operação um tanto frouxa, necessitando desesperadamente de verba, organização e tudo o mais. "Eles não fazem nada sem minha liderança", escreveu Joan em seu diário.

No início, Chege e seus homens viram-se prendendo membros da entidade que deveria estar dando assistência à força-tarefa: funcionários do ramo regional do Departamento de Pesca do Quênia. No auge da proibição, em 2001, Chege viu empregados do departamento zarpando da praia num barco da agência governamental. Com eles ia um grupo de empresários japoneses. Depois de ancorarem num pitoresco recanto do lago, jogaram suas linhas e começaram a pescar. Novas investigações de Chege mostraram que aqueles convidados estavam pagando pelo passeio, que ridiculamente chamavam de "pesquisa", 10 mil xelins quenianos (150 dólares). Joan anotou no diário: "Vamos discutir a forma de apanhá-los."

No dia seguinte, ela e Chege já tinham um plano preparado. Joan passou quase o dia inteiro junto ao telefone, recebendo contínuos relatórios da equipe. Assim que o barco do departamento retornou à praia com o resultado da pescaria, a força-tarefa, em audaciosa demonstração de força e de autoridade invertida, caiu sobre eles, prendendo tanto os pescadores quanto os funcionários do Departamento de Pesca. Ao deter os homens, enquanto aguardava o veículo para transportá-los, Chege e seu grupo descobriram que um dos africanos que levaram os empresários naquela pescaria ilegal era casado com uma autoridade do Departamento de Pesca do Quênia, que lhes dera uma autorização para pescar "com o objetivo de pesquisa".

A força-tarefa não se deixou impressionar. O grupo inteiro foi levado para a cadeia, onde passou a noite no miserável chão de concreto, em meio ao lixo da cela coletiva. No dia seguinte Joan entrou em contato com o escritório do Departamento de Pesca em Nairóbi. O funcionário que fizera os arranjos da expedição de pesca ilegal foi transferido dali e outros foram demitidos.

Foi uma impressionante vitória e Joan rejubilou-se. A força-tarefa foi levada até Bell Inn para comemorar com geladíssimas cervejas Tusker. Com a prisão dos funcionários do Departamento de Pesca, riscou-se uma linha na areia. Dali em diante, seria Joan e sua equipe contra praticamente todo o resto.

"22.3.2001. Chege telefonou. Pareceu amedrontado com as ameaças das pessoas que perderam seus empregos no Departamento de Pesca."

Alguns dias depois desse registro do diário, um grupo de 15 homens ficou à espera da força-tarefa em seu regresso a Karagita no final de um dia de trabalho. Embora atacados com soqueiras, varas e bordões, Chege e seus homens sobrepujaram os atacantes e levaram-nos para a cadeia, onde um líder político tentou subornar Chege, pedindo-lhe que esquecesse o ocorrido e deixasse os agressores livres, escreveu Joan.

As linhas que delimitavam a legalidade e a ordem esboroavam-se. Quem fazia a lei e quem a infringia? No Naivasha ninguém sabia ao certo.

* * *

> Todos em Naivasha têm seu ponto de vista, e para qualquer alegação existem contra-alegações motivadas não tanto pela verdade, ou pela falta dela, mas pelo interesse. Não importa tanto o que se diz, mas a forma como é enfatizado.
>
> Revista *Iko*, 2004

Interesses e pontos de vista. Agendas ocultas. Forças operando por trás dos bastidores. Se Joan Root achou complexo o mundo microscópico de um cupinzeiro, deve ter ficado infinitamente fascinada pelas maquinações em progresso em volta de seu lago.

Joan tinha conhecimento da violência empregada pela força-tarefa? Talvez não, no começo – insistiram todos. Não os acompanhava nas patrulhas, mas via os resultados: os presos frequentemente ensanguentados que ela conduzia até a polícia. Com o passar do tempo, deve ter compreendido o medo que causava a mera visão dos agentes, cujos métodos controvertidos aparentemente não incomodavam abertamente os membros da Riparian Association. Afinal, pagar violência com violência era uma necessidade no Quênia do início do século XXI. "Medidas desesperadas para tempos desesperados", era o que mais de um latifundiário do lago Naivasha costumava dizer.

Entretanto, como a mãe que segue um filho errante, Joan tentou refrear as ações cada vez mais transgressoras do jovem quicuio contratado para chefiar a força-tarefa. "David Chege queria que surrássemos os clandestinos que prendêssemos", revelou Absolom Mulela Letta, o membro mais antigo do grupo, cujos pés e mãos eram cobertos de calos devido a décadas de pescarias. Tal ação era contra o desejo de Joan. "Ela nos dizia: 'Quando estiverem trabalhando, não batam em ninguém, porque vocês são todos irmãos.'"

Ainda assim, Joan sabia que eles precisavam demonstrar força. Para melhor evidenciar seu compromisso de deter a pesca indiscriminada no Naivasha, durante a proibição, Joan decidiu basear-se numa iniciativa que realizara antes, em sua luta contra os caçadores de elefantes. Assim, ela e alguns outros proprietários, além de representantes dos departamentos de pesca e dos pescadores legalizados, empilharam todas as redes confiscadas – valendo "milhões" de xelins, segundo David Chege – e com elas fizeram uma fogueira que pôde ser vista de todos os cantos do lago. "Queriam que eu falasse", Joan comentou sobre o audacioso evento, mas não seria necessário: seus atos falavam mais do que nunca.

Com aquela fogueira, todos os pescadores ilegais da região souberam imediatamente que Mama Joan era a protagonista daquela tentativa de impedir que ganhassem sua subsistência e o alimento de suas famílias. Era fácil esquecer que ela estava lutando pelo futuro de modo geral e pela sobrevivência do lago, dando dinheiro a gente necessitada, custeando a educação de seus filhos, fazendo o possível para ajudar no apoio a todos os aspectos da tragédia do lago Naivasha, frequentemente ajudando até os clandestinos.

O ódio que eles nutriam pela força-tarefa e pela mulher *mzungu* que a dirigia, entretanto, só aumentava, principalmente quando a equipe voltou a atuar na ilegalidade. Já havia rumores, que Joana ignorava, de que Chege e seus homens não tinham abandonado a pescaria. Para piorar as coisas, muitos diziam que eles ainda cobravam uma "taxa de proteção": propinas a serem pagas pelos clandestinos, caso quisessem continuar atuando no lago.

Chege também trapaceava ao tratar com seus homens, segundo Absolom Letta: inebriado, ao que parece, por seu poder sobre a força-tarefa, Chege começou a reter os salários, a menos que os membros o fossem encontrar nos bares de Karagita, onde só receberiam o pagamento após comprar cerveja para ele e seu crescente número de amigos. "Era obrigação comprar a cerveja", acrescentou Letta.

Ninguém se atrevia a enfrentar o patrão, "porque Chege se tornara tão poderoso que podia despedir qualquer um", lembrou-se David Kilo. A demissão era destino assustador. "Aqueles que discutiam com Chege, ou dele discordavam, tinham que voltar para a pesca e eram torturados pelos ilegais como traidores." Enquanto isso, Chege ia se familiarizando com as belas coisas da vida queniana: a sunga encharcada e a camiseta rasgada foram trocadas por um equipamento *mtumba* (palavra suaíli para roupas de segunda mão, enviadas do mundo inteiro para a África e vendidas dentro de sacos aos varejistas); seus amigos clandestinos foram substituídos por membros do governo local e da polícia e sua sede satisfeita por cerveja Tusker gelada, apreciada na companhia tanto de autoridades quanto de mulheres fáceis das favelas de Karagita, que vinham em bandos cercar aquele homem cheio de moedas tilintantes em seu bolso. Ele não era mais obrigado a saquear para conseguir apenas a dieta magra dos ilegais, composta de peixe, feijão e verduras, ele podia desfrutar do mais apreciado prato queniano, o *nyama choma*: pedaços selecionados de carne de cabra e de veado, bem cozidos e gotejando gordura e sumos naturais.

Fora Joan quem lhe possibilitara aquele novo estilo de vida. Dizem alguns que ele preservava com muito ciúme a relação deles, não permitindo que nenhum outro membro da força-tarefa tivesse contato direto com ela. "Ele costumava dizer: 'Eu sou o filho de Mama!', acrescentando que um dia receberia parte daquela propriedade", contou Absolom Letta. "Depois ele pegou dinheiro emprestado com Mama e comprou um pedaço de terra."

Ele repetia para Joan que estava sendo difícil permanecer em sua antiga casa, em Karagita. Ali era um homem marcado, residindo em meio aos mesmos infratores que impedia de ganhar a vida. Além disso, Joan já estava dando dinheiro a outras pessoas necessitadas. Para citar um exemplo, entre muitos, vejamos este registro: "Três ex-pescadores chegaram dizendo que tinham sido expulsos de suas casas, com suas famílias tendo de dormir ao relento, já que o proprietário trancara seus pertences." Ela lhes dera então o equivalente a 200 dólares em xelins. Como então rejeitar Chege quando, dias mais tarde, ele lhe pediu ajuda para comprar um pedaço de terra?

Isso foi apenas o começo de um ciclo interminável de necessidades de Chege: Joan pagava o colégio dos filhos dele; contratava advogados para defendê-lo quando era acusado em processos criminais, que iam do simples assalto ao estupro – e que ela sempre considerou falsos, visando destruir a força-tarefa e deixar que os clandestinos retornassem ao lago (com a ajuda do advogado, ele era eximido de todas e quaisquer acusações); as contas de hospital, todas as vezes que ele era atacado e espancado – ela até comprou veículos para ele, para que pudesse fazer melhor seu trabalho, começando por uma bicicleta e chegando até uma moto.

Ele fora abençoado gloriosamente pelo destino e por Joan Root. Da noite para o dia, tornara-se o líder indiscutível de 15 homens e, melhor ainda, desfrutava da complacência da polícia e das demais autoridades.

"O papo de Chege pode mover montanhas e nos convencer a lhe entregar nosso filho", disse certa vez um dos homens da favela, ao falar sobre ele. "Ele convence facilmente as pessoas. Em muito pouco tempo, já usava o nome de Joan Root para conseguir conhecer grandes nomes desta terra. Tinha o poder de convencer o diretor do Departamento de Pesca, o Kenya Wildlife Services e até mesmo a polícia."

"Ele se tornou um rei", observou um amigo.

"Foi o rei Salomão de Karagita", acrescentou outro.

"Costumava dizer que Deus o ajudava e que ele não iria mais sofrer", arrematou Absolom Letta.

David Kilo tentou alertar Joan de que seu astro ex-ilegal e os membros de sua equipe tinham revertido a seus primitivos papéis. Chegou a abordar o assunto na reunião dos responsáveis pelo Naivasha: cidadãos preocupados, pescadores registrados e outros que viviam e trabalhavam ao redor do lago. Joan, porém, não quis lhes dar ouvidos. Era ainda demasiado tímida para se engajar numa discussão pública, especialmente num debate, e, além do mais, ainda acreditava em Chege.

O diário de Joan na primavera e no verão de 2001 encheu-se com as operações da força-tarefa, muitas vezes envolvendo somas substanciais em dinheiro.

> 1.5.2001. Chege veio pegar os salários da força-tarefa e me convenceu a dar-lhe mais 2 mil xelins quenianos [29,90 dólares] para cuidar de sua mãe; 3 mil [44,84 dólares] a Absolom, para mensalidades escolares; e 3.800 [56,80 dólares] a Isaac, para mensalidades escolares.

Em meio às múltiplas prisões, acusações intermináveis, crescentes evasivas e evidentes mentiras, tudo registrado em seu diário, Joan continuava firme na defesa de Chege. Como isso pôde acontecer? Como uma mulher tão intimamente sintonizada com o mundo a sua volta, capaz de perceber uma cobra pelo pio de um passarinho, de ler as emoções de uma leoa com crias uma fração de segundo antes de ela atacar, como uma mulher assim não percebeu a falsidade de David Chege? Como um pescador clandestino da favela de Karagita pôde enganar Joan Root?

A resposta mais provável é que ele não o fez, pelo menos no começo. Joan parecia saber do que ele era capaz, mas tolerou, ao comparar as alternativas. Já em 1999, Joan recebera "informações secretas", como escreveu, de que Chege e seus pescadores supostamente reabilitados estavam de novo pescando nas águas rasas e jogando suas redes nos papiros, em frente à casa dela.

Enquanto iam se amontoando as más notícias – o colapso do Departamento de Pesca; a nítida corrupção nas agências de repressão; os pescadores legalizados correndo atrás das próprias agendas tão questionáveis, e o crime tornando-se ocorrência quase diária –, a dependência de Joan Root em relação a David Chege só crescia.

Em favor dele, deve-se dizer que não era apenas um sedutor: era um trabalhador espantosamente dedicado. E era óbvio que, por motivos justificáveis ou não, as pessoas viviam loucas para pegá-lo. Também era evidente para Joan que ele contribuíra muito para a limpeza do lago. Seu diário está cheio de referências a triunfos: pescadores clandestinos presos, redes ilegais arrancadas e destruídas – contêineres cheios delas! –, a quantidade de peixes aumentando e o cinturão de papiro novamente espesso e verde.

Naqueles raríssimos momentos de triunfo e tranquilidade, quando Joan caminhava por seu trecho favorito do jardim, ela se via recordando outro período da vida, mais feliz e pacífico, e também mais vitorioso. Sempre que exibia para os empregados os velhos filmes que fizera com Alan, no espaço de pau a pique que servia de sala de TV, a cena mais aplaudida era sempre aquela em que Joan, sentada num imenso gramado com sua máquina de costura, remendava os estragos num balão todo retorcido, rasgado e ensopado, estirado por centenas de metros ao redor, praticamente cobrindo a extensão interminável da propriedade.

Joan era capaz de fazer tudo que sua mente determinasse. A batalha do lago Naivasha, porém, era outro caso. Ela sabia que nada poderia sem Chege. Pelo bem maior, tolerava suas faltas, que se manifestavam sobretudo nas conversas dos outros: a falsidade de Chege, Chege esbanjando o dinheiro que ela dava como pagamento de suprimentos ou de transporte, Chege enganando não só sua primeira mulher, mas a segunda também. Pressionada, Joan podia rejeitar tudo como sujeira de quem tivera seu ganha-pão interrompido por Chege ou cuja corrupção ele revelara.

"Ela queria tanto confiar nele", lembra-se uma amiga, mencionando que certa vez perguntara a Joan: "Você acha realmente que os 20 mil xelins que deu ontem a Chege irão todos para a força-tarefa?"

"Claro que não", foi a resposta de Joan, "Mas ele tem trabalhado muito."

Ela tolerava até as crescentes contas no celular que dera a Chege – afinal, de que outra forma ele transmitiria as operações em andamento e o número de pescadores presos? Mesmo quando a conta chegou ao valor mensal de 20 mil xelins (274 dólares), ela tolerou. Ao conferir a fatura, descobriu que "a maioria das ligações não se relaciona a trabalho, e muitas são para mulheres", mas sabia que, se cavasse muito fundo, a força-tarefa se destruiria e, com ela, o lago.

Chege intensificou as operações da força-tarefa atacando os pescadores, confiscando-lhes as redes e incendiando seus barcos. E os pescadores, por sua vez, foram ficando cada vez mais hostis e violentos. A essa altura os 15 homens praticamente moravam nos alojamentos de empregados de Joan, Chege entre eles, mesmo depois de comprar seu próprio terreno. A propriedade de Joan tornara-se a base de operações do grupo. ("Chege & força-tarefa dormiram na sala de TV, prontos para sair às três da madrugada", ela registrou). A pressão, entretanto, lhe fazia mal, como observa no diário em 21 de maio de 2001. "Sinto-me muito perto de um descontrole mental." ... "Tão exausta. Depois que anoiteceu, Chege chegou com UM MONTE DE INFORMAÇÕES SÉRIAS."

> 13.12.2001. Passei a noite revirando-me na cama, pensando no que deveria estar fazendo, porém sentia-me arrasada ... Irritada com Chege porque ele me parece evasivo, sem me trazer todos os livros (referentes aos pagamentos e adiantamentos da força-tarefa). Veio à noite e trouxe os livros, e pediu um mês de salário (6 mil xelins quenianos [89,69 dólares]).

Ainda em 2004, Joan continuava a defender seu pescador clandestino supostamente recuperado, como outros também o faziam. Embora em Naivasha quase ninguém gostasse dele, um membro de uma das mais importantes secretarias do governo em Nairóbi o apoiava:

3 de junho de 2004.
Ministério do Fomento ao Gado e à Pesca, Departamento de Pesca

CARTA DE AGRADECIMENTO

Caro sr. Chege,

Não têm escapado à atenção do Departamento de Pesca o seu papel e a sua contribuição na utilização sustentável, administração e conservação da pesca no lago Naivasha. Temos conhecimento de que o senhor chefia o grupo de vigilantes da comunidade, que se envolveu ativamente no policiamento do lago, em parceria com o governo e outros responsáveis.

O presente ofício reconhece seus esforços pessoais, mesmo às vezes tendo de trabalhar em situações verdadeiramente desafiadoras. Sua dedicação ao patrulhamento do lago, a fim de expulsar os pescadores ilegais, muito contribuiu para restabelecer a pesca ordenada no Naivasha.

Aproveitamos esta oportunidade para agradecer-lhe, e a outros membros de sua equipe, com toda a sinceridade, seu contínuo apoio. O senhor será sempre bem-vindo caso queira partilhar conosco informações ou ideias que possam melhorar a vigilância e a administração da pesca no lago Naivasha.

Seus serviços são altamente valorizados e apreciados. Por favor, prossiga com seu bom trabalho.

Sinceramente,

Nancy K. Gitonga, diretora do Departamento de Pesca

Até Nancy Gitonga elogiava Chege e seu bom trabalho no lago. Qual o crédito então das reclamações feitas por legiões de corruptos, invejosos e marginais, que o xingavam, espancavam e prendiam? Ele sempre negava tudo, observando que as acusações partiam de gente que ele atacara, encarcerara ou impedira de continuar pescando.

Todos no Naivasha eram corruptos e contra ele, segundo Chege. Ele e Joan Root eram as raras almas honestas da região, justificando a fé que ela depositava nele. Não era uma grande argumentação, mas partindo de Chege – um queniano capaz de se mostrar amável, pacífico e bem-educado – parecia plausível. "Fui preso quatro vezes", disse ele, reafirmando que tudo fora retaliação da marginalidade do lago que ele passara a controlar.

Independente da questão da culpa ou inocência de Chege, o lago estava em melhor forma com a força-tarefa do que sem ela. Desde a proibição da pesca em 10 de fevereiro de 2001 a pesca ilegal fora "mais ou menos contida", segundo um relatório do Departamento de Pesca do Quênia, intitulado "A força-tarefa do lago Naivasha". Era essencialmente uma solicitação de contribuições para custear a manutenção da equipe, cujas despesas até então – 1.318.963 xelins (aproximadamente 20 mil dólares) – haviam sido pagas quase exclusivamente por Joan Root. O relatório informava:

> Desde o início das operações a força-tarefa prendeu 121 homens, confiscou 23 barcos, 218 redes e sete varas e iscas para pesca. A proibição da pesca teve muitas consequências positivas. A vegetação das margens do lago está se recuperando, e animais selvagens e pássaros são vistos em abundância ... Pesquisas mostram que os peixes estão tendo chance de crescer, em número e tamanho.

Permitira-se finalmente que o lago tomasse fôlego e fizesse uma pausa: o cinturão de papiros restaurava-se e os animais retornavam a suas tocas para reprodução e alimentação. As ovas de peixe escapavam das redes, podendo desenvolver-se. Os peixes amadureciam. Os pássaros se alimentavam. E o vasto ciclo de vida, dependente de tudo aquilo, começava a se recuperar. A pesca clandestina fora reduzida, mas o trabalho estava apenas na metade. Embora o renascimento daquela região fosse o principal objetivo de Joan, ela sabia que não haveria vitória se fosse à custa das pessoas que dependiam daquelas águas para sobreviver.

Muitos dos que foram levados a viver ilegalmente às margens do lago, com suas redes de malha fina, agora saíam da água e iam fazer fila à porta de Joan Root. Certa vez, Alan declarara que quando morresse desejava que seu corpo fosse deixado numa savana africana, para ser consumido pelos animais selvagens que tanto lhe tinham dado durante sua vida. Pois Joan estava se entregando de corpo e alma ao Quênia. "Isaac veio pedir dinheiro emprestado para comprar um burro, para transportar água", começava uma típica frase de seu diário. "Fiz-lhe um discurso sobre o que significa ter sete filhos, mas emprestei-lhe 7 mil xelins [96 dólares]."

Xelins. A palavra percorre seu diário como uma litania: xelins para a corrente interminável de pessoas necessitadas, muitas das quais ilegais; xelins para a força-tarefa fazer o que era certo; xelins para os membros de sua equipe... "Quando analisei com ela seus papéis, percebi que cada membro da equipe individualmente tinha empréstimos que nunca na vida poderia pagar", disse Adrian Luckhurst.

Isso era tudo que Joan podia fazer para conter a maré crescente à sua volta de ambos os lados, da força-tarefa e dos pescadores clandestinos. Ainda assim era mais do que uma pessoa podia fazer ou pensar fazer. Em pouco tempo, a represa que ela construíra na esperança de sustentar e preservar o lago, em meio às pressões do Quênia moderno, ruiria.

O Natal se aproximava também no Naivasha, mas não proporcionaria nenhuma trégua no conflito cada vez mais intenso em que Joan se metera.

> 20.12.2001. À noite, alguma coisa assustou Pongo [uma cabra que Joan estava reabilitando]. Ela dava voltas e pulava. O antílope também emitiu sons de alarme.
>
> 28.12.2001. 3 da madrugada. Chege telefonou e me tirou de um sono profundo. Sua mulher apareceu e fez um escândalo, quebrando seu quarto todo.
>
> 31.12.2001. Moses e Kamau me contaram que uma mulher ouviu clandestinos dizendo que iam matar Chege hoje à noite. Chamei-o pelo celular... para avisá-lo e ele falou que haviam deixado uma carta em sua casa, anunciando o mesmo ... Chege veio passar a noite aqui [no alojamento de empregados de Joan].

À medida que pioravam os conflitos no lago, era difícil manter a perspectiva. Joan tentava escapar visitando seus muitos amigos, novos e velhos, no Quênia e mais longe, até mesmo viajando para a Antártida na companhia de um negociante britânico, morador de Nairóbi, com quem fizera amizade.

"Ele era praticamente o oposto de Joan", lembrou Adrian Luckhurst. "Era um empresário de muito sucesso, mas não tinha nada a ver com vida selvagem ou preservação. E lá se foram os dois. O barco parou em algum lugar, para fazer manutenção, e o companheiro de Joan começou a reclamar da segurança da viagem. Joan tinha muita coragem. Ela queria ir para a Antártida, e ela iria chegar à Antártida. Por isso, voltou-se para o negociante e propôs: 'Se o senhor não quer ir para a Antártida comigo, então por que não pega um avião e volta para casa?' Lá estava aquele grandalhão, e Joan dizendo-lhe: 'Se não consegue, *não insista*.'"Ele de fato pegou o voo, e Joan prosseguiu viagem, da África do Sul para a América do Sul, sozinha naquela embarcação vacilante e que chegou mesmo a ficar presa no gelo.

O Naivasha era parte de sua vida, insistiu um amigo, porém não era toda a sua existência. Entretanto, com o passar do tempo, o drama real do lago, com suas grandes vitórias e impressionantes derrotas, sua espionagem, suas sombras, crimes, trapaças, tendências conflitantes e redemoinhos começou a tragar Joan para seu turbilhão.

"Houve um jantar e uma conferência certa noite, no Clube Muthaiga", lembrou Esmond Bradley Martin, de Karen, o paladino da defesa dos rinocerontes. "Era uma palestra extremamente interessante, feita por um senhor que trazia fotografias de leões sendo envenenados e mortos a lanças no Parque Nacional de Nairóbi. Para abrandar o clima, perguntei a Joan como passava o tempo. E ela começou a falar sobre a pesca ilegal, a inércia das autoridades que não se envolviam para contê-la e tudo que estava fazendo para reduzir a atividade." Ele balançou a cabeça. "Eu a conhecia há 35 anos, e nunca a tinha visto tão agitada."

Capítulo 10

Com a erradicação da pesca clandestina no lago, ou pelo menos sua redução, alguns dos milhares de desempregados voltaram-se para um tipo de empreendimento ainda mais perigoso. "Sentado aqui, pude ver como tudo foi chegando ao Naivasha", disse um antigo morador. "Nos Estados Unidos, vocês tiveram as corridas do ouro e os booms do petróleo. Quando as pessoas iam para as minas, outras vinham viver à custa dos mineiros: prostitutas, lojistas, donos de bares, ladrões... Se 50 homens iam trabalhar nas minas, outros 300 vinham para viver à sua custa: gente que vendia coisas, gente que roubava coisas... Acontece o mesmo conosco, só que a corrida do ouro aqui é a corrida das flores."

O Naivasha sempre viveu um clima de fronteira, desde o início da vida de Joan como mulher solteira. Seu diário menciona telefonemas suspeitos e outros mistérios preocupantes. "10.3.91. Acordei com o telefone tocando. Engano. Pausa. Uma mulher ameaçando: 'Fique de olho, fique de olho...'" Joan precisou deixar o fone fora do gancho até pararem os chamados. Nos dez anos seguintes a situação foi piorando cada vez mais. O diário de Joan foi se transformando, de antologia de crônicas de aventura em registro de ocorrências criminais. No escritório, cercada pelos remanescentes da carreira cinematográfica que partilhara com Alan, ou na sala de estar, forrada de prateleiras com livros sobre a África, ela anotou os horrores que vinham se tornando quase rotina.

Por essa época, um amigo dela escreveu ao presidente da Associação Queniana de Operadores de Turismo uma carta de cinco páginas em espaço simples, detalhando as calamidades cometidas na região em período de mais de dois anos. "Abaixo segue um breve relato de violências, assassinatos, intimidação, assaltos, roubo de carros, invasões de terras, incêndios criminosos, que recolhi desde 2003." Assim começava a missiva, que prosseguia detalhando cada um daqueles casos horríveis e terminava com a menção a um folheto anônimo, em suaíli e inglês, que fora enviado aos floricultores da região:

> A BOMBA-RELÓGIO ESTÁ PERTO DE EXPLODIR!!!!!!!!!!!!!!!! Diversas tribos vêm reparando, muito preocupadas, que vocês, os chamados investidores, estão enfraquecendo as outras tribos e se enturmando com os canibais do monte Quênia [os quicuios], para que seus membros dominem os empregos nas floriculturas. Na verdade, vocês não investem, mas sim infestam as nossas terras com quicuios. UM AVISO: ESTAMOS DE OLHO. ESSA PRÁTICA TEM QUE ACABAR, IMEDIATAMENTE.

"Isto não é o Happy Valley, mas o vale do medo", observou um morador ao repórter do *The Scotsman*, o jornal nacional escocês. Aquela sensacional citação, que virou manchete, enfureceu vários moradores do Naivasha, cujo amor pelo lago superava o medo. Mesmo quando o aparentemente impenetrável palácio Djinn foi assaltado – "14 rapazes armados", exclamou June Zwager – a família tranquilizou os empregados, cujos aposentos tinham sido invadidos, achou-se abençoada porque os assassinos não entraram na casa principal, reforçou a segurança e seguiu em frente.

O Naivasha estava assolado não só por uma onda de crimes, mas também pelo conflito constante entre as 40 e poucas tribos do Quênia, incluindo a eterna ameaça dos massais de retomar pela força as terras que, segundo eles, os quenianos brancos lhes haviam roubado no início do século anterior. Esse ódio efervescente explodiu em guerra tribal, com quenianos matando-se brutalmente uns aos outros nas ruas, em seguida à concorrida eleição presidencial de 2007.

Em 2004, todos os amigos de Joan em Nairóbi faziam-lhe a mesma objetiva advertência: *Saia agora. Acabe com essa maldita força-tarefa e deixe o lago, antes que ele a devore.* Segundo Alan, Joan estava muito bem financeiramente, graças à sua participação nos lucros dos filmes dos Root e à herança após a morte de seus pais; poderia ir para qualquer lugar e fazer o que quisesse.

Alan lembra o que todos recomendavam a ela: "Vá embora." Ele, entretanto, sabia que Joan perseveraria até o fim, faria o que julgasse certo e cuidaria de todos os detalhes. "Eu não esperava nada diferente quando ela se envolvia. Se estivesse fazendo algum trabalho bem, ela não o delegaria a ninguém, ainda que as consequências fossem assustadoras, argumentando: 'Bem, ninguém se dedica tanto tempo quanto eu.'"

Por outro lado, todos sabiam ser impossível dizer a Joan o que fazer. Ferozmente independente, era-lhe difícil retirar-se ou admitir uma derrota. Adrian Luckhurst foi quem mais tentou persuadi-la Joan a sair dali. Ele costumava jogar polo no Naivasha e sempre a visitava. "Por favor, Joan, me escute", implorou em diversas ocasiões. "Você é muito vulnerável. Está isolada aqui e se envolveu em um assunto muito delicado. Com todo o respeito, eu decididamente não gostaria de ter de tirá-la de uma vala ou encontrá-la em algum local em que não deveria estar. Você deveria pensar nisso com muito cuidado."

"Só quero fazer a coisa certa para o lago", era sua invariável resposta.

Como Joan se recusava a amainar a luta pelo lago, Luckhurst então aconselhou-a pelo menos a se livrar do papel que, segundo ele, a marcava para futuros problemas: o de principal financiadora da empreitada. "Prossiga com a força-tarefa, se quiser, mas contrate alguém como administrador. Não você. Não a sra. Root", ele argumentou. "Agora mesmo, você é vista não só como a única a orquestrar e administrar uma equipe que tem feito muito pelo lago, mas também como a força propulsora e a financiadora por trás de tudo. Assim, evidentemente, todo o mundo sabe que você tem dinheiro."

Ela não tinha como contra-argumentar, já tendo distribuído mais dinheiro do que poderia contar.

"Além disso", prosseguiu Luckhurst, "a força-tarefa vai supor que você é seu empregador. Ora, pense no que vai acontecer daqui a cinco anos, quando lhes disser: 'Muito bem, estou muito velha agora. Vamos acabar com a equipe. Bye-bye! Todo mundo para casa.' Eles vão ficar pelas redondezas, depois vão exigir: 'Bem, sra. Root, a senhora nos empregou durante cinco anos. Precisa pagar nossos direitos.'"

Segundo as leis trabalhistas do Quênia, qualquer pessoa empregada por 90 dias seguidos é classificada como funcionário permanente, com direito a benefícios como férias pagas e aviso prévio. A força-tarefa estava em atividade havia três anos e, uma vez que era Joan quem pagava seus salários, ela poderia ser considerada a empregadora daqueles 15 trabalhadores em expediente integral.

"Pode trabalhar o quanto quiser por essa causa, mas no final alguém virá apunhalá-la pelas costas ou lhe dar um pontapé no traseiro e lhe dizer: 'Você perdeu. Não precisamos mais de você'", continuou Luckhurst. "Apesar de ter espalhado toda essa fantástica energia positiva, no final de tudo eles a trairão."

Joan sabia que ele tinha razão. Além de ser evitada pelo Departamento de Pesca desde que a força-tarefa prendera os funcionários do departamento que levavam turistas para "pesquisas", ela tinha se isolado de certos setores da comunidade branca do Naivasha. "Também encontrava resistência por parte dos floricultores", revelou Luckhurst. "Já não era incluída nos círculos sociais como antes. Segundo a opinião geral, ela 'incitava toda essa coisa da ecologia do lago', mas 'agora passara a se meter na agricultura [as floriculturas]'. Os floricultores começaram então a distanciar-se, o que muito a magoou."

Finalmente, Joan cedeu. "Tudo bem, vamos experimentar", capitulou ela diante da sugestão de Luckhurst de canalizar o dinheiro para a força-tarefa através da Riparian Association. Luckhurst telefonou para lorde Enniskillen, presidente da associação, e relatou-lhe o plano. Dali em diante, Joan passou a assinar mensalmente um cheque com a doação para a associação, que usava o dinheiro para pagar os salários da equipe.

"Supostamente, [o pagamento] nada mais tinha a ver com Joan", informou Luckhurst, "mas a força-tarefa ainda percebia ser Joan a força por trás de tudo. Sempre que desejavam alguma coisa, recorriam a ela. Chege só tratava com Joan."

Apesar do estratagema da Riparian Association, todos em Naivasha sabiam que Mama Joan ainda era o poder por trás da força-tarefa, e a maioria a considerava uma fonte do bem, embora em meio a todo o mal que o grupo passara a representar: *Mama Joan reabilita os pescadores ilegais e os transforma em reis. Mama Joan tem uma torrente infinita de xelins. Mama Joan tem um coração maior que o Quênia. Mama Joan vive sozinha num grande pedaço de terra, em Moi South Lake, com pouquíssima segurança. Mama Joan sempre usa na cabeça um lenço vermelho berrante, que a torna fácil de identificar, tão fácil quanto fazer amizade com ela.*

A ÚLTIMA VIAGEM MAIS EXTENSA QUE ELA FEZ foi ao Egito, um passeio turístico de uma semana com amigos, em 2004. Maravilhou-se no Museu Egípcio do Cairo, com o sarcófago de ouro de Tutancâmon, as obras de arte, a Esfinge, as Pirâmides de Gizé e o Museu de Luxor. Depois esteve no Vale dos Reis, com suas esculturas colossais. Ainda assim, entre todos aqueles tesouros do mundo, a maior parte do tempo ela só pensava no lago e em sua casa – fez a viagem toda ansiosa, respirando de alívio assim que retornou ao Quênia e pôde anotar em seu diário: "Tudo bem em casa. Sem tragédias."

A paz, entretanto, não durou muito tempo. Pela primavera de 2004, escreveu ela, tempestades desabaram, arrastando tudo para o lago, fazendo dele um cadinho de novas intrigas, novas injustiças e novas ofensas. Ela registrou barcos roubados do cais e um "curandeiro tradicional" vendendo gordura de leão.

Quando Joan saía de sua adorada casa – normalmente para o percurso de hora e meia até Nairóbi – muitas vezes levava alguns de seus animais machucados: um *dik-dik*, uma jiboia, um filhote de coruja e um filhote de antílope, que precisavam alimentar-se de três em três horas. Às vezes levava também David Chege.

Pelo outono de 2004, Chege estava sob o fogo cruzado de acusações de corrupção, extorsão e estupro, e era também o principal suspeito de um ataque brutal. O crime aconteceu em 24 de março de 2004, durante uma patrulha de rotina, e envolveu dez pescadores ilegais, redes e uma bomba roubada. Chege e seu grupo estavam no lago. Joan monitorava tudo de casa. A força-tarefa lançou-se na perseguição de um pescador nas águas rasas do lago e, quando o homem foi agarrado, quebrou uma perna. Segundo alguns, o responsável teria sido Chege que, entretanto, afirmou ser o autor do ataque um membro da unidade contra roubos de gado, que patrulhava o Naivasha atrás de ladrões. Seja como for, sem que Joan tivesse conhecimento, o homem não recebeu cuidados médicos e retornou a sua aldeia, onde morreu pouco depois.

Diante da insistência de Joan, Chege dirigiu-se à Comissão de Direitos Humanos do Quênia, a fim de fazer um relatório do que ele afirmava ser uma acusação de agressão forjada contra ele, envolvendo o homem que morrera. O novo diretor de pesca do Naivasha estava convencido de que o homem quebrara a perna ao cair e não ao ser atacado. Os membros da força-tarefa escreveram cartas para a polícia reiterando tal versão. Por sua parte, Joan telefonou novamente para Nancy Gitonga "a fim de tratar do futuro da força-tarefa e de impedir que Chege fosse preso".

Em novembro de 2004, a polícia estava à procura de Chege para interrogá-lo sobre o caso, quando ele e Joan foram de carro a Nairóbi. Joan foi ao banco retirar o pagamento para seus empregados, fez algumas compras e, na volta, parou para discutir a acusação contra Chege com um ex-prefeito de Naivasha. Mais tarde, Chege contaria que o tempo todo ficou apressando Joan, porque não era seguro dirigir à noite pela estrada Nairóbi-Nakuru. Mas Joan insistia em terminar seus afazeres.

Já estava escuro quando retornaram à propriedade de Joan. Assim que passaram o portão, viram dois homens correndo e se escondendo. Joan diminuiu as luzes e avançou lentamente. Chegando à garagem, Chege saltou e foi até o alojamento dos empregados buscar ajuda para descarregar o carro, e Mary, a governanta, veio ajudar Joan. De repente apareceram seis homens, pelo menos um deles armado. Empurraram as duas mulheres para dentro da Pajero. Um dos assaltantes sentou-se ao volante, os outros cinco se apertaram como puderam, e partiram em meio à escuridão.

Os homens fizeram terríveis ameaças enquanto seguiam pelas estradas esburacadas e pelo meio do mato, com a Pajero sacudindo freneticamente. Exigiram o dinheiro que não duvidavam que tinha consigo, afirmando que a matariam caso não cooperasse. Joan recusou-se a entregar um xelim que fosse. Eles então estacionaram o carro num campo enluarado, numa fazenda enorme a quilômetros da estrada principal, arrancaram a bolsa de Joan e a reviraram. Encontraram algumas moedas, mas sabiam que havia muito mais. A bolsa possuía vários compartimentos secretos, em que Joan escondera o dinheiro. Recusando-se a responder onde estava a quantia toda, foi espancada. "Onde está o resto?", gritavam eles a cada golpe, até que finalmente, machucada e sangrando, embora ainda sem qualquer demonstração de medo, ela entregou o que retirara do banco. Eles pularam para o carro e partiram a toda velocidade, deixando-a com Mary na escuridão da noite.

Quando puderam voltar para casa, na manhã seguinte, Joan fez a descrição do acontecimento em seu diário, com a maior tranquilidade:

> 25.11.2004. Automóvel roubado. Bem depois do anoitecer, fomos encontrar Fariz [ex-prefeito de Naivasha] na estação de Caltex, para nos informar sobre o caso [de Chege]. Perto de meu portão, dois homens se esconderam de repente. Chege ficou desconfiado. Desci pelo caminho com as luzes apagadas. Chege me deixou para ir até o alojamento. Logo fui cercada por seis homens querendo nos roubar. Mary e eu fomos sequestradas no carro.

Ela participou de uma investigação rotineira, levando a polícia até o cenário do crime, dando declarações, oferecendo recompensa e comparecendo à delegacia para o reconhecimento de suspeitos, que incluíam dois ex-empregados seus, mas nenhum dos homens eram os que a tinham roubado e agredido. Como sempre, tudo deu em nada. Muitos amigos insistiram na hipótese de que Chege havia encenado tudo. Por que ele teria desaparecido no exato momento em que os ladrões chegaram? E de que forma poderiam os bandidos saber exatamente quanto dinheiro ela tinha na bolsa? Mas Joan recusou-se a acreditar neles.

NO FINAL, NÃO FOI JOAN QUEM DECIDIU acabar com a força-tarefa, mas sim a burocracia oficial. O novo diretor do setor de Naivasha do Departamento de Pesca cortou qualquer apoio governamental. Já farta de financiar e organizar tudo sozinha, Joan procurou ajuda do Lake Naivasha Growers Group, que não se mostrou inclinado a envolver-se. Tampouco os membros da Riparian Association, a não ser quanto a canalizar o dinheiro de Joan para os homens.

Joan começou reduzindo o número de homens da força-tarefa. Embora a formação do grupo tivesse sido um esforço da comunidade, sua dissolução recaiu exclusivamente sobre Joan. Precisou comunicar sozinha ao grupo de pescadores clandestinos supostamente reabilitados que seus postos de trabalho estavam encerrados. Deveriam retornar à rotina anterior ao recebimento dos bonés brancos e da renda estável, apesar de serem discriminados por seus vizinhos de Karagita por terem prendido tantos deles, flagrados na pesca ilegal.

Numa reunião da Riparian Association, ela se declarou incapaz de continuar cuidando sozinha de toda a região. Dee Raymer, amigo e membro da Riparian Association, sugeriu que talvez ela pudesse restringir sua equipe a um único setor do lago, com outros membros da associação se ocupando do resto. Joan percorreu os olhos pela sala. Onde estava o apoio dos proprietários? Onde estava o tempo, o dinheiro e o sacrifício dos associados? Raymer comentou: "A Lake Naivasha Riparian Association poderia ter sido muito mais participativa. Mas não. Tudo caiu sobre Joan que, como encarregada daquele programa, acabou tornando-se um alvo."

A QUESTÃO DA SEGURANÇA constituía preocupação ainda maior. Uma solução surgiu na pessoa de John Sutton, que chegou ao Naivasha em maio de 2005. Joan o conhecia desde a infância, quando ele vivia na propriedade de Karen Blixen, em Karen, parte da qual se transformara no Karen Blixen Coffee Garden, pertencente ao pai de Sutton.

John Sutton falava delicadamente, mas era um firme ex-reservista da polícia. Foi requisitado pelo Lake Naivasha Growers Group, além de outros cidadãos envolvidos na questão, para se encarregar do Naivasha Community Project, uma força de segurança privada estabelecida para proteger os residentes brancos, cada vez mais ameaçados.

Sutton perguntou a Joan se não poderia administrar sua operação de segurança a partir de sua propriedade, onde seu primo já alugava um chalé. Sempre conciliadora, Joan respondeu que sim, e o Naivasha Community Project transferiu-se para as antigas instalações de edição de Alan Root. O que fora outrora um refúgio para filmagens no paraíso tornou-se um posto de comando numa zona de guerra, com Joan mais uma vez proporcionando supervisão e demonstrando impecável capacidade de organização.

Nessa época Joan estava determinada a desmantelar a força-tarefa com tanto empenho quanto tivera para criá-la. Seus diários revelavam que ela se dera conta de que aquilo que inicialmente fora uma iniciativa para o bem seguira caminho contrário. "Dei a Chege 10 mil xelins quenianos para providenciar cinco bicicletas para a equipe ... A força-tarefa veio sem as novas bicicletas, esperando que eu pagasse o primeiro serviço. Longa conversa com John [Sutton] sobre a força-tarefa, etc. Ele me aconselha a encerrá-la completamente, a me livrar de Chege e de todos ... Passei a noite acordada, preocupada com o que fazer com Chege ... John inflexível: Chege tem que ir embora ... Conversei com Chege e disse-lhe que deveríamos nos afastar dos problemas do lago. Ele sugeriu que eu telefonasse a Sheldrick [Daphne Sheldrick, especialista em elefantes] para inscrevê-lo em seu grupo de combate à caça e à pesca ilegais no Tsavo." Antes de ir para a entrevista, entretanto, "Chege telefonou dizendo que não vê futuro para ele no Naivasha ... Perguntou se eu poderia financiá-lo para começar alguma coisa. Lembrou que já possuía um terreno, uma casa e uma motocicleta etc."

Ele acabou sendo contratado para o emprego que Joan lhe arranjou no Parque Nacional de Tsavo. Os outros ela despediu, pagando excelentes indenizações, ajudando alguns a começar novos negócios e até mesmo comprou de volta algumas bicicletas que lhes dera: qualquer coisa para abrandar sua transição de volta à Karagita.

Nada relativo à força-tarefa, entretanto, poderia ser brando. Como era previsível, um funcionário do Departamento do Trabalho do Quênia logo entrou em contato com Joan e, com insolência, falou-lhe sobre as "férias" dos 15 homens que ela havia "empregado". No diário, ela anotou: "Concordei afinal em pagar extras por férias de 15 dias por ano, e seis meses de aviso prévio." A equipe queria mais e seus diários logo ficaram repletos de intermináveis exigências, como também do desespero que tudo isso lhe provocou: noites sem dormir, traições dos empregados, vizinhos sendo assaltados e mortos, dinheiro sumindo do armário da cozinha...

Na época, três quenianos brancos foram mortos a tiros, em questão de meses, cada assassinato mais violento do que o anterior. "24.9.2004. Martin Palmer assassinado", escreveu Joan. Era um bom amigo, fazendeiro nascido na Grã-Bretanha, criador de cavalos, morto por oito bandidos vestidos como policiais e que dirigiam um caminhão roubado. Depois de matarem Palmer, os homens amarraram a namorada dele e a forçaram a ficar deitada junto do cadáver. Joan também conhecia Lloyd Schraven, floricultor holandês, morto perto do portão de sua casa durante uma tentativa de assalto. Ele acabava de voltar do banco, na cidade de Naivasha, trazendo o pagamento dos empregados. E John Goldson, de 69 anos, proprietário do aristocrático hotel Crater Lake Lodge, baleado quando caminhava fora do hotel para investigar o ataque de uma gangue a um segurança.

"Dirigi até o Crater Lake para lembrar-me de John", Joan registrou. "Alguém me contou o que aconteceu naquela noite. John saiu do hotel, depois de dar boa noite à equipe da cozinha, subiu as escadas e se deparou com os bandidos no estacionamento."

Ela escreveu sobre esses terríveis acontecimentos num estilo frio, quase distante, embora devesse ter notado que os assassinos compartilhavam um tema: as vítimas estavam sendo visadas. Os assaltos à mão armada aconteciam em média 18 vezes por mês na região do Naivasha e as pessoas sentiam-se sitiadas. Falava-se da criação de listas com os tipos sanguíneos, já que os hospitais ficavam muito longe e as transfusões eram extremamente necessárias após os atentados. Como a estrada entre Nairóbi e Nakuru ficava cada vez mais perigosa, foi criado um *site* para que os motoristas se cadastrassem para viajar em comboios. Na noite seguinte ao memorial de John Goldson, Joan anotou no diário que uma dezena de pescadores clandestinos invadiu seu portão e atravessou suas terras até o lago. "Agora, sem força-tarefa", acrescentou. Os ilegais foram de fato se multiplicando, cortando o arame das cercas que ela erguera recentemente, incendiando os papiros, capturando animais em armadilhas, arrastando peixes miúdos em suas redes – como se todas as suas tentativas de recuperar o lago jamais houvessem ocorrido. Ela desconfiou de que antigos membros da equipe pudessem mesmo estar conspirando contra ela.

Não mais força-tarefa, não mais Chege, não mais chamados telefônicos com informações às três da madrugada. Ela virara mais uma página de sua vida, e com isso veio a renovação e uma nova confiança de que tudo iria melhorar, tal como sempre acontece na natureza.

* * *

"26.9.2005. Intrusos em casa."

Seu alarme contra ladrões soou às três da madrugada. "Sono muito profundo", escreveu Joan em seu diário. Achando ser um alarme falso, ela tateou pelo painel para desligar a sirene. Então escutou uma voz do lado de fora da janela do seu quarto: "*Mama, fungua malango*" – Mama, abra a porta. "Primeiro, fiquei sonolentamente intrigada", ela registrou. "Depois, a pessoa repetiu: '*Mama, fungua malango.*'"

John Sutton, em suas instalações de segurança, ouviu o alarme e também escutou o vigia noturno gritar "*Munyama ame kuliwa!*" Os animais foram devorados! Sutton achou que algum leopardo entrara no galpão dos animais órfãos e machucados, atrás de seu quarto, e comera algum antílope ou gazela. Mas quando a voz do vigia se aproximou mais, Sutton entendeu o que ele dizia: "Mama foi levada! Em direção ao lago!"

Seria algum estratagema para afastar os dois? Sutton não se deteve para refletir. Em vez disso, pegou o revólver, correu para fora e atirou duas vezes para o alto, pensando que era o fim para Joan. Enquanto corria em direção ao lago, com o telefone numa das mãos e a arma na outra, ela o chamou pelo celular para dizer que estava no alojamento. Quando aquela experiente aventureira ouvira a ameaça em voz baixa, soube exatamente o que fazer: saiu pela porta lateral e correu silenciosamente para o alojamento dos empregados, de onde telefonou para John. Quando ele foi encontrá-la, escutou tiros. Seriam disparos de advertência de proprietários brancos nas terras vizinhas, pensou ele, ou as balas dos invasores?

Depois compreendeu que ambas as suposições estavam corretas.

Joan e Sutton retornaram ao quarto dela, "onde nos deparamos com a imensa pedra de 20kg lançada contra minha porta", informa o diário. Os invasores tinham entrado em sua sala de estar. "Abriram duas gavetas, arrancaram fios da antena de meu rádio e roubaram um celular." Ambos viram a janela quebrada da sala de jantar, através da qual os bandidos haviam jogado a pedra. Em meia hora a polícia chegou, ela anotou, mas logo foi embora, já que ninguém fora ferido e pouco fora roubado. Foi como qualquer outra noite no lago Naivasha. "Fiz um chá para John" continua a anotação, e então ela e Sutton se retiraram, cada um para sua cama, "e tentamos dormir um pouco antes do amanhecer."

Na manhã seguinte, Sutton insistiu para que Joan reforçasse sua segurança. As barras finas das janelas do quarto eram um verdadeiro convite para o assalto ou coisa pior. Ele recomendou portas de aço, já instaladas em muitas casas na região.

"Portas de segurança e grades nas janelas do quarto", ela registrou no diário em fins de 2005, observando que tinha visitado amigos para ver o que haviam feito para tornar seguras suas casas. Uma dessas era uma *villa* em estilo italiano, sobranceira ao lago, que pertencia a Tony Seth-Smith, o antigo caçador de animais de grande porte, e sua mulher, Sarah. Seth-Smith andava pelos 70 anos, mas era forte e estava determinado a proteger sua propriedade e sua família, disposição também de Sarah, uma elegante e pálida mulher que usava o cabelo preso num coque.

"Alguém tentou atirar em mim na estrada, há seis meses", revelou Tony Seth-Smith mais tarde. Explicou que vinha dirigindo perto das terras de Joan, quando dois africanos tentaram sequestrá-lo em seu carro. Os dois fugiram quando ele apontou o revólver na cara deles. "Os trabalhadores das floriculturas também costumam ser roubados no dia de pagamento", ele prosseguiu, "Fingindo ser empregados das plantações, eles entram nos ônibus e os roubam."

Seth-Smith mostrou a Joan todo o seu sistema de segurança, esperando que ela instalasse algo semelhante em sua casa. "Joan estava absolutamente calma", informou. "Era uma verdadeira mulher queniana, que nunca entra em pânico. Seria de se pensar que ela estivesse assustada, como qualquer mulher mais velha, vivendo sozinha. Mas ela passara a vida inteira na floresta, lidando com a África e as coisas inesperadas que aquela terra costuma aprontar."

Havia grades, portões e cercas de segurança por todo o exterior da casa de Seth-Smith. Dentro dela, viam-se portas e portões de aço em cada corredor, desde a entrada até a sala de visitas. No patamar que levava ao quarto principal, Seth-Smith desceu uma porta corrediça, fazendo um barulho ensurdecedor. "É como a porta de um joalheiro. Capaz de deter um AK-47. Depois, fechamos esta grade de ferro."

Por trás da porta corrediça via-se outra porta, também com uma grossa grade de ferro, para o caso de os bandidos terem conseguido avançar. Depois, Seth-Smith entrou em seu quarto. "Os cachorros dormem aqui dentro, também; assim, é preciso atravessar tudo isso, fazendo todo tipo de barulho, que os cachorros certamente vão ouvir. Mas se conseguirem entrar no quarto – o que não seria impossível, caso estivessem suficientemente determinados – eu tenho um último recurso."

E ele abriu uma gaveta ao lado da cama, onde havia um volumoso revólver. "Eu atiraria, se fosse forçado, se a vida de minha família estivesse em perigo", declarou. Tinha porte de arma, "porque sou vigia de caça honorário do Kenya Wildlife Services".

Joan não tinha porte de arma, por isso não possuía revólver. Seth-Smith perguntou-lhe quais eram suas precauções de segurança, para o caso de algo "inesperado" no meio da noite.

"Tenho rojões", ela respondeu. A ideia era lançá-los pela janela, caso tivesse problemas.

Dando-se conta, provavelmente, da ineficácia de sua ideia de lançar rojões pela janela, Joan cedeu, tal como quando cercara sua propriedade. Com relutância, instalou pesadas portas de aço nos dois lados do quarto e reforçou as grades das janelas. As portas foram pintadas de vermelho-alaranjado. E ela se transformou naquilo que, só de pensar, lhe causava pavor: um ser vivo enjaulado.

No outono de 2005, David Chege voltou ao lago Naivasha, depois de despedido do Parque Nacional de Tsavo. Os diários de Joan demonstram sua crescente desconfiança em relação a ele, a seus motivos e a sua evolução de pescador clandestino a legalizado e, depois, novamente a ilegal ou algo pior, preocupação manifestada em muitas passagens do diário. "Conversa com Chege – tanta intriga e falsidade", ela tinha escrito no início do ano, seguindo-se a informação de que "Chege tem uma arma".

Em breve até as autoridades relutavam em ir até sua propriedade. Certa vez uma "veio com um guarda-costas!", espantou-se ela. Multiplicavam-se os relatos sobre os *wakora* (bandidos) que ela havia empregado na força-tarefa, especialmente seu líder. "Longa conversa com John Sutton", ela registrou, "muito perspicaz sobre a maneira como Chege me tem manipulado. Perigoso para ele e para mim. Ele me aconselhou a contar meu dinheiro." Ela demitiu um guarda que empregara durante seis meses. "Cheio de mentiras, e é parente de Chege." Em 13 de novembro, ela anotou: "Chege e Esther de volta a Karagita", acrescentando que uma fonte confiável a informara de "que Chege estava por trás da invasão na minha casa, no dia 26 de setembro, e do sequestro de novembro", e que ele estava movendo uma ação contra ela na Secretaria do Trabalho por horas extras. Nesse ponto cessam as observações no diário sobre David Chege – e presumivelmente o lugar que ele ocupava na vida de Joan.

"Chege despencou da posição de líder da força-tarefa para o fundo do poço, em Tsavo", comentou um proprietário de terras. "Ele voltou ao Naivasha sem nada para fazer. Andava por aí como um grande personagem e de repente não era mais nada." Depois de Joan cortar seu apoio, Chege se viu reduzido a motorista de mototáxi nas ruas sujas de Karagita. "Chege era um *mandaraka ndogo*, um pequeno homem com um pequeno poder, mas se achava um rei", acrescentou um queniano. "Quando se dá algum dinheiro para gente como Chege, você está dando muito poder. E quando se retira a mina de ouro, *bum*!"

NO OUTONO DE 2005, Joan era regularmente despertada pelo alarme conectado à polícia, avisando-a de uma invasão no portão da frente. "Quatro da madrugada. Sirene. A campainha é tão alta que me sinto bombardeada pelo barulho e não posso pensar direito para me comunicar com John [Sutton] pelo celular ou pelo walkie-talkie. Difícil voltar a dormir. Meu coração aos saltos."

Os alarmes eram reais: pescadores, ladrões e, frequentemente, ambos. "Contei 18 pescadores", ela anotou. De outra vez foram 20, depois 30 e depois tantos, que não conseguia contar. Também começou a receber mensagens de texto ameaçadoras em seu celular. Eram tão perturbadoras e violentas, que mais tarde nenhum de seus amigos – nem a polícia – quis citá-las, relatando apenas que alguns membros da força-tarefa haviam declarado que se ela não continuasse a lhes pagar, "os clandestinos vão pegá-la". O pior de tudo para ela era o efeito que a escalada do crime estava tendo sobre os mais importantes residentes de suas terras: "Os animais estão fugindo", Joan registrou, sabendo ser um sinal da natureza de que algo ia mal. Então alguém desregulou o freio de seu carro, o que por sorte foi descoberto por um mecânico antes que ela entrasse para dirigir. "Ela quase não deu importância", comentou sua amiga Annabelle Thom.

Menos preocupada com a própria segurança do que com a luta que estava decidida a vencer, Joan resolveu fazer uma última tentativa para salvar o lago, de uma forma que sempre funcionara no passado: por meio de um filme. Richard Brock, veterano produtor da unidade de história natural da BBC quando ela e Alan faziam documentários para a emissora, veio instalar-se regularmente em sua propriedade e o resultado foi uma série educacional sobre a devastação do lago e as maneiras de preveni-la.

Brock filmou os esforços em andamento contra a pesca e David Harper, cujos estudos científicos haviam previsto a morte do lago, fez todos os comentários. Um dos filmes realizados, *Lake on the Edge*, foi exibido numa reunião presidida por lorde Andrew Enniskillen. "Só compareceram 25 ou 30 pessoas. Absolutamente chocante. Fiquei com pena de Andrew, que tinha feito tanto."

O filme foi uma nobre tentativa, mas não conseguiu inspirar muita ação. A batalha pelo Naivasha parecia estar terminada.

Os amigos de Joan continuaram a insistir para que ela fosse embora do lago, mas ela sempre se recusava. "Ir para onde?", questionou em seu diário.

Por trás das grades e paredes de aço de seu quarto, com o chefe da nova força privada de segurança da comunidade morando a apenas alguns metros de distância e novos guardas em ação, Joan podia finalmente sentir-se segura. "22.12.2005. 20:30h. Minha sirene disparou. John Sutton chegou com uma espingarda. Agradável ver todos os meus camaradas lá fora, armados com *pangas*, *rungus* (bordões) etc...." Ela passou aquele Natal sozinha, "sem ninguém com quem conversar". Dois dias depois, em 27 de dezembro de 2005, registrou no diário: "A região tem estado livre de crimes neste natal. A polícia e o Naivasha Community Project pegaram em Karazani uns bandidos que vinham aterrorizando Karagita."

O Ano-Novo trouxe novos desafios. "Queridos Frank e Peggy", escreveu ela a dois amigos americanos, em janeiro de 2006. "Estou bem e com saúde, mas me sentindo exausta, cansada de enfrentar os desafios de viver no Quênia hoje. Sinto-me como se vivesse em outro planeta, diferente dos Estados Unidos. Um planeta cujo governo corrupto e crescimento desordenado da população estão aumentando a pobreza, o crime e a destruição das florestas, savanas e pantanais. Minha propriedade no lago Naivasha continua a ser um refúgio de paz para os pássaros e os animais, apesar das pressões ao redor."

E terminou a carta com uma nota otimista. "O turismo tem aumentado recentemente, depois de alguns anos de advertências americanas contra as viagens ao Quênia, que mantiveram os viajantes longe daqui ... Seja qual for o motivo, o influxo de turistas está ajudando a economia e sua vinda para as praias e os parques selvagens poderá ser benéfica para a conservação da vida selvagem. Este ano finalmente comprei um computador e lentamente estou ingressando na era da informática! Assim, meu e-mail vai acima. Muito amor a vocês todos, Joan."

A força-tarefa se fora, a pesca clandestina e o crime estavam em alta, e mesmo assim ela tinha esperanças, ao mesmo tempo envoltas em frustração. Como observou sua amiga Jean Hartley: "A situação não estava boa, mas ela não era de desistir."

Joan estava a semanas de seu septuagésimo aniversário – e tinha ido longe demais para poder parar.

Capítulo 11

No final de 2005, um jovem morador de Karagita revelou à polícia de Naivasha, em interrogatório, que seu primo chefiava um grupo de bandidos "que planejava matar a velha Mama" – identificada por ele como *Memsaab* Joan Root – na estrada Moi South Lake. Era uma gangue de oito homens, contou ele, "todos armados de pistolas e quatro AK-47". O ladrão não revelou o motivo para pretenderem matar Joan Root, mas disse que o ataque estava programado para 31 de dezembro. Ele prestara juramento ao bando do primo e deveria acompanhá-los até a propriedade dela.

Tinham, porém, adiado o atentado, imaginando que a segurança estaria muito rigorosa durante as festas de fim de ano. A polícia orientou-o a continuar com a gangue a fim de obter mais informações. Quando foi marcada uma nova data, dia 12 de janeiro, a polícia pediu que o rapaz conseguisse novo adiamento, para melhor se preparar, mas, pelo visto, o bando não concordou.

Enluarada, a noite de 12 de janeiro estava clara. Durante o dia tinham ocorrido duas mortes: pela manhã, caçadores ilegais haviam capturado e matado um antílope perto da casa de Joan e, à tarde, um leopardo matara uma gazela e a arrastara por seu terreno. A trilha de sangue desaparecia perto do lago, por isso, mesmo depois de longa busca, o leopardo não foi encontrado. Joan terminou de jantar às seis da tarde. Uma hora depois, deu boa noite a Samuel, seu cozinheiro por 14 anos, e fechou-se dentro das paredes de aço do quarto. Os dois novos vigias noturnos somalis chegaram para cumprir seu turno. Os oito empregados da casa estavam vendo televisão no aparelho que ela lhes dera, e ela provavelmente assistiu a um filme. Às dez da noite, Joan, os empregados e os animais já dormiam profundamente.

À uma e meia da madrugada, os guardas avistaram dois homens esgueirando-se para dentro da propriedade, vindos da estrada Moi South

Lake. Um deles levava um fuzil AK-47, o outro carregava uma *panga*. Mais tarde o guarda que os avistou disse que eles ocultavam o rosto com capuzes. Ele soou o alarme, porém John Sutton encontrava-se na Tanzânia, para um compromisso profissional, e os guardas, devido às rigorosas leis quenianas em relação ao porte de armas, estavam desarmados. Em vez de atacar os atacantes, eles correram e se esconderam. Um deles declarou depois ter escutado os bandidos discutindo se deveriam matar o vigia que soara o alarme, mas optaram por não o fazer. "Vamos ao trabalho", concluíram, segundo o vigia.

Rodearam a casa, seguindo ao longo da cerca eletrificada que protegia parte da propriedade e atravessaram o portão sem eletrificação que levava ao quarto de Joan. Arrastaram-se pela grama do galpão dos animais feridos e órfãos, onde havia várias tartarugas-gigantes em diversos estágios de recuperação, com as carapaças rachadas e quebradas. Chegaram então à porta de trás do quarto de Joan e estouraram a fechadura externa com o AK-47, mas as portas de aço internas os impediram de avançar. Despertada pelo alarme e assustada com os disparos, Joan ouviu as mesmas palavras aterrorizantes de três meses antes: *"Mama, fungua malango!"* Mama, abra a porta!

Ela conseguiu comunicar-se com John Sutton pelo celular. "John, eles voltaram", sussurrou ela. Podia escutar as barras de aço sacudirem-se enquanto os invasores tentavam freneticamente entrar no quarto.

"Joan, apague a luz", Sutton orientou. Pelo telefone ele pôde ouvir a sirene do alarme e as vozes dos homens cada vez mais altas. Sabia que a primeira atitude de Joan numa situação perigosa daquelas seria acender a luz para operar o painel do alarme.

"Apague a luz", repetiu Sutton. "Deite-se no chão, arraste-se até o banheiro e fique lá, quieta. Vou mandar meu pessoal aí imediatamente."

Assim que Sutton chamou sua equipe de segurança e a polícia de Naivasha, o telefone tocou novamente. A voz de Joan, normalmente tão tranquila, estava fortemente excitada e trêmula. "John, John!", ela exclamou. As vozes dos homens estavam mais altas e ele os ouvia gritando repetidamente *"Mama, fungua malango!"*, mandando Joan abrir a porta e acrescentando em suaíli: "Senão vamos encher você com tantas balas que vai parecer uma peneira!" Então Sutton ouviu os tiros; tantos, que a princípio ele imaginou que os assassinos estavam atirando nas portas de aço.

"John, socorro, John, socorro!", implorava Joan. Até que o telefone emudeceu.

Ela fora atingida na coxa e arrastou-se pelo chão do quarto, tentando estancar o sangue com um lençol, deixando um rastro de sangue. Quando não ouviram mais som algum no interior da casa, os atiradores, supondo que ela morrera, começaram a se retirar. De repente, porém, uma centelha iluminou a escuridão dentro do quarto.

Se foi uma lanterna ou a luz do celular, ninguém jamais saberá. A polícia, entretanto, declarou posteriormente que aquela luz informou aos atacantes que sua vítima ainda estava viva. Mais uma saraivada de balas e eles completaram a tarefa. Quando a polícia e a equipe de segurança chegaram, os assassinos já tinham fugido, os empregados choravam, o antílope cego entrara em pânico no cercado próximo ao quarto e Joan Root, atingida por pelo menos cinco tiros, estava morta.

"Ela morreu na vanguarda da luta contra os transgressores, dentro e ao redor do lago. Mas também pode ter feito muitos inimigos, que conspiraram contra ela", informava o relatório da polícia sobre a morte de Joan. Sua amiga Delta Willis expressou-se melhor: Joan morreu porque "acendeu a luz".

JOAN SEMPRE SOUBE que Alan voltaria para junto dela. Um dia, de algum modo, ela o teria de volta, em sua propriedade, junto a seu lago, para um safári que não acabaria nunca. E finalmente, depois de todos aqueles anos, Alan realmente voltou. Subindo em seu helicóptero, nas primeiras horas da manhã de 13 de janeiro de 2006, assim que um amigo lhe telefonou dando a notícia, ele se elevou acima dos feios ruídos de Nairóbi em direção ao Great Rift Valley, voando de volta, depois de tanto tempo, para o lago Naivasha – e para Joan. Mais tarde as pessoas lembrariam de ouvir o helicóptero sobrevoar as montanhas, acima dos vulcões adormecidos e das fazendas, para aterrissar na faixa de pouso de Joan, junto do lago.

Quando Alan chegou, os vizinhos já se haviam reunido do lado de fora do quarto. "Estava um caos", disse um dos primeiros a chegar, pouco depois das duas da madrugada. Algumas pessoas espiavam, assombradas, pelas cortinas de renda, escurecidas pela pólvora, enquanto outras tentavam transpor as barras e as portas de aço para ver se ainda restava alguma vida no corpo estirado no chão do banheiro, numa poça de sangue.

Logo a polícia também chegou, atrás de evidências, que eram muito escassas. Alan e Barry Gaymer enfiaram-se sob a cama de Joan, recolhendo alguns cartuchos das balas que crivaram as paredes e estilhaçaram as janelas. Tarde demais. Os assassinos já deviam estar muito longe.

Havia esperanças de se fazer justiça, embora não através do informante que originalmente fora até a polícia. Suas declarações foram gravadas, mas parece que ninguém levou aquilo adiante. Em vez disso, a investigação recaiu sobre um cão. "Um cão farejador!", sugerira alguém. Foram feitos então chamados urgentes para Mugie Ranch, que imediatamente enviou Inspetor-Chefe Baucis, o cão farejador mais bem treinado do Quênia. Joan o havia acolhido meses antes, para exercícios de treinamento em sua propriedade. Às oito e meia da manhã, o cachorro chegou num voo particular, sendo levado ao galpão de recuperação de animais, junto ao quarto de Joan. Dali foi conduzido para uma das pegadas deixadas pelos assassinos.

O cão partiu correndo, acompanhado por dois treinadores, ao longo do gramado da casa, depois descendo a estrada Moi South Lake e seguindo pelas ruas cheias de gente. Em seguida virou à direita e correu diretamente para o devastado coração de Karagita, onde se precipitou pelas ruas imundas e esburacadas, parando na frente de uma palhoça e colocando as patas sobre a porta. Ali se apertavam duas famílias, uma de um soldador e outra de um professor, que trabalhavam na favela. A polícia afirmou que aqueles homens eram os assassinos, provavelmente instruídos por David Chege, junto com o dono de um brechó da área.

Chege foi pego por meio de uma oferta de trabalho. Estava na moto que Joan lhe dera, que se tornara seu táxi, pelas ruas de Karagita, quando seu celular tocou – o celular que também Joan lhe dera. Quem chamava era um proprietário de terras do lago, pedindo-lhe que viesse acertar um trabalho de meio expediente. Quando ele chegou, a polícia o esperava; foi preso e encarcerado, junto com os três outros suspeitos, na Prisão de Segurança Máxima de Naivasha, sob acusação de tentativa violenta de assalto, crime punido com pena de morte por enforcamento público.

As vítimas dos assassinatos anteriores no lago Naivasha eram relativamente desconhecidas. A daquele dia, porém, fora estrela de filmes sobre a vida selvagem. Apaixonada demais pelo lago para conseguir abandoná-lo, obstinada demais para ceder, Joan se mantivera firme em suas terras até o fim. O que deixou para trás contaria a história de tudo que tentara realizar. A reação da imprensa foi como uma verdadeira tempestade internacional. Da noite para o dia, a tímida, tranquila e modesta Joan Root foi lançada das sombras para o centro dos refletores, bem como a história de sua missão de salvar o lago agonizante.

"Paixão pela preservação da beleza do Quênia pode ter custado ... a vida à cineasta", foi o título do artigo do *The Guardian*, da Inglaterra.

A manchete do *The Times*, de Londres, foi: "Os amigos temem que o assassinato da famosa cineasta possa estar ligado a sua atividade como ambientalista no Quênia."

O *Standard*, diário de Nairóbi, deu destaque à matéria em seis colunas, ilustrada com a fotografia de um queniano negro depositando diante do portão de Joan um buquê de flores – em meio às dezenas de outros ali deixados. "A morte de Joan Root é um terrível golpe não só para sua família ... como para a grande comunidade do Naivasha e do Quênia", escreveram os repórteres do *Standard*. "Muitos irão lembrar-se dela por seus incansáveis esforços para salvar o enfermo lago Naivasha, agredido por todos os lados. Até a morte, aos 69 anos, ela realizou aberta campanha contra a caça e a pesca ilegais no lago. Uma área da praia passou a ter seu nome." O jornal citou um dos empregados, que declarou: "Ela não era apenas minha patroa, mas alguém da família." E um importante comerciante comentou: "A morte de Joan é uma grande perda para ... todos os que defendem a beleza e a conservação da vida selvagem da África."

Entre os que se sentiram órfãos estava Richard Waweru, um queniano negro de 24 anos, a quem Joan dava emprego, casa e o salário mensal de 4.500 xelins quenianos para monitorar um ninho de capitães-do-mato de cabeça branca. Segundo lady Sarah Edwards, num emocionante tributo a Joan, publicado numa revista dedicada à natureza, "ele me contou como Joan costumava passear a seu lado pela propriedade à tarde, mostrando-lhe rastros de leopardos, ensinando-lhe a lidar com jiboias, e mais uma infinidade de coisas. Ela lhe emprestava livros de história natural e ornitologia. Waweru chorou quando nos encontramos, pouco depois de sua morte."

"NAIVASHA É *Chinatown*", observou um jornalista de Nairóbi, referindo-se ao filme premiado com o Oscar, no qual a violência e a conspiração assolam uma cidade outrora pacata e cujo clímax é um assassinato perverso e chocante. "É uma maldita panela de pressão", acrescentou alguém muito próximo de Joan.

No final de fevereiro de 2006, quando fui a Naivasha assistir ao memorial de Joan e escrever o artigo para a *Vanity Fair*, percebi o que eles queriam dizer. Chegar a Naivasha é como aterrissar numa das famosas estufas da região, onde tudo, bom ou ruim, está sempre num local exíguo e apinhado.

Fui conduzido de carro ao lago por Adrian Luckhurst e sua mulher americana, a loura e inteligente Vickie. Do esplendor do Great Rift Valley, seguimos em plena luz do dia pela estrada Nairóbi-Nakuru, em que pouca gente se atreve a dirigir depois que escurece, e através da cidade de Naivasha, em cuja rua principal os pescadores legalizados vendem sua produção. Dali a estrada se contorce, sobe e se transforma na Moi South Lake, terrivelmente esburacada, sulcada pelas jamantas transportando rosas para o mundo e levantando tanto pó fino e branco que fica difícil enxergar através dela. Quando a poeira baixou, pude ver o povo, aquele povo miserável, faminto e desempregado, muitos acenando com a mão ao longo da estrada.

"Se você já ouviu alguém falar sobre povos na África e na Ásia que vivem com menos de um dólar por dia, está agora diante de um deles", comentou Adrian Luckhurst enquanto dirigia. Passamos por Karagita, com seus bares instalados em palhoças, seus barracos de pau a pique, suas ruas enlameadas e o desespero interrompido por multidões de colegiais uniformizados gritando imediatamente em coro "Como vai? Como vai?" à vista de algum branco.

Chegar à propriedade de Joan foi como descobrir um oásis no meio de uma terra de árido desespero. Passara-se menos de um mês desde seu assassinato. Quando cheguei, já haviam limpado o sangue do banheiro e do quarto, mas os buracos das balas ainda marcavam as paredes. Uma impressionante coleção de animais selvagens desfilava pelo gramado. As roupas de Joan ainda estavam penduradas no banheiro e os empregados ainda guardavam luto fechado. Tudo estava quase como Joan deixara, junto com o mistério de quem a matara.

Com esperanças de encontrar respostas, fui até o posto policial de Naivasha, onde o delegado Simon Kiragu, um africano amável e compacto, num amarrotado uniforme cáqui, lançou-me um sorriso exuberante em seu escritório azul-claro, próximo à favela de Karagita. Garantiu-me que resolvera o assassinato de Joan Root principalmente pelo testemunho de um cachorro. "Um farejador! Formidável!", exclamou. Afinal, Inspetor-Chefe Baucis era o melhor cão rastreador do Quênia e não demonstrara nem hesitação nem dúvida desde o instante em que farejara a pegada do assassino até colocar as patas sobre a porta de dois dos acusados, em Karagita.

O delegado Kiragu apanhou um grosso relatório que relacionava cinco possíveis motivos para o assassinato:

1) Envolvimento de ex-empregados.
2) A vítima teve sérias desavenças com alguns de seus ex-empregados. Alguns foram grosseiros com ela. Existe a possibilidade de que alguns deles, demitidos e descontentes, tenham conspirado para eliminá-la.
3) Agravamento da questão da vingança.
4) Assalto comum.
5) Crime organizado contra o turismo estatal. A vítima era personalidade influente em questões da vida selvagem e talvez um grupo de pessoas,

querendo manchar o bom nome do governo e do setor do turismo, a fim de levar investidores a suspenderem ajuda a projetos no país, tenha planejado o crime, para desacreditar o governo e mostrar que o Quênia é um país onde não existe segurança.

Quanto à ligação com David Chege, o delegado foi enfático e duro: "Esse grupo de quatro homens era muito unido", disse, mostrando-me a declaração de Chege, escrita em sua própria caligrafia garatujada. "Embora confiassem nele, ele era um velhaco", comentou o policial, pronunciando uma litania das trapaças de Chege, que incluíam ser "mentor intelectual" tanto do sequestro de Joan quanto de seu assassinato.

"Um velhaco", prosseguiu Kiragu, detalhando como Chege vendera os barcos confiscados por ele e pela força-tarefa, como obtinha dinheiro de Joan para operações que jamais realizara, e como extorquia os pescadores clandestinos em troca de lhes permitir continuar agindo no lago. E continuou:

> Ela sempre protegia e defendia Chege. Quando se conduziu uma investigação para verificar se ele estaria de posse de armas ou associado a donos de armas de fogo, a própria Joan Root declarou: "Não pode ser verdade."Ela disse ao investigador: "Chege é uma pessoa muito boa. Não é possível que esteja envolvido com esse tipo de gente."
>
> Embora Joan Root tivesse confiança nele, ele não era um bom trabalhador. Era trapaceiro e desonesto, porém Joan só descobriu isso tarde demais.

Então, o chefe de polícia disse ter descoberto o motivo do assassinato: dinheiro, pura e simplesmente. "Basicamente, ao examinarmos o caso, constatamos uma tentativa de assalto", informou. "Evidências circunstanciais nos levaram até ele como ou o mentor ou o homem capaz de providenciar tudo ... O senhor sabe, ele era uma pessoa de dentro, conhecia bem a propriedade, tanto interna quanto externamente. Os invasores não chegaram pela frente, mas sim por trás, mostrando que conheciam a organização da casa."

Falava-se por toda Karagita que Joan tinha 4 milhões de xelins (59 mil dólares) no cofre de sua casa. Mais tarde, quando o cofre foi aberto, havia nele apenas 16 mil xelins (237 dólares). Uma vida por 237 dólares?

O delegado assentiu com a cabeça. Muita gente fora morta em Naivasha por muito menos.

* * *

Quando comentei com os amigos de Joan a certeza do delegado de que sua morte resultara de um assalto comum, todos declararam enfaticamente que essa teoria era... bem... mentira. "Todos sabiam que Joan nunca guardou muito dinheiro em casa", argumentou Adrian Luckhurst, observando que o crime fora cometido no meio do mês e não no final, quando os empregados recebem o pagamento. "Foi uma vendeta, por vários motivos, um deles o trabalho de Joan pela preservação do lago. Ela deixou muita gente furiosa, e, então... se de repente você acaba com um meio de subsistência e descobrem que é você quem está por trás de tudo... Sem dúvida foi um assassinato encomendado."

E quem pagou por ele?

"Esse é o mistério", declarou Luckhurst.

"Joan era odiada por gente interessada em acabar com as leis de proteção do lago", ponderou outro vizinho. E Alan Root: "Oito amigos meus foram assassinados nos últimos anos e ninguém foi a julgamento." "São todos uns miseráveis", exclamou uma líder da comunidade queniana dedicada à vida selvagem, referindo-se aos assassinos de Joan e gente dessa espécie. "Todas essas zonas de guerra! Somália, Burundi, Tanzânia e Uganda... Eles mandam tantas armas para cá... Pode-se conseguir um AK-47 por uma ninharia." Ela estava decepcionada com as reações ao assassinato da amiga. "Acho que devíamos ter organizado uma manifestação, procurado o ministro do Interior e até mesmo o presidente", desabafou. "Devíamos ter usado o assassinato de Joan para dar um basta!", acrescentou lorde Enniskillen. "O trágico é que ela morreu tentando aliviar a mesma pobreza que criou toda essa insegurança."

Outros lamentaram a morte de Joan através do condicional "se": se ela tivesse ficado por trás de tudo, em vez de se destacar tanto; se tivesse trilhado um caminho mais convencional, em vez de encarar os problemas de frente; se não tivesse sido tão teimosa, tão obcecada, tão forte...

"A verdadeira causa do assassinato de Joan foi, acho, sua missão; sua absoluta e total determinação de proteger a vida selvagem que tanto amava", declarou um cidadão branco do Quênia, em sua magnífica mansão junto ao lago, ao som de música e fartura de champanhe. Ele era totalmente a favor da proteção aos animais e ao meio ambiente, declarou. *Mas*... "A forma de Joan agir foi muito perigosa. O senhor sabe, empregar pescadores clandestinos, mais isto e aquilo... Não quero fazer nenhum julgamento, nem que venham a distorcer o que digo. Ela estava fazendo o que lhe despertava paixão, mas queria abordar o problema de frente, lidar com ele diretamente, à sua maneira, na soleira de sua casa."

"Ela lutou por aquilo que sabia ser o certo", interrompeu uma das senhoras na sala.

"Ela devia ter ingressado no Comitê de Implementação do Lago Naivasha, do qual faço parte, para trabalhar com Andrew Enniskillen", continuou o dono da mansão. "Andrew estava criando uma estrutura para se poder trabalhar e tratar desse tipo de problema. Agindo individualmente, sempre se corre risco."

Comitês, estruturas, reuniões, reuniões, reuniões... Três anos depois de sua morte, o que tem havido não passa de conversas e muito pouca ação, a não ser de parte dos transgressores, que retornaram ao lago Naivasha numa imensa e desenfreada onda. Enquanto o crime na comunidade branca do Naivasha tem sido controlado, até certo ponto, pela força particular de segurança chefiada por John Sutton e sediada no alojamento de hóspedes de Joan, a criminalidade na comunidade negra da região cresceu tanto, que o jornal *Standard*, de Nairóbi, publicou a seguinte manchete, em 22 de setembro de 2008: "Naivasha, capital de histórias chocantes e de horror do Quênia." O artigo relatava uma onda de assassinatos, estupros, canibalismo, incesto, além dos "fatos mais insólitos", como o de um curandeiro que guardava imagens de "pessoas importantes da cidade de Naivasha", presumivelmente para amaldiçoá-las. "Moradores, chocados, acorreram à casa dele, para verificar se havia imagens suas em seu poder."

"Só quem nos pode salvar é Deus, antes que todos venhamos a morrer, como em Sodoma e Gomorra", acrescentou um residente de Naivasha.

E o que acontecerá com a coisa mais importante da vida de Joan – sua terra? Os amigos esperam que os administradores suíços, a quem Joan confiou a propriedade, cumpram sua vontade de mantê-la como reserva de vida selvagem, com acesso livre e irrestrito, e que não a vendam nem por milhões a alguma floricultura nem a deixem inativa. Enquanto escrevo, a propriedade está vazia e inativa, a não ser pela força de segurança comunitária.

* * *

Um dos últimos filmes que Alan e Joan Root produziram juntos chamava-se *The Legend of the Lightning Bird*. Como sempre, ela e Alan passaram um ano inteiro juntos na selva, filmando continuamente o pássaro-martelo, conhecido como pássaro relâmpago e considerado o rei das aves africanas, durante seu inexplicável ritual anual: construir um maciço e elaborado ninho – uma pilha de vegetação recolhida, tão grande quanto uma banheira, com espessa cobertura de palha coroada por penas, cascos de animais e às vezes até caudas de antílopes, magnífica estrutura que pouco depois será destruída pelo tempo e pelos predadores. Ao final do filme, o complicado ninho é abandonado e em seguida invadido por uma incansável procissão de oportunistas: jiboias, hienas, corujas, ratos, furões e babuínos em busca ou de comida fácil ou de um confortável leito para passar a noite. Entretanto, apesar da inutilidade daquelas magníficas construções, os pássaros-martelo recomeçam sempre seu torturante trabalho, estação após estação, ano após ano.

"Por que os pássaros-martelo constroem esses ninhos tão absurdos? E por que voam centenas de quilômetros transportando enormes cargas para construir estruturas tão grandes que não fazem nenhum sentido em termos evolutivos?", pergunta a voz em off no filme dos Root. "E por que tantas vezes eles se mudam sem sequer usá-los? Os cientistas afirmam que deve haver algum benefício para todo esse gasto de energia, mas não sabem dizer qual. Outros alegam que os ninhos dos pássaros-martelo constituem um gesto resplandecente, um desafio que derruba todas as nossas leis e teorias sobre seleção natural..."

"A África é o continente das lendas", declara o narrador alguns momentos antes. Com sua morte, Joan Root torna-se mais uma delas – uma vida lendária, colhida para sempre entre os grandes extremos do continente: a beleza e a brutalidade. Por que teve de morrer aquela mulher, que lutou para salvar a terra e o povo que amava? E, assim como o pássaro-martelo abandona seu ninho para outras espécies o habitarem, quem irá continuar a obra à qual Joan dedicou em vão tanto de sua existência?

Essa questão não encontrou respostas naquele dia 4 de março de 2006, quando me sentei em meio a uma centena de pessoas enlutadas, incluindo muitos especialistas sobre a vida selvagem mundialmente conhecidos, durante a cerimônia em memória de Joan, realizada em sua propriedade junto ao lago. O público, composto de brancos e negros, ricos e pobres, foi chegando de avião, de carro, a pé, a fim de homenagear aquela a quem o programa se referia como "essa suave e delicada mulher". Vieram celebrar quem ela fora e o que fizera. Ela era apenas uma humana, uma das espécies tão ameaçadas quanto as que filmou e lutou para defender: os elefantes, que outrora percorriam o Tsavo; os bandos de róseos flamingos, que voaram, soltos de seus grilhões, no lago Magadi; os peixes e os pássaros ameaçados, que puderam ter trégua no lago Naivasha. Para aqueles que a amaram, entretanto, ela foi mais uma peça de dominó a cair devastadoramente. E, depois de Joan Root, quem sabia o que viria?

A capa do programa da cerimônia apresentava uma aquarela do jardim de Joan, com seus dois grous em primeiro plano e o lago Naivasha ao longe: exatamente a cena em que se realizou a cerimônia, com uma centena de cadeiras arrumadas ao redor de um pequeno palanque.

"Não longe de onde agora estamos reunidos, Joan Root foi assassinada a sangue-frio", disse o padre na abertura. "É difícil acreditar", prosseguiu ele, tentando compreender por que sua vida fora "brutal e vergonhosamente cortada. Embora as balas a tenham matado, nenhum rude assassino poderá destruir o que ela fez e defendeu com tanta firmeza."

O programa listava três homens que fariam pronunciamentos de louvor: Ian Parker, amigo de longo tempo de Joan e Alan, que filmou a épica cena de ambos voando sobre o Kilimanjaro no balão de ar quente; Dee Raymer, colega de Joan em várias sociedades ambientalistas; e David Coulson, que exaltou sua bravura e sua enorme capacidade de trabalho como sua assistente durante as expedições em busca de arte rupestre, no Saara e no Chade. Ao retornar a sua cadeira, David encontrou no celular uma mensagem de texto com ameaças, aparentemente referindo-se a algo que ele dissera em seu discurso, como se os assassinos de Joan estivessem escutando aquele memorial. Isso, porém, não maculou a celebração. Todos os oradores falaram com eloquência e amor sobre a amiga e companheira que perderam.

Então Alan Root, de 68 anos, com a barba ficando grisalha, mas ainda forte e flexível, destacou-se da plateia e subiu ao palanque. No mesmo instante, como se Joan estivesse ali para os chamar, os dois grous desceram e começaram a dançar e se exibir diante da plateia.

"Meu nome não aparece no programa, porque não tinha certeza de que seria capaz de falar hoje", ele justificou. "Ainda não estou certo de poder fazê-lo. Se não tentasse, porém, com certeza Joan me chamaria de medroso." Ele agradeceu a todos por terem vindo, em seguida falou de Joan e da vida que passaram juntos; de como haviam descoberto essa esplêndida paisagem do Naivasha nos anos 60, "durante nossa viagem para o Congo". Falou da bravura de Joan e de sua inabalável coragem diante de todos os tipos de perigo, da tão debilitadora miastenia que sofrera, e como conseguira vencê-la, e de como ela o havia salvo em inúmeras ocasiões, como quando o segurou, impedindo-o de cair do balão, muito acima do Kilimanjaro.

"Muitos aqui sabem que maravilhosa ajudante Joan foi para mim", observou. "Mas foi muito mais do que isso. Ela foi realmente a produtora de todos os filmes que realizamos. Joan foi meu braço direito. Ela tornava tudo possível. E se pudemos voar tão alto e tão longe juntos, em todos esses anos, foi graças a ela."

Ele parou, de repente, chorando. Quando se recompôs, resumiu: "Modesta, adorável, engraçada, devotada, corajosa... – foi essa a minha Joan."

Só que ela não era mais só de Alan. Quem a lamentava naquele momento era o mundo inteiro, e a história do lago ameaçado, que uma mulher amou tanto a ponto de morrer tentando salvá-lo, tomara o noticiário internacional. Joan Root não estava mais à sombra de ninguém, mas isso desde muito tempo antes.

Olhei, através da multidão enlutada, para o local onde, semanas antes, Alan enterrara as cinzas de Joan sob um monte de terra e plantara uma figueira. E ali ficará ela, vigiando para sempre o lago Naivasha.

Epílogo

No dia 10 de agosto de 2007, os quatro acusados de tentativa de assalto com violência compareceram diante do juiz, no rudimentar tribunal de Naivasha. Os réus, David Chege entre eles, mostravam-se taciturnos, depois de quase dois anos na cadeia aguardando o julgamento. A defesa não convocou nenhuma testemunha, preferindo basear-se nas próprias declarações deles sob juramento.

Os espectadores compunham-se principalmente das famílias dos réus. Nem um só cidadão branco do Quênia assistiu ao julgamento. Um só juiz decidiria o destino de todos. Segundo o protocolo, ele se sentou e, quando começou a falar, em voz profunda com forte sotaque inglês, estava claro que já tomara sua decisão.

Observou que os acusados não foram vistos por ninguém na cena do crime. Os guardas tinham se escondido e os assassinos estavam usando capuzes. Não havia evidência que ligasse os acusados à invasão, com exceção da ridícula incriminação feita por um cachorro, ele prosseguiu, acrescentando tratar-se de um animal civil, com treinadores despreparados, e sem a presença de nenhum policial. Mesmo a acusação, em si, era falha. "A vítima foi morta a tiros…", ele continuou. "Realmente, não havia motivos para se preferir uma acusação de tentativa de assalto com violência. Seria preferível a de assassinato." Em seguida ele bateu o martelo e ordenou que os quatro homens fossem libertados.

Três meses depois de ter sido solto, David Chege já estava de volta à ativa. "Parece um fantasma, agora", diziam as pessoas. Quando fui pela primeira vez a Naivasha escrever meu artigo, Chege ainda estava na cadeia, acusado da tentativa de assalto com violência relacionada à morte de Joan Root. Ao voltar lá para novas pesquisas, ele fora inocentado e libertado.

Comecei a procurá-lo assim que cheguei, mas em vão. Ele não atendia o celular e jamais era visto nos lugares em que antes costumava estar, em Karagita. Escondia-se, diziam-me. Houve quem chegasse a afirmar que estava morto.

Pedi a alguns moradores de Karagita que me ajudassem a encontrá-lo. Apesar da próspera indústria de flores, Naivasha continua sendo uma cidade muito pequena. Começamos espalhando pela favela e seus bares miseráveis o boato de que um escritor *mzungu* dos Estados Unidos estava ansioso para encontrar-se com David Chege. Depois, seguimos de carro pelas ruas lamacentas de Karagita até os barracos de pau a pique de sua mãe e de sua primeira mulher. Novamente não tivemos sorte. Depois de duas semanas de tentativas, meu celular queniano tocou. "Aqui é Chege", uma voz anunciou. Não queria se encontrar comigo em Naivasha. Sua situação era muito perigosa para ser visto em público – estava recebendo telefonemas com ameaças, enfatizou. No entanto, gostaria de me encontrar em Nairóbi. Sugeri o bar do Nairobi Safari Hotel, filial urbana do famoso clube perto do monte Quênia que fora fundado pelo ator William Holden.

David Chege me esperava quando cheguei ao bar. Era um jovem quicuio forte e bonito, parecendo saído diretamente de uma agência de modelos. Usava calças azul-claro, que absolutamente não combinavam com o surrado jaquetão xadrez, a camisa polo e o boné de beisebol bordado com o nome de David Beckham. O rosto era suave, a pele da cor de chocolate escuro. Afundou na cadeira, olhando-me preocupado, sem sorrir, desconfiado.

Estava acompanhado por uma linda jovem africana usando jeans e jaqueta. Era a irmã da segunda mulher dele, Esther, que trabalhara para Joan, e comportava-se como se fosse sua assessora de imprensa. Era evidente que eles queriam testar-me antes que Chege dissesse qualquer coisa.

Ele falou em suaíli a um intérprete que me acompanhava. Sua primeira pergunta foi: estava eu escrevendo o roteiro do filme sobre a vida e o assassinato de Joan Root, de que ele e todos no Quênia tinham ouvido falar?

"Não", respondi. "É um roteirista profissional de Hollywood que o está escrevendo."

Ele se voltou para a mulher ao lado. Ela assentiu com a cabeça. Então ele também concordou. Eu fora aprovado no teste. Quando as cervejas chegaram, ele derramou delicadamente a sua no copo, observando com atenção as bolhas, e então começou a pintar um quadro radicalmente diferente de si mesmo, oposto às histórias que todos me haviam contado a seu respeito.

"Havia interesse em arruinar meu bom nome", declarou. Só estar ali, bebendo cerveja naquele bar, à luz do dia, em vez de na cadeia onde passara os dois últimos anos, provava pelo menos uma coisa: David Chege era um sobrevivente.

Trouxera uma pasta cheia de papéis, relatórios policiais e fotografias, tudo que, segundo ele, o eximia – tal como o juiz o fizera – do assassinato de Joan Root. Gostava tanto de Joan Root, acrescentou, que a chamava de "Mama". "Ela era uma mulher maravilhosa, cheia de compaixão." Falou do quanto ela fizera por ele e pelo Naivasha e que, quando ouviu a notícia de seu assassinato, sentira muita tristeza. "Fiquei dois dias sem comer." A cada uma das várias alegações contra ele, que citei uma por uma, ele respondeu sempre "não", "nunca" ou "nem uma só vez!".

Como Joan, eu também tive vontade de acreditar nele. Quando lhe perguntei à queima-roupa "Você é bandido?", ele respondeu sem hesitar: "Nem uma só vez me envolvi em algum ato criminoso." Sua ficha era limpa, insistiu. Quanto a quem poderia tê-la matado, revelou: "Tentei investigar eu mesmo, mas nada consegui." Estava dizendo a verdade ou seria mais uma de suas convincentes performances?

"Estamos monitorando todos os movimentos dele", informou-me alguém da polícia sobre David Chege.

Fiquei pensando em tudo isso alguns dias mais tarde, no amplo gramado de um restaurante – um local bucólico, onde os macacos passavam a todo instante, cheio de pássaros cujas espécies apareciam registradas num livro à entrada, com o título *Pássaros que podem ser vistos hoje!* No dia de minha visita, a lista incluía o martim-pescador-grande, a águia-pescadora africana, a íbis-sagrada, o soberbo estorninho, pequenas garças, cormorões e cegonhas-do-bico-amarelo.

Tal como em outros deslumbrantes lugares que visitei durante minhas pesquisas, porém, percebia-se algo como uma oculta corrente de intrigas. Durante um chá num clube em companhia de um policial queniano, por exemplo, ele me comunicou que esperava algum pagamento pelo tempo que passara comigo. "Você também ganha dinheiro com seus artigos, não é?"

Aquele pedido de dinheiro partindo de um representante da lei fez meu sangue subir à cabeça. A conversa passara drasticamente de uma entrevista para o que parecia ser uma extorsão. Gaguejando um pouco, respondi que tinha apreciado muito sua ajuda.

"Se o senhor ganha dinheiro com seus artigos, eu também tenho que ganhar", ele insistiu. "O senhor deveria dar-me 2 mil dólares pelas histórias que acabo de lhe contar."

Fechei ruidosamente o bloco de anotações. A entrevista terminara, e imaginei que algo sinistro estivesse para acontecer.

"O senhor está de carro?", perguntou ele. Sua disposição jovial de alguns minutos antes fora substituída por um olhar de aço.

"Sim. Quer carona para algum lugar?"

"Não, obrigado. Eu tenho carro. Mas é que estou sem gasolina."

Perguntei-lhe quanto ele precisava para a gasolina.

"Quinhentos", ele respondeu, querendo dizer 500 xelins quenianos. Isso dava sete dólares e 45 centavos. Não era muito para uma extorsão. Passei-lhe o dinheiro quando apertei sua mão e fui embora às pressas.

Pode-se dizer com certeza que a investigação policial, se é que de fato houvera, esfriara completamente. Até a presente data, o assassinato de Joan Root permanece envolto em mistério e seus executores ainda estão à solta.

"Quem quer que tenha atirado nela jogou a arma em algum local muito profundo", disse-me uma mulher durante o memorial de Joan.

"Em alguma fossa de Karagita", completou o marido.

E, ali, a arma misturou-se aos excrementos da favela e aos dejetos das floriculturas, correndo depois – como tudo em Naivasha – diretamente para o lago.

Notas

Os números em **negrito**, à esquerda, indicam as páginas onde se encontram os trechos destacados.

Prefácio (p.9 a 10)

9 **"Uma vida inteira", "Agora que tenho contato com outras pessoas":** cartas de Joan Root, mai/jun 1996.
10 **"Sobrevoando a casa azul":** cartas de Joan Root, mai/jun 1996.

Introdução (p.11 a 18)

11 **"Ecologista assassinada":** World Briefs, *New York Times*, 17 jan 2006.
11 ***Vanity Fair*:** Mark Seal, "A flowering evil", *Vanity Fair*, ago 2006.
12 **"Soube que o senhor está à minha procura" e "Caro Mark":** e-mails de Alan Root para o autor.
13 **"como *Doutor Doolittle*, só que mil vezes mais":** entrevista do autor com John Heminway.
13 **Descrição da cerimônia e das fazendas de floricultura:** Seal, "A flowering evil".
14 **a 100 dólares por cabeça:** entrevista do autor com Thomas Cholmondeley.
15 **"Todos aqui sabem o que quero dizer":** fala de Ian Parker no memorial de Joan Root.
16 **Quando cinco soldados:** entrevistas do autor com Ian Parker.
16 **"Já tive dois acidentes com estes":** entrevistas do autor com Alan Root.
17 **A Working Title Films adquiriu os direitos:** BBC News, 21 mai 2007.
17 **Outro golpe de sorte:** entrevista do autor com Anthony Smith.

Capítulo 1 (p.19 a 34)

19 **História do Quênia:** Robert Edgerton, *Mau-Mau – An African Crucible*. Nova York, Free Press, 1989.
19 **"Os britânicos trouxeram para o Quênia":** entrevista do autor com Otto Poulsen.
19 **terminou com um banho de sangue:** Caroline Elkins, *Imperial Reckoning*. Nova York, Henry Holt, 2004.

20 **História do Quênia:** David Anderson, *Histories of the Hanged*. Nova York, Norton, 2005.
20 **Joan Root contaria mais tarde:** entrevista do autor com Otto Poulsen.
21 **"Quando os britânicos chegaram":** carta de Edmund Thorpe.
20 **Citações de Kenyatta:** John Frederick Walker, *A Certain Curve of Horn*. Nova York, Atlantic Monthly Press, 2002.
21 **Biografia de Edmund Thorpe:** memória de Edmund Thorpe; Obituário em *The New Mexican*, 4 mar 1997; e Jim Thomas, "Former safari boss recalls Kenya days".
22 **uma propriedade abandonada de 240 acres:** carta de Edmund Thorpe.
22 **plantou 39 mil pés de café:** entrevista do autor com Elizabeth Conlin, cunhada de Edmund Thorpe.
22 **um quilômetro de grãos:** Thomas, "Former safari boss".
22 **uma centena de trabalhadores:** "Adventurers and explorers, Jean and Edmund Thorpe", *The Santa Fean*, jan/fev 1981.
23 **"Eu nadava":** idem.
23 **os filmes de Tarzan:** idem.
23 **"um amigo deixou comigo Mabel":** idem.
23 **Numa terra em que praticamente inexistia orientação sobre criação de filhos:** entrevista do autor com Alan Root.
24 **Edmund se tornara caçador profissional:** brochura da Quênia Através das Lentes; de 1945 a 1965, Edmund possuiu um negócio de safáris; memória de Thorpe.
24 **poucas pessoas da comunidade branca:** entrevista de Joan Root a Mike Eldon.
25 **trabalhou como secretária para a companhia petrolífera Shell:** entrevista do autor com Mary Stanley-Shepherd.
25 **o teto coberto de palha, cheio de gaiolas com galinhas:** fala de Alan Root no memorial de Joan Root.
25 **Dirigindo para o leste:** brochura 1968 da Quênia Através das Lentes.
25 **A cratera de Ngorongoro:** www.ngorongoro-crater-africa.org.
26 **"Esses americanos são bastante agradáveis":** carta de Joan Root à mãe, 27 jan 1960.
26 **aos dez anos de idade, ao pôr seus pés no Quênia:** memória de Alan Root.
26 **rara combinação de inteligência:** entrevista do autor com Ian Parker.
26 **No livro *No Man's Land* John Heminway registrou:** John Heminway, *No Man's Land*. Nova York, Warner Books, 1989.
26 **Filho de um empacotador de carne londrino:** idem.
27 **Os Root viviam na planície de Athi:** idem.
27 **Dados biográficos de Alan Root:** *No Man's Land*, de Heminway; entrevista do autor com Alan Root.
27 **Armand Denis e ... Michaela:** obituário de Michaela por Caroline Boucher, *The Guardian*, Londres.
28 **"Por que diabos você está...":** entrevista do autor com Alan Root.

28 **Bernhard Grzimek:** Obituário, Associated Press, 26 mai 1987.
28 **enfiado até os joelhos na lama de Ngorongoro:** entrevista do autor com Alan Root.
29 **"Olá, sou Alan Root.":** idem.
29 **convidaram o jovem a juntar-se a eles:** idem.
29 **Sugeriu que ela tirasse uma folga:** idem.
29 **o pacote de manteiga:** idem.
30 **que ainda não pronunciara nenhuma palavra:** Delta Willis, "The other roots", *People*, 6 jul 1981.
31 **estava noiva:** entrevista do autor com Jean Hartley.
31 **"Ganso-Goss":** entrevista do autor com Ian Parker.
31 **Ted Goss:** Obituário, *The Independent* (Londres), 25 jul 2002.
32 **escutaram guinchos partindo de um poço:** "Comida especial chegou tarde demais para Bundu", artigo de jornal não identificado.
32 **Alimentar um deles era tarefa quase impossível:** entrevista do autor com Alan Root.
32 **inventar uma fórmula:** www.sheldrickwildlifetrust.org/.
32 **Joan dormia com o animal ... voltaria logo:** entrevista do autor com Senga Thorpe, tia de Joan.
33 **uma das amigas de Joan aceitara um pedido de casamento:** entrevista do autor com Alan Root.
33 **nenhum dos quais conhecera ainda uma verdadeira paixão:** idem.
33 **Mais tarde ela declararia ter-se apaixonado por Alan:** entrevista do autor com Annabelle Thom.
33 **Como é que se chega à TV?:** "Sua vida selvagem é doméstica", artigo de revista.

Capítulo 2 (p.35 a 54)

35 **um só objetivo:** tornar-se o maior cineasta da vida selvagem: entrevista do autor com Alan Root.
35 **O casamento aconteceu:** entrevista do autor com Sue Allan, e artigo "Afinal, um casamento na cidade", em jornal não identificado.
35 **"ou nunca teremos lua de mel":** Delta Willis, "The other roots (Alan e Joan) document Africa's wildlife", *People*, 6 jul 1981.
35 **"um safári que duraria 20 anos":** entrevista de Joan Root com Mike Eldon.
36 **excrementos frescos de elefante:** entrevista do autor com Alan Root.
36 **Embora Alan tivesse telegrafado:** carta de Joan para a mãe, de 27 fev 1961.
36 **acampar no rio Athi:** carta de Joan Root para a mãe, em 22 mar 1961.
37 **Ele levara uma barraca:** entrevista do autor com Alan Root.
37 **um escorpião:** idem. e Colin Willock, *The World of Survival*. Londres, Andre Deutsch, 1978.

37 **tomou duas aspirinas:** fala de Alan Root no memorial de Joan Root.
37 **as quatro e meia da madrugada:** carta de Joan Root para a mãe, em 22 mar 1961.
37 **dois enormes leões mataram e comeram:** J.H. Patterson, *Man-Eaters of Tsavo*. Nova York, St. Martin's Press, 1986.
38 **Nem Joan nem eu:** e-mail de Alan Root para o autor.
39 **"Vamos partir para Karamoja":** entrevista do autor com Alan Root.
39 **"Minha querida mamãe":** cartas de Joan Root para a mãe.
40 **Alan saiu:** cartas de Joan Root para a mãe.
40 **seu marido volta e meia costumava fazer:** entrevista do autor com Anthony Smith.
41 **"Romance?":** e-mail de Alan Root para o autor.
41 **O casal, no entanto, não podia viver apenas do amor:** entrevista do autor com Alan Root.
42 **E certa manhã, ao checar a armadilha:** *Box me a Bongo* (filme), 1998.
42 **"jamais estivera apaixonado, jamais":** carta de Edmund Thorpe.
42 **Jean Bowie Nathan Shor:** Obituário, *The New Mexican*, 31 dez 1998.
43 **uma grande dama colonial:** entrevista do autor com Alan Root.
43 **"Ninguém pensa [mal] de você, mamãe":** carta de Joan Root para a mãe, jul 1962.
43 **"Não deixe aquele velho":** carta de Joan Root para a mãe, sem data.
44 **"Tenho um marido maravilhoso":** carta de Joan Root para a mãe em 24 ago 1963.
44 **expedição por toda a África oriental:** perfil de Alan Root.
44 **a viagem de balão:** entrevista do autor com Anthony Smith; Anthony Smith, *Throw Out Two Hands*. Londres, Allen & Unwin, 1963.
45 **O presidente [Idi] Amin avistou:** *The Guardian*, Londres.
45 **"Estávamos com um *terrível* problema":** entrevista do autor com Anthony Smith.
45 **"Ela era a carregadora de piano":** entrevista do autor com Dee Raymer.
46 **beneficiários de seu testamento:** carta de Alan Root para Anthony Smith.
47 **Depois de três meses em íntimo convívio:** entrevista do autor com Anthony Smith.
47 **Detalhes do calau:** cartas de Joan Root para a mãe, 13 jul e 28 dez 1962.
48 **Dados biográficos de Buxton:** entrevista do autor com Aubrey Buxton; Willock, *The World of Survival*; www.wildfilmhistory.org (entrevista com Buxton); entrevista do autor com Alan Root.
49 **Alan e Joan estavam acampados:** entrevista do autor com Alan Root.
49 **A um alerta de Joan:** idem.
50 **Uma de suas tarefas iniciais:** cartas de Joan Root para a mãe, 20 e 29 jun 1962.
50 **"Meio século atrás":** *A Tear for Karamoja* (filme), 1980.
50 **oito ou nove etapas:** carta de Joan Root para a mãe, 29 jun 1962.
51 **"eu teria *um filho*!":** carta de Joan Root para a mãe, 13 jul 1962.

51 **Detalhes sobre o lago Magadi:** entrevista do autor com Alan Root; *National Geographic*, dez 1962; "Saving the flamingo", *Sunday Nation*, 23 set 1963; cartas de Joan Root para a mãe, 4 e 11 out 1962.
53 **Vindos de revistas do mundo inteiro, choveram pedidos:** cartas de Joan Root para a mãe, 4 out 1962 e 24 ago 1963.
54 **"Sabe como é?":** carta de Joan Root para a mãe, 28 dez 1962.

Capítulo 3 (p.55 a 74)

56 **"para tomar um café":** entrevista do autor com Alan Root.
56 **o Naivasha era um lugar de extremos:** entrevista do autor com Jean Hartley e Ian Parker; "Relatives lured into Mungiki traps and bodies left to the dogs in Naivasha", *Daily Nation* , Nairóbi, 20 out 2008.
56 **incluindo o presidente Theodore Roosevelt:** Theodore Roosevelt, *African Game Trails*. Birmingham, Palladium Press, 1991.
57 **Procura da casa em Naivasha:** entrevista do autor com Alan Root; fala de Alan Root no memorial de Joan Root; cartas de Joan Root para a mãe.
57 **"um gim-tônica forte":** *The Irish Times*, 4 abr 2005.
58 **"o lugar mais lindo que já vi para se ter um lar":** Mark Seal, "A flowering evil", *Vanity Fair*, ago 2006.
58 **Kilimandege:** entrevista do autor com John Suton.
58 **pertencera à família McRae:** entrevista do autor com Robin Anderson.
58 **Descrição da propriedade:** entrevista do autor com Alan Root; fala de Alan Root no memorial de Joan Root.
59 **Descrição das montanhas Virunga:** carta de Joan Root à mãe em 1 out 1963; entrevista do autor com Alan Root; fala de Alan Root no memorial de Joan Root.
59 **Carl Akeley:** George Schaller, *The Mountain Gorillas*. Chicago, University of Chicago Press, 2000.
59 **Smith deixou-se cair:** entrevista do autor com Anthony Smith.
60 **Sentiram o cheiro dos gorilas antes de ouvi-los:** Schaller, *The Mountain Gorillas*.
61 **Precisávamos nos aproximar muito, a fim de capturar as imagens:** entrevista de Alan Root a um jornal.
61 **Ao longo de várias semanas:** entrevista do autor com Alan Root; fala de Alan Root no memorial de Joan Root; carta de Joan Root para a mãe.
61 **ele deu um soco:** entrevista do autor com Giles Camplin; Colin Willock, *The World of Survival*. Londres, Andre Deutsch, 1978.
62 **Anthony Smith escreveria mais tarde:** Obituário de Joan Root por Anthony Smith, *The Guardian*, Londres.
62 **a casa do lago Naivasha:** carta de Joan Root para a mãe, dez 1963.

62 **aconteceu a tragédia:** fala de Alan Root no memorial de Joan Root.

63 **Além disso, pode alterar:** Monique M. Ryan, M.D, "Myasthenia gravis and premature ovarian failure", *Muscle & Nerve* 30, n.2, 2004, p.231-3.

63 **"Vocês não têm ideia do quanto ela está doente!":** entrevista do autor com Jacky Walker.

63 **Ainda fraca e abalada:** fala de Alan Root no memorial de Joan Root.

64 ***Wup! Wup!*:** entrevista do autor com Giles Camplin.

64 **Às vezes eles tinham dificuldades para se comunicar com palavras:** carta de Alan Root para Joan Root.

64 **Para se chegar à propriedade dos Root:** visita do autor ao local.

65 **George e Joy Adamson:** Joy Adamson, *Born Free*. Nova York, Bantam Books, 1966.

65 **Não poderiam ter escolhido lugar melhor:** visita do autor ao local.

65 **Descrição da casa:** idem.

66 **aquela sempre crescente coleção:** Delta Willis, "The other roots", *People*, 6 jul 1981, e outras publicações.

66 **pica-bois de bico vermelho:** entrevista do autor com Anthony Smith.

67 **o lince de Joan:** entrevista do autor com Giles Camplin.

67 **"Estamos hospedados na casa de Alan":** carta de Giles Camplin a Anthony Smith, 2 abr 1968.

67 **"Alan machucou seriamente o joelho":** carta de Joan Root para a mãe, 12 jan 1983.

67 **Detalhes sobre a família de Kiari:** diário de Joan Root; entrevista do autor com Anthony Smith.

68 **Gichuhi, tentando estrangular Kiari:** carta de Joan Root para a mãe.

68 **Esses, entretanto, eram crimes de menor importância; os de gente de fora:** carta de Joan Root para a mãe, 12 jan 1983.

68 **Algumas noites, Alan e Joan estendiam um lençol:** entrevista do autor com vários empregados.

68 **"Grande parte do tempo, Joan atuava como uma espécie de enfermeira de UTI":** fala de Alan Root no memorial de Joan Root.

70 **Detalhes do assassinato de Dian Fossey:** dr. Richard Leakey em relatórios à imprensa; Farley Mowat, *Woman em the Mists*, Nova York, Grand Central Publishing, 1988.

70 **Assassinato de Joy Adamson:** *New York Times*, 29 ago 1981; "Kenyan convicted in death of Joy Adamson", *The Guardian*, Londres, 8 fev 2004: "Joy shot me in the leg, so I gunned her down", *The Guardian*, Londres, 8 fev 2004.

70 **Assassinato de George Adamson:** *New York Times*, 22 ago 1989.

71 **Detalhes sobre a mordida da víbora:** George Plimpton "The man who was eaten alive", *The New Yorker*, 23 ago 1999; carta de Joan Root para a mãe.

72 **O médico dessa vez falou em amputar o antebraço:** carta sem assinatura, 5 dez 1968.

73 **Detalhes dos escritórios da Anglia e de Alan como astro:** Willock, *The World of Survival*; entrevista do autor com Anthony Smith.
73 **Seu belo perfil:** entrevista do autor com Anthony Smith.
73 **"Ele adorava quando a Anglia enviava":** idem.
73 **"houve uns... não sei como chamar":** entrevista do autor com Alan Root.
73 **"pulasse para o alto, apanhasse um pássaro no ar":** Delta Willis em www.deltawillis.com.

Capítulo 4 (p.75 a 108)

75 **Detalhes sobre as Galápagos:** Colin Willock, *World of Survival*. Londres, Andre Deutsch, 1978; Aubrey Buxton, "The enchanted isles", *TV Times*, Londres, 30 nov 1967.
75 **Aquela beleza intocada:** cartas de Joan Root para a mãe, 28 abr e 16 mai 1966.
75 **"com bastante tempo disponível":** Buxton, "The enchanted isles".
76 **"Filmem toda a vida selvagem que puderem!":** Willock, *World of Survival*.
76 **"Foi emocionante":** cartas de Joan Root para a mãe, 28 abr, 30 mai e 23 ago 1966.
77 **estavam com 7.000m de negativo:** Willock, *World of Survival*.
77 **"Você é um excelente cinegrafista:** entrevista do autor com Alan Root.
77 **oferecendo-lhe o dobro da proposta:** carta de Joan Root para a mãe, 30 mai 1966.
78 **"Sempre fomos bastante francos":** carta de Joan Root para a mãe, 23 out 1967.
78 **"Isso ajudará a divulgar nossos nomes":** carta de Joan Root para a mãe, 23 out 1967.
78 **"pois se trata do *nosso* filme":** carta de Joan Root para a mãe, 23 out 1967.
78 **peixes de coral:** carta de Joan Root para a mãe, 3 jan 1968.
79 **Detalhes sobre a mulher de Buxton e o aluguel de roupas:** carta de Joan Root para a mãe, 3 jan 1968.
79 **Meu trabalho era mostrar o que estava ali:** entrevista do autor com Alan Root.
80 **Detalhes sobre o encontro com a rainha, a première e a festa:** carta de Joan Root para a mãe, 3 jan 1968.
80 **Não sei o nome de nenhum daqueles figurões:** carta de Joan Root para a mãe, 19 jan 1968.
81 **Na manhã seguinte:** carta de Joan Root para a mãe, 19 jan 1968.
81 **Detalhes dos programas e dos bongos:** entrevista do autor com Alan Root.
82 **Alan saiu na terça pela manhã:** carta de Joan Root para a mãe, 28 ago 1969.
82 **Detalhes sobre as atividades de Alan Root:** perfil de Alan Root.
83 **Detalhes sobre o manancial Mzima:** carta de Joan Root para a mãe; entrevista do autor com Alan Root; Joan e Alan Root: "Mzima, Kenya's spring of life", *National Geographic*, set 1971; *Two in the Bush* (filme).

84 **Detalhes sobre *Baobab: Portrait of a Tree*:** Willock, *World of Survival*; *Two in the Bush*; entrevista do autor com Alan Root; Mary Riddell, "The man who has given his life to love and Africa", *The Times*, Londres, 17 jul 1996; carta de Joan Root para a mãe, 17 jul 1996.

85 **Estávamos do lado errado do rio e havia muito para filmar:** carta de Joan Root para a mãe, 24 ago 1971.

85 **Detalhes do voo de balão sobre a migração:** carta de Joan Root para a mãe, 25 ago 1986.

86 **"Ok, Alan. Prepare-se":** *Two in the Bush*.

86 **Joan estava em Durban:** carta de Anthony Smith para Joan Root, jul 1973; carta de Anthony Smith para a dra. Eleanor Mears, 13 jun 1973.

86 **Ela queria ter filhos:** entrevista do autor com Alan Root.

87 **Joan voltou para Naivasha:** carta de Alan Root para Anthony Smith, 30 mai 1973.

87 **"Imaginei que de alguma forma ela se sentia incapaz":** entrevista do autor com Alan Root.

87 **"Ela era uma garota do Quênia":** entrevista do autor com Oria Douglas-Hamilton.

87 **"Estou realmente muito confuso nestes últimos dias":** carta de Alan Root para Anthony Smith, 5 jan 1973.

88 **Detalhes do voo sobre o Kilimanjaro:** carta de Alan Root para Anthony Smith, 19 mar 1979; carta de Joan Root para a mãe, 16 mar 1974.

91 **"Não precisa ter tanto medo":** fala de Alan Root no memorial de Joan Root.

94 **Detalhes sobre os voos de Jacqueline Onassis:** carta de Joan Root para a mãe, 20 ago 1974; entrevista do autor com Alan Root.

94 **ele gostava de voar no *Oscar Charlie* para casa, atravessando o Hell's Gate:** entrevista do autor com Mike Hay; George Plimpton, "The man who was eaten alive", *The New Yorker*, 23 ago 1999.

96 **"ele também compartilha, com seus colegas cineastas":** Brian Jackman, entrevista com Alan Root, publicação não identificada.

96 **O balão logo estava também proporcionando novos lucros:** cartas de Joan Root para a mãe, jan 1976 e 1 mai 1980.

96 **Detalhes do ataque do hipopótamo em Mzima:** cartas de Joan Root para a mãe; cartas de Alan Root para amigos; Plimpton, "The man who was eaten alive".

98 **Detalhes do filme sobre os cupins:** *Two in the Bush*, *Mysterious Castles of Clay* (filme), 1978.

100 **Artisticamente, *Castles of Clay* é tão majestoso quanto:** John Heminway, *No Man's Land*, Nova York, Warner Books, 1989.

101 **"É possível que os Root sejam os últimos de sua espécie":** Delta Willis, "The other Roots", *People*, 6 jul 1981.

101 **uma "coletânea":** cartas de Joan Root para a mãe, 4 out 1979 e 23 jul 1981.

102 **Detalhes da sequência da naja:** carta de Joan Root para a mãe, 1 mai 1980; entrevista do autor com Alan Root; *Two in the Bush*.

103 **Detalhes da turnê publicitária:** cartas de Joan Root para a mãe, 14 jun e 23 jul 1981.
105 **Eles formavam uma equipe:** entrevista do autor com John Heminway.
107 **um amigo presenteou Joan:** diário de Joan Root.

Capítulo 5 (p.109 a 122)

109 **"Um típico casamento queniano":** entrevista do autor com Ian Parker e Dieter e Norbert Rottcher.
109 **"Ele não é fantástico?":** entrevista do autor com Ian Parker.
109 **Detalhes sobre Jennie Hammond:** entrevista do autor com Bob Hammond e Ian Parker.
110 **"Só me lembro de estar completamente bêbado":** entrevista do autor com Alan Root.
110 **"Seu jantar está no forno":** entrevista do autor com Bob Hammond.
110 **"Não sei bem se realmente ela já chegou com as malas":** entrevista do autor com Vickie Luckhurst.
110 **ajudou Jennie a procurar casa:** entrevista do autor com Alan Root.
111 **Detalhes sobre o vulcão:** carta de Joan Root para a mãe, 25 ago 1986; entrevista do autor com Alan Root.
112 **Ninguém mais poderia realizar:** entrevista do autor com Delta Willis.
112 **"Tive de fazer um exame":** entrevista do autor com Alan Root.
112 **Ele se viu "preso na armadilha":** idem.
112 **"Joan aceitou":** entrevista do autor com Vickie Luckhurst.
113 **Detalhe da cena e do diálogo no Wheeler Opera House:** diário de Joan Root.
115 **"Estou magoada por não participar do trabalho":** carta de Joan Root para Anthony Smith, 12 jul 1987.
116 **"Também acho que teria reparado que Mushamuka":** carta de Joan Root para Anthony Smith, 12 jul 1987.
116 **Alan ponderou que ... estava "matando Jennie":** diário de Joan Root, 10 jul 1987.
117 **"Não posso estar no Serengeti":** carta de Joan Root para Anthony Smith.
118 **"Ela o impediu de continuar realizando seus filmes":** entrevista do autor com um amigo de Joan e Alan, não mencionado nominalmente.
120 **Detalhes do divórcio:** diário de Joan Root.
121 **"Posso imaginá-la":** e-mail de Errol Trzebinski para o autor (de seu diário sobre a vizinha de Joan, Doria Block).
122 **"Sou egoísta e arrogante":** carta de Jennie Hammond para Joan Root, sem data.
122 **Acordo do divórcio:** entrevista do autor com Alan Root.
122 **Detalhes do diálogo entre Jennie Hammond e Joan Root:** carta de Joan Root para Anthony Smith, 21 mar 1991.

Capítulo 6 (p.123 a 140)

123 **Detalhes de Joan Root após o divórcio:** entrevistas do autor com Adrian Luckhurst, Vickie Luckhurst e Jean Hartley.

125 **Detalhes do censo de elefantes:** entrevista do autor com Iain Douglas-Hamilton; carta de Joan Root para Anthony Smith, 4 abr 1988; Richard Leakey, *Wildlife Wars*, Nova York, St. Martin's Press, 2001; *New York Times*, 19 jul 1989.

129 **"Não era dessas pessoas que aparecem gritando em público":** entrevista do autor com Sarah Higgins.

129 **"Era uma pessoa tão boa" e outros detalhes da expedição de arte rupestre:** entrevista do autor com David Coulson.

129 **"Nas noites do Saara":** fala de David Coulson no memorial de Joan Root.

130 **Podia finalmente fazer tudo:** obituário de Joan Root, *The Standard*, Nairóbi, 23 jan 2006.

130 **"Não lhe dei muita atenção":** entrevista do autor com Dee Raymer.

131 **pediu a Adrian Luckhurst para indicá-la:** diário de Joan Root.

131 **"um único voto contrário fosse suficiente":** entrevista do autor com Esmond Bradley Martin.

131 **"Joan sofria com isso":** entrevista do autor com Annabelle Thom.

131 **Detalhes sobre a apresentação de David Attenborough e a resposta de Alan:** cartas de Joan Root.

132 **"Passei o dia inteiro em casa":** diário de Joan Root, 17 out 1994.

132 **Detalhes dos animais vistos:** diário de Joan Root, 20 out 1994.

133 **"Há quem veja aqui só alguns bichos num pedaço de mata":** entrevista de Joan Root a Mike Eldon, 1992.

133 **"Ela se continha muito":** entrevista do autor com Vicky Stone.

133 **"Mostrava-se sempre muito protetora":** entrevista do autor com Annabelle Thom.

133 **Pobres dos predadores e detalhes da soltura da jiboia:** Sarah Edwards, "A tribute to Joan Root".

134 **Às vezes ela visitava Sarah Higgins:** entrevista do autor com Sarah Higgins, e visita a sua casa.

134 **Detalhes da viagem de Delta Willis:** entrevista do autor com Delta Willis e www.deltawillis.com.

135 **Ao longo de todos aqueles anos:** diário de Joan Root.

135 **Detalhes de Edmund Thorpe:** perfil de Edmund Thorpe.

136 **Detalhes da viagem com Otto Poulsen:** entrevista do autor com Otto Poulsen.

136 **Detalhes de Treetops:** Paul Zimmerman, "Treetops Hotel: Not a bit posh but it attracts a posh clientele", *New York Times*, 15 set 1968.

136 **"Meu querido Otto":** carta de Joan Root para Otto Poulsen, sem data.

137 **Detalhes da disputa pelas terras ribeirinhas:** entrevista do autor com Bill Hutton; cartas e documentos; cartas e diário de Joan Root; "Lake Naivasha, experiences and lessons learned brief", Lake Basin Management Initiative, 2005.
139 **herdeira dos Whitney, de Nova York:** *Sunday Telegraph*, Londres, 3 nov 2003.

Capítulo 7 (p.141 a 154)

141 **Detalhes do lago Naivasha:** Alan Cowell, "Kenya lake outlives comedy of ecological horrors", *New York Times*, 18 mar 1982.
142 **indústria de flores do Naivasha:** Hans Zwager, *The Flowering Dutchman*, Oxford, Reino Unido / Victoria, Canadá, Trafford Publishing, 2005.
143 **"Você roubou a cadela":** Charles Hayes, *Oserian: Palace of Peace*, Nairóbi, Rima Publications, 1997.
143 **Em 1953 ela conheceu Hans:** idem.
144 **"Ele importava tudo que você pudesse imaginar":** entrevista do autor com June Zwager.
144 **Detalhes sobre os produtos químicos:** www.pesticideinfo.org/Detail_ChemReg.jsp?Rec_Id=PC33671.
145 **Hans descartou investir:** entrevista do autor com June Zwager.
145 **"a menos que se acrescentassem muitos elementos para melhorá-lo":** Jane Perlez, "Dutch flowers? In name only. Ask the Kenyans", *New York Times*, 2 fev 1991.
145 **Além da sugestão, essa visita deu a Hans:** Zwager, *The Flowering Dutchman*.
145 **Detalhes sobre as floriculturas do Naivasha:** Perlez, "Dutch flowers?"; Steve Bloomfield, "Where have all the flowers gone: thorns among the roses", *The Independent*, Londres, 3 out 2006; website da Flamingo Flower Farm: www.flamingoholdings.com.
147 **Só em 1990, as fazendas quenianas exportaram:** Perlez, "Dutch flowers?"
148 **aumentava na proporção anual de 35%:** www.dfid.gov.uk/news/files/speeches/trade/naivashaqa.asp
148 **"Recebi ... a visita":** entrevista do autor com o conde Peter Szapary.
148 **as exportações anuais de flores do Quênia cresceram perto de dez vezes:** Chris Collinson, "The business cost of ethical supply chain management: The Kenya flower industry case study", Natural Resources Institute, mai 2001.
148 **empregava diretamente 100 mil pessoas:** U.K. Department for International Development, "Questions and answers about flower production at Lake Naivasha", www.dfid.gov.uk/news/files/speeches/trade/naivashaqa.asp
148 **cuja renda per capita anual é de cerca de 880 dólares:** relatório do Banco Mundial de 1990.
149 **os trabalhadores envolviam manualmente cada rosa:** Comissão de Direitos Humanos do Quênia.

150 **"excepcional valor"**: entrevista do autor com Rod Jones.

150 **"O Naivasha é um microcosmo perfeito"**: entrevista do autor com Dodo Cunningham-Reid.

151 **Detalhes sobre os trabalhadores das floriculturas:** Comissão de Direitos Humanos do Quênia; "Kenya: beauty and agony", *Africa News*, 18 mar 2002.

151 **Cerca de 50 mil pessoas viviam ali em plena imundície:** *Business Daily Africa.*

151 **muitas vezes ... um lençol rasgado:** Comissão de Direitos Humanos do Quênia.

152 **"A principal ameaça"**: entrevista do autor com o conde Peter Szapary.

153 **"O Quênia está repleto de corrupção"**: entrevista do autor.

153 **"Suponho que, pessoalmente, Joan Root"**: entrevista do autor com Rod Jones.

Capítulo 8 (p.155 a 174)

155 **"Finalmente vou ter tempo para encontrar meu próprio caminho"**: carta de Joan Root para Anthony Smith, 12 jul 1987.

156 **Logo começaram a empregar:** entrevista do autor com David Harper.

156 **Responsabilidade é uma questão de postura:** caderno pessoal de Joan Root.

157 **mais da metade da população do Quênia:** Kari Lydersen, "Chicago considers banning mistreated elephants", *The New Standard*, 6 mar 2006, UNHCR.com, 2004.

157 **"Pescadores demais"**: diário de Joan Root, 18 fev 1994.

157 **"Tantos africanos"**: diário de Joan Root, 12 jun 1994.

158 **escrevia um livro sobre o Great Rift Valley:** carta de Joan Root para a mãe.

158 **"seu homem no Quênia"**: entrevista do autor com Anthony Smith.

159 **"O lago tem apenas cerca de cinco anos de vida"**: entrevista do autor com David Harper.

160 **A história do jovem Simon:** entrevista do autor com Simon.

160 **800 xelins:** Comissão de Direitos Humanos do Quênia.

161 **os homens passaram a usar armas:** entrevista do autor com Tom Cholmondeley.

161 **"Às vezes sinto-me como se estivesse vivendo em outro planeta"**: carta de Joan Root para Frank e Peggy, dez 2005.

161 **"Sentindo-me motivada!"**: diário de Joan Root, 13 mar 1995.

161 **"Alguns provavelmente admitiriam"**: lorde Enniskillen para a revista *Iko*.

162 **"É só conversa, conversa, conversa!"**: fala de Ian Parker no memorial de Joan Root.

162 **"Se quer que eles parem"**: entrevista do autor com Ian Parker.

163 **A primeira reação deles:** entrevista do autor com Sarah Higgins.

163 **Detalhes do encontro de David Kilo com Joan Root:** entrevista do autor com David Kilo.

164 **Detalhes da morte de Edmund Thorpe:** diário de Joan Root, 28 fev e 1-2 mar 1997.
165 **"o que a tornava instantaneamente reconhecível":** Devika Bhat, "A colonial paradise lost to violence in not-so-happy-valley", *The Times*, Londres, 14 jan 2006.
165 **"Aquela casa conservava alguma coisa de Alan, para ela":** entrevista do autor com Annabelle Thom.
166 **Naquela manhã, três deles:** entrevista do autor com David Chege.
167 **fornecer-lhe o que ela mais prezava:** diário de Joan Root, 20 ago 1997.
167 **Chege foi na pista dos ladrões:** diário de Joan Root, 29 abr 1998.
167 **Detalhes sobre David Chege:** entrevista do autor com David Chege.
168 **Parágrafos sobre Chege no diário:** diário de Joan Root, 17 fev, 26 ago, 1 set e 4 set 1997.
168 **Ele sabia quem era ela:** entrevista do autor com David Chege.
169 **Alguns dias depois de seu primeiro encontro:** diário de Joan Root, 6 set 1997.
169 **o ensinaria a pescar de forma legal:** entrevista do autor com David Chege.
169 **Ela também comprou:** entrevista do autor com David Kilo.
170 **"proporcionar trabalho para muitos jovens desempregados":** e-mail de Rod Kundu para o autor.
170 **o que é preciso para ter alguém como Chege no lago:** diário de Joan Root, 28 ago 1997.
170 **"um diamante bruto":** entrevista do autor com Sarah Higgins.
170 **Detalhes sobre Chege:** várias fontes, incluindo a entrevista do autor com o chefe de polícia de Naivasha, Simon Kiragu.
171 **"Chege conhecia todos os truques":** entrevista do autor com Sarah Higgins.
171 **Novas ondas de pescadores ilegais:** diário de Joan Root, 5, 6 e 10 jun, 11 e 21 ago 1999.
171 **"Tínhamos uma rede de comunicações para a segurança":** entrevista do autor com Annabelle Thom.
172 **Detalhes do incidente com Duncan Adamson:** diário de Joan Root, 8 abr 1999.
173 **"Ontem à noite, Chege:** diário de Joan Root, 4 jul 1999.
173 **Depois a mãe de Chege veio até a casa de Joan:** diário de Joan Root, 3 e 4 mar 2001.
173 **Detalhes de Joan falando sobre Alan:** entrevista do autor com David Chege.

Capítulo 9 (p.175 a 196)

175 **"Você não gostaria de morrer na África que tanto ama?":** entrevista do autor com Alan Root.
175 **À época Alan já abrira mão da maior parte de suas atividades cinematográficas por ela:** entrevista do autor com um amigo de Joan e Alan, não citado nominalmente.

175 **"Já deixei alguma coisa para a posteridade":** *The Times*, Londres, 17 jul 1996.
175 **"Sue Allan me telefonou":** diário de Joan Root, 11 jan 2000.
175 **sentada com David Chege:** entrevista do autor com David Chege.
176 **"De alguma forma terrível, ela ainda me esperava":** entrevista do autor com Alan Root.
176 **Detalhes sobre Fran Michelmore:** entrevista do autor com Sue Allan.
176 **Detalhes do jantar:** entrevistas do autor com Dieter Rottcher e Alan Root.
177 **Myles North, o velho amigo de Alan:** artigos de Alan Root sobre Myles North, www.serengeti.org/p_turner.html.
178 **na Inglaterra, quando, ao caminhar com uma velha amiga:** entrevista do autor.
178 **no final ela chorou:** entrevista do autor com Annabelle Thom.
179 **Aqui vão cinco caixas:** carta de Joan Root para Alan Root, 14 nov 2002.
179 **"Madame Root tomou Chege como seu filho adotivo":** entrevista do autor com David Kilo.
179 **muito em breve o lago estaria morto. "Um deserto":** entrevista do autor com David Chege.
180 **No final de 2000:** Robert Brecht, "Lake Naivasha: Experience and lessons learned brief", Lake Basin Management Initiative, 2005.
180 **A Lake Naivasha Riparian Association ajudou:** entrevista do autor com lorde Enniskillen.
180 **"seguir em frente":** diário de Joan Root, 6 fev 2001.
181 **Detalhes do *korosho*:** entrevista do autor com David Chege.
181 **"Sinto-me ansiosa com tudo isso":** diário de Joan Root, 12 mar 2000.
181 **"Ela se sentia como se o *Titanic* estivesse afundando":** Dodo Cunningham-Reid, *New York Times*, 22 jan 2006.
181 **Detalhes da reunião de emergência:** diário de Joan Root, 8 mar 2001; entrevista do autor com David Kilo.
182 **"Não se pode culpar [os clandestinos]":** entrevista do autor com Barry Gaymer; Mark Seal, "A flowering evil", *Vanity Fair*, ago 2006.
182 **Detalhes da força-tarefa:** entrevistas do autor com David Kilo e David Chege.
183 **Segundo o plano original:** entrevista do autor com Absolom Mulela Letta.
184 **"*Toka!*":** entrevista do autor com Reuben Chege.
184 **"Batíamos neles, de chicote, xingando-os":** entrevista do autor com Barry Gaymer; Mark Seal, "A flowering evil".
184 **Detalhes da força-tarefa:** entrevistas do autor com Reuben Chege, David Kilo e Absolom Mulela Letta.
184 **incessantes chamados:** entrevistas do autor com Sarah Higgins e Annabelle Thom; diário de Joan Root.
185 **Detalhes da operação e prisão pelo Departamento de Pesca do Quênia:** diário de Joan Root, 13, 15, 16 e 19 mar 2001.
186 **Alguns dias depois desse registro do diário:** diário de Joan Root, 25 mar 2001.
186 **um líder político tentou subornar:** diário de Joan Root, 28 mar 2001.

187 **o medo que causava:** entrevista do autor com Reuben Chege.
187 **"Medidas desesperadas, para tempos desesperados":** entrevista do autor com Tom Cholmondeley; Mark Seal, "A flowering evil".
187 **"David Chege queria que":** entrevista do autor com Absolom Mulela Letta.
187 **Detalhes da fogueira:** entrevistas do autor com Sarah Higgins e David Chege.
188 **"taxa de proteção":** fontes incluindo a entrevista do autor com David Kilo.
188 **detalhes de Chege como chefe:** entrevistas do autor com Absolom Mulela Letta e David Kilo.
188 **aquele homem cheio de moedas tilintantes em seu bolso:** entrevista do autor com Simon, pescador ilegal do lago Naivasha.
189 **estava sendo difícil permanecer:** diário de Joan Root.
189 **"Três ex-pescadores chegaram":** diário de Joan Root, 30 jun 2001.
189 **contratava advogados:** entrevista do autor com o chefe de polícia Simon Kiragu.
189 **eximido de todas e quaisquer acusações:** entrevista do autor com David Chege; "Não tínhamos realmente nenhum registro criminal (de Chege)": entrevista do autor com o chefe de polícia de Naivasha, Simon Kiragu.
189 **"O papo de Chege":** entrevista do autor com fonte anônima.
190 **"Ele se tornou um rei":** entrevista do autor com fonte anônima.
190 **"informações secretas":** diário de Joan Root, 6 jul 1999.
191 **a cena mais aplaudida era sempre:** *Balloon Safari*.
191 **a falsidade de Chege:** entrevista do autor com Absolom Mulela Letta.
192 **"Ela queria tanto confiar nele":** entrevista do autor com Annabelle Thom.
192 **"Chege & força-tarefa":** diário de Joan Root, 18 e 21 mai 2001.
193 **Ele e Joan Root eram:** entrevista do autor com David Chege.
194 **Detalhes das vitórias da força-tarefa:** relatório da força-tarefa do lago Naivasha, 9 jan 2002.
194 **Certa vez, Alan declarara que quando morresse:** John Heminway, *No Man's Land*, Nova York, Warner Books, 1989.
195 **"Quando analisei com ela seus papéis":** entrevista do autor com Adrian Luckhurst.
196 **"Ele era praticamente o oposto de Joan":** idem.
196 **O Naivasha era parte de sua vida:** entrevista do autor com Dee Raymer.
196 **"Houve um jantar e uma conferência":** entrevista do autor com Esmond Bradley Martin.

Capítulo 10 (p.197 a 213)

197 **"Sentado aqui":** entrevista do autor com John Vaughn.
197 **No escritório:** visita do autor ao local.

197 **Por essa época, um amigo dela:** entrevista do autor com Tony Church.
198 **"Isto não é o Happy Valley":** Rob Crilly, "Pionnering film-maker and African conservationist murdered", *The Scotsman*, 13 jan 2006.
198 **as 40 e poucas tribos do Quênia:** "Government, Maasai clash over land in Kenya", *VOA News*, 30 ago 2004; diário e cartas de Joan Root.
199 **Segundo Alan:** entrevista do autor com Alan Root.
199 **"Vá embora":** idem.
199 **Adrian Luckhurst foi quem mais tentou:** entrevista do autor com Adrian Luckhurst.
201 **A última viagem mais extensa:** diário de Joan Root, 28 fev e 8 mar 2004.
201 **Ela registrou barcos roubados:** diário de Joan Root, 20 jun e 28 jul 2004.
201 **Detalhes do pescador ilegal com a perna quebrada e as consequências:** diário de Joan Root, 25 mar, 13 e 27 abr, 8 jul e 24 nov 2004, e entrevistas do autor com Absolom Mulela Letta e David Kilo.
202 **Detalhes do sequestro em seu carro:** diário de Joan Root, 25 e 26 nov 2004, e entrevistas do autor com John Sutton e Adrian Luckhurst.
203 **No final, não foi Joan:** entrevista do autor com John Sutton; diário de Joan Root.
204 **Numa reunião da Riparian Association:** entrevista do autor com Dee Raymer.
204 **Uma solução surgiu:** entrevista do autor com John Sutton.
205 **o Naivasha Community Project transferiu-se:** visita do autor ao local.
205 **Conversei com Chege:** diário de Joan Root, 15 jun 2005.
206 **Concordei afinal em pagar extras por férias:** diário de Joan Root, 24 jun 2005.
206 **dinheiro sumindo do armário da cozinha:** idem.
206 **Detalhes dos assassinatos:** diário de Joan Root, 28 jul 2005; "UK safari boss shot dead", BBC News, 27 jul 2005.
206 **"Dirigi até o Crater Lake":** diário de Joan Root, 4 ago 2005.
206 **as vítimas estavam sendo visadas:** entrevista do autor com Parselelo Kantai.
206 **Os assaltos à mão armada aconteciam em média 18 vezes por mês:** entrevista do autor com John Sutton.
206 **Falava-se da criação de listas com os tipos sanguíneos … foi criado um site:** "Dark days put paid to happy valley's idyll", *London Telegraph*, 27 abr 2005.
207 **"Agora, sem força-tarefa":** diário de Joan Root, 4 e 5 ago 2005.
207 **Detalhes da invasão:** diário de Joan Root; entrevista do autor com John Sutton.
208 **"Portas de segurança":** diário de Joan Root, 13 out 2005.
208 **Detalhes da segurança na casa de Tony e Sarah Seth-Smith:** entrevista e visita do autor ao local.
210 **Com relutância, instalou:** visita do autor ao local.
210 **No outono de 2005:** diário de Joan Root, 1 out 2005.
210 **"Chege despencou da posição":** entrevista do autor com Barry Gaymer: Mark Seal, "A flowering evil", *Vanity Fair*, ago 2006.

211 **"Chege era um...":** entrevista do autor com Parselelo Kantai; Seal, "A flowering evil".
211 **Pelo outono de 2005:** diário de Joan Root, 21 out 2005.
211 **Então alguém desregulou o freio:** entrevista do autor com Annabelle Thom.
212 **"Só compareceram 25 ou 30 pessoas":** diário de Joan Root, 9 dez 2005.
212 **"Ir para onde?":** diário de Joan Root, 18 abr 2000.
213 **"A situação não estava boa":** entrevista do autor com Jean Hartley.

Capítulo 11 (p.214 a 227)

214 **Detalhes do informante da polícia:** declaração do informante à polícia.
214 **Detalhes da noite de 12 de janeiro:** entrevista do autor com os empregados de Joan Root.
214 **Uma hora depois, deu boa noite a Samuel:** depoimento de Samuel Cheriot à polícia.
214 **A uma e meia da madrugada, os guardas avistaram:** depoimento dos guardas à polícia.
215 **"Vamos ao trabalho":** Richard Coniff, "Death in Happy Valley", revista *Smithsonian*, fev 2007.
215 **Rodearam a casa:** entrevista do autor com John Sutton; visita do autor ao local.
215 **estouraram a fechadura externa:** entrevista do autor com a polícia de Naivasha.
215 **Ela conseguiu comunicar-se com John Sutton:** entrevista do autor com John Sutton.
215 **Detalhes do assassinato:** relatórios policiais, entrevistas do autor com a polícia e com John Sutton.
216 **"Ela morreu na vanguarda":** relatório policial.
216 **Sua amiga Delta Willis expressou-se melhor:** www.deltawillis.com.
216 **Subindo em seu helicóptero:** entrevista do autor com Alan Root.
216 **Mais tarde as pessoas lembrariam:** entrevista do autor com Tony Church.
217 **Detalhes da cena do crime:** entrevistas do autor com os vizinhos.
217 **Detalhes do cão farejador:** entrevistas do autor com o chefe de polícia de Naivasha, Simon Kiragu, e Claus Mortensen.
217 **Detalhes da prisão de Chege:** entrevista do autor com o chefe de polícia de Naivasha, Simon Kiragu.
218 **Manchetes do *Guardian* e do *Times*:** ambas em 14 jan 2006.
218 ***Standard* de Nairóbi:** artigos por Nancy Gitonga e Karanja Njoroge, 23 jan 2006.
219 **Richard Waweru:** entrevista do autor com Richard Waweru.
219 **Detalhes de Naivasha e da propriedade de Joan Root:** além dos relatórios e comentários da polícia, o autor visitou a área; entrevista do autor com o chefe de polícia de Naivasha, Simon Kiragu.

222 **"Todos sabiam":** entrevista do autor com Adrian Luckhurst.
222 **"Joan era odiada":** entrevista do autor com um vizinho.
223 **"A verdadeira causa do assassinato de Joan":** entrevista do autor.
224 **E o que acontecerá:** entrevistas do autor com Adrian Luckhurst e John Sutton.
224 **Os detalhes de *The Legend of the Lightning Bird* são do filme.**
224 **Detalhes do memorial:** presença do autor na cerimônia.

Epílogo (p.228 a 231)

228 **Detalhes do julgamento:** presença do jornalista queniano Bosire Bogonko.
228 **Detalhes de Chege e outros encontros:** visita do autor ao local.

Agradecimentos

Tenho a sorte de contar com Susan Mercandetti como minha editora na Random House. Foram seu estímulo constante, ilimitado entusiasmo e perícia editorial, como também sua fantástica equipe – que inclui Millicent Bennett, Abby Plesser, Ben Steinberg e Steve Messina –, que me fizeram atingir o objetivo. Obrigado, Susan, por tudo que você fez para tornar este livro uma realidade.

A história de Joan Root foi publicada pela primeira vez no número de agosto de 2006 da revista *Vanity Fair*. Agradeço, portanto, a Wayne Lawson por promover a história, primeiro como editor do artigo e depois em seu livro; ao grande editor da *Vanity Fair*, Graydon Carter, por enviar-me ao Quênia e publicar a história que daí resultou; e a Matthew Pressman por sua ajuda inestimável e permanente, tanto no artigo quanto neste livro.

Agradeço ao admirável John Ruddy, meu tão valioso assistente editorial neste projeto.

Em Nova York, infinitos agradecimentos a Delta Willis, a aclamada escritora, autora de livros de viagem e sobre a natureza, além de minha aliada desde o início neste projeto, e cuja ajuda me abriu muitas portas.

Obrigado a Guillaume Bonn por sua maravilhosa companhia no Quênia e por suas fantásticas fotografias, e a Annabelle Thom, por suas penetrantes recordações de Joan.

Antes que eu partisse para o Quênia, onde jamais estivera antes, minha primeira visita foi a Pamela Lassers, diretora de relações públicas da agência internacional de viagens Abercombie & Kent, que começou em Nairóbi. Pamela imediatamente me pôs em contato com Marett Taylor, que foi criado no Quênia e hoje é diretor de vendas e marketing da Abercombie & Kent europeia. A orientação de Marett e seus amigos no Quênia permitiu que eu me sentisse instantaneamente em casa.

Em Nairóbi e Naivasha, encontrei uma comunidade de pessoas extremamente amáveis e amistosas que, abrindo suas portas e seus corações, falaram-me sobre sua amiga Joan Root. Essa comunidade inclui, em primeiro lugar e acima de tudo, Alan e Fran Root, e Adrian e Vickie Luckhurst, que passaram incontáveis horas em minha companhia. Também sinto-me eternamente grato a Jean Hartley, que dirige a Viewfinders, firma que fornece equipamentos e apoio a documentaristas cinematográficos no Quênia. Jean leu o manuscrito antes de sua publicação, oferecendo-me algumas correções factuais e sábios conselhos. Agradeço também a Oria e Iain Douglas-Hamilton, Ian e Chris Parker, Sarah Higgins, lorde Andrew Enniskillen e lady Sarah Edwards, Barry e Linda Gaymer,

Felix Munyao, conde Peter Szapary, June Zwager, Peter e Teresa Zwager, Parselelo Kantai, Francis Erskine, Reuben Chege, Richard Waweru, Mark Kariuku, Claus Mortensen, dr. Richard Leakey, Jeremy Block, Dodo Cunningham-Reid, Robert Hammond, Rod Kundu, David Kilo, Aidan Hartley, John Vaughn, Dieter Rottcher, Norbert Rottcher, Mike Eldon, William Murai, John e Elli D'Olier, Bosire Bokongo, John Sutton, Valerie Sutton, Tom Cholmondeley, Sally Dudmesh, Esmond Bradley Martin, ao chefe de polícia Simon Kiragu, a Rod Jones, Tony e Susie Church, Tony e Sarah Seth-Smith, dr. David Coulsen, Dee Raymer, Sue Allan, Natasha Illum Berg, Kuki Gallman, Errol Trzebinski, à maravilhosa equipe do Nairobi Serena Hotel, e às mulheres que compõem o grupo dos Safáris em Balão, que com tanta competência ajudaram-me a copiar milhares de páginas das cartas e dos diários de Joan Root.

Na Inglaterra, encontrei um amigo na pessoa de Anthony Smith, que voou com Alan e Joan em seu balão e se tornou um de seus maiores amigos. Agradeço ao antigo assistente de Alan, Giles Camplin, as recordações tão vívidas e emocionantes. William Hutton contribuiu generosamente com seu tempo, fornecendo suas impecáveis anotações e memórias de Guernsey. Obrigado também a Jonathan Kenworthy, John e Meta Wells-Thorpe, Senga Thorpe, Des e Jen Bartlett, Richard Brock, Aubrey Buxton, Barry Paine, James Fox, Mike Hay, Jeffrey Boswall, Alison Aitkin, Cindy Buxton e Stuart Wheeler.

Na África do Sul, gostaria de agradecer a Otto Poulsen, Lindie Lawrie, dra. Holly Dublin, Jacky Walker e Mary Stanley-Shepherd (e a todos os dançarinos da Mary's Mob).

Nos Estados Unidos, muitos agradecimentos a John Heminway, Beth Conlin, Martin Bell, David Magee, Rosanna Sguera, Shannon Marven e à equipe da agência literária Dupree/Miller & Associates; a Tom Colligan, que tenazmente revisou cada linha; e a Liz Suman, que descobriu importantes fontes.

Por fim, mas não menos importante, agradeço a minha maravilhosa família: aos fantásticos Evelyn Abroms Kraus e Melvin Kraus; ao falecido Berney Seal; a Eddie e Melissa Seal; a B.J. e Alana Seal; e a todos os muitos membros dos grandes clãs dos Seal, Abroms, Kraus e Blocker.

Este livro foi composto por Letra e Imagem em Dante Pro 11,5/16
e impresso em papel pólen soft 80 g/m² e cartão triplex 250 g/m²
por Geográfica Editora em maio de 2010.